# 포스트휴먼의 초상

※ 본 도서는 '방일영문화재단 저술지원 대상자'로 선정된 저자의 원고로 제작되었습니다.

**포스트휴먼의 초상**

**초 판 1쇄**  2021년 10월 25일

**지은이** 김세원
**펴낸이** 류종렬

**펴낸곳** 미다스북스
**총괄실장** 명상완
**책임편집** 이다경
**책임진행** 김가영 신은서 임종익 박유진

**등록** 2001년 3월 21일 제2001-000040호
**주소** 서울시 마포구 양화로 133 서교타워 711호
**전화** 02) 322-7802~3
**팩스** 02) 6007-1845
**블로그** http://blog.naver.com/midasbooks
**전자주소** midasbooks@hanmail.net
**페이스북** https://www.facebook.com/midasbooks425

ISBN 978-89-6637-976-7 03100

값 17,000원

**미다스북스**는 다음세대에게 필요한 지혜와 교양을 생각합니다.

CYBORG · HOMODEUS · AUTOMATA · TRANSHUMANISM

# POST HUMAN

# 포스트휴먼의 초상

김세원 지음

미다스북스

# 포스트휴먼이 어느 날 불쑥 내 곁에 와 있기 전에

내 첫사랑은 009, 외모는 꽃미남 청년이지만 신체 일부가 기계부품으로 교체되어 보통 사람들은 상상도 못할 초능력을 가진 사이보그다. 그는 초등학교 3학년 때 아버지가 사다 주신 어린이 잡지 속 만화 주인공이었다. 세계 대전의 위험에서 인류를 구해내는 영웅이면서도 자신의 정체성에 대해 고민하는 009와 그가 이끄는 사이보그 특공대가 너무도 멋져 보였다. 오죽하면 장래희망을 적는 칸에 '사이보그'라고 썼을까.

어느 시인은 "나를 키운 것은 팔할이 바람"이라고 했지만 지금의 나를 키운 것은 공상과학 만화와 영화가 아닐까 싶다. 〈우주소년 아톰〉, 〈슈퍼맨〉, 〈엑스맨〉, 〈어벤저스〉 시리즈 같은 공상과학 영화들은 생각의 지평을 지구 전체, 나아가 우주로 넓혀주었고 나를 인문학도이면서도 과학사, 과학철학, 양자물리학, 진화심리학 등 사면팔방으로 호기심의 촉수를 뻗도록 부추겨왔다.

21세기로 접어들면서 과학기술의 급속한 발전으로 과거 공상과학 영화 속에서 벌어지던 일들이 실제로 현실 세계에서 속속 구현되고 있다.

50년 전, 로봇이 공상과학 만화 속에서나 볼 수 있는 존재였다면 지금은 병원 안내로봇이 내방객들의 체온을 측정하고 스마트폰 속의 인공지능 음성비서가 음악을 찾아 들려준다. 알파고와 이세돌의 바둑 대결 이후 인공지능 개발은 국가의 핵심전략으로 자리잡았고 로봇의 윤리와 권리에 대한 논의가 진행 중인 이른바 트랜스휴먼의 시대가 된 것이다.

레이 커즈와일은 2040~2050년 나노-바이오-정보-인지 기술로 대표되는 첨단 기술들이 성공적으로 융합하는 특이점에 도달하게 되면 초인공지능과 함께 인간의 생물학적 한계를 초월한 포스트휴먼이 출현할 것이라고 예측했다. 그에 따르면 포스트휴먼은 "생물학적 존재와 기술이 융합해 이룬 절정으로서, 그의 출현으로 정신과 물질, 인간과 기계, 실제현실과 가상현실 사이에 경계가 사라질 것"이라 전망한다.

그런데 우리는 과연 지금 일어나고 있는 변화의 정체를 얼마나 잘 이해하고 있는 것일까? 인공지능이 향후 산업과 경제에 미칠 효과를 이해하는 것도 중요하지만 과학기술의 급격한 진보가 과연 우리 자신과 사회를 어떻게 변화시킬 것인지 이해하는 일이 훨씬 더 중요하다.

이 책은 하루가 다르게 발전하는 첨단과학기술이 인간 자신이 스스로를 바라보는 관점과 더불어, 인간과 다른 존재와의 관계를 어떻게 변화시켜나갈 것인지 공상과학 영화와 드라마를 통해 예견해보겠다는 의도에서 출발했다.

1부에서는 로봇의 기원인 오토마타와 인간과 기계의 조합 사이보그, 인공지능의 역사를 살펴보고 유토피아적 미래를 전망하는 트랜스휴머니즘과 인간중심주의를 비판하며 디스토피아적 미래를 전망하는 포스트휴머니즘을 비교해보았다. 2부에서는 지난 50여 년간 제작된 주요 공상과학영화속의 캐릭터들을 소개하여 독자들이 이들을 통해 아직 실체가 드러나지 않은 포스트휴먼의 모습과 특징을 그려보도록 했다.

SF영화의 역사는 인간의 슈퍼휴먼화를 예견하는 트랜스휴머니즘적 관점과 휴머니즘의 인간중심주의를 비판하며 탈인간화를 추구하는 포스트휴머니즘적 관점 사이에서 진자 운동을 해왔다. 뇌를 제외한 모든 신체가 기계화된 사이보그 소령이 등장하는 〈공각기동대: 고스트 인 더 쉘〉, 부자들이 손상되거나 오래된 육체를 교체하며 영생을 누리는 〈얼터드 카본〉 등은 인간 고유의 본질이 잡종화되거나 상실됨으로써 발생하는 사태를 묘사했다. 슈퍼컴퓨터에 의식을 업로딩함으로써 초인공지능이 된 〈트랜센던스〉의 윌이나 사고로 방사능에 피폭돼 전지전능한 존재가 된 〈왓치맨〉의 닥터 맨해튼은 인간을 넘어서 유발 하라리가 말하는 '호모 데우스' 경지에 이른 존재다.

다른 쪽에는 〈블레이드 러너〉, 〈터미네이터〉, 〈A.I.〉, 〈아이, 로봇〉, 〈아일랜드〉, 〈휴먼스〉, 〈HER(그녀)〉, 〈엑스마키나〉처럼 의인화된 비인간존재들이 등장하는 영화들이 있다. 외형으로 분류하자면 〈바이센테니얼 맨〉의 앤드류와 〈아이, 로봇〉의 써니, 〈엑스마키나〉의 에이바는 휴머노이드 로봇, 〈아일랜드〉의 링컨6-에코와 〈블레이드 러너〉의 로이와 레이첼, 〈블레이드 러너 2049〉의 케이는 복제인간, 〈A.I.〉의 데이빗과 〈휴먼스〉의 아니타는 외모만으로는 인간과의 구분이 힘든 안드로이드라고할 수 있다. 이밖에 〈공각기동대〉의 컴퓨터 프로그램 인형사나 〈HER(그

녀)〉의 인공지능 OS 사만다, 〈블레이드 러너 2049〉의 홀로그램 조이처
럼 아예 육체가 없는 존재들도 있다. 비인간 캐릭터들은 대부분 인공지
능이다.

포스트휴먼은 이 책에서 소개한 16개 캐릭터 중 어느 하나를 닮을 수도
있고 이 16개 캐릭터가 모자이크로 배합된 존재가 될 수도 있다. 포스트
휴먼의 시대는 인간 자신과 인간의 삶이 근본적으로 바뀌는 대격변의 시
대다. 시시각각으로 변하는 미래에 적응하려면 고착된 관습의 틀에서 벗
어나 낯설고 이질적인 환경에 유연하게 대처할 수 있는 도전의식과 개방
성, 관련지식에 대한 이해가 필수적이다.

포스트휴먼이 어느 날 불쑥 내 곁에 와 있기 전에, 아니 내 자신이 포스
트휴먼 되기를 강요당하는 순간이 오기 전에, 이 책을 읽고 사전 대비를
한다면 당신은 적어도 첨단과학기술이 주도해가는 세상에서 중심을 잃
지 않고 밝은 미래를 향해 계속해서 걸어나갈 수 있을 것이다.

# CONTENTS

# 1부

# 인간이란 무엇인가?

# 1. 오토마타, 로봇의 기원

## 1) 인류의 오랜 꿈, 스스로 움직이는 또 다른 존재의 창조

인류는 아주 오래전부터 오늘날 로봇의 기원이라 할 수 있는 오토마타 제작에 큰 관심을 기울여왔다. 오토마타(automata)는 그리스어 'autos(자기 자신)'와 'matos(운동하다)'의 합성 명사인 오토마톤(automaton)의 복수형으로 오토마톤은 '스스로 동작하다'라는 뜻을 가지고 있다. 오토마타(automata)는 최초의 힘이 가해진 후 외부의 동력이 없더라도 미리 설정된 프로그램에 따라 일련의 동작을 수행하는 자동 기계장치를 의미한다.

달랑베르의 정의에 따르면 오토마타는 스스로 움직이는 엔진, 혹은 자체로 운동의 원리를 지닌 기계, 예를 들면 시계처럼 용수철이나 태엽추를 통해 움직임을 부여받은 장치다. 여기서 핵심은 어원이 말해주듯 자동성(automatism)이다. 따라서 인간이 제작한 이 기계장치는 인공의 산물이지만 제작된 이후부터는 자율성을 갖고 스스로 움직인다. 오토마타의 원리가 자동성에 있는 한, 자체 동력으로 작동하는 모든 기계는 오토마타의 범주에 포함된다. 시계와 로봇은 물론이고 자동으로 정보를 처리하는 컴퓨터도 넓은 의미에서 오토마타인 셈이다.

문화예술 영역에서 오토마타는 보통 '여러 가지 기계장치로 움직이는 인형이나 조형물'을 지칭한다. 오토마타가 과학의 원리와 예술적 상상력이 결합된 예술의 새로운 장르로 자리 잡기 시작한 것은 근대에 들어서지만, 기계장치로 움직이는 창작물의 역사는 아주 오래전부터 시작되었다.

스스로 움직이는 또 다른 존재를 창조해보겠다는 인간의 오랜 욕망은 그리스 신화 속 조각가 피그말리온과 아프로디테가 생명을 불어넣어 인간 여성이 된 그의 조각품 갈라테이아의 사례에서 드러난다. 『일리아드』에는 헤파이스토스가 제작했다는 대장장이 오토마톤이 등장하고 아리스토텔레스가 폴리스의 노예들을 기계 인간으로 대체하면 좋겠다는 생각을 제시했다는 기록이 있다.

서양에서는 헬레니즘 시대 그리스 학문의 중심지였던 이집트 알렉산드리아에서 처음 오토마타가 제작되었다. 기원전 250년경 크테비우스는 '클렙시드라'라는 자동 물시계를 발명했는데, 시계에 부착된 인형이 자동으로 움직이면서 시간을 가리키도록 만들어졌다. 한편 기원전 3세기 알렉산드리아에서 살았던 또 다른 발명가 필로는 약 65개에 달하는 기계장치를 발명한 것으로 알려져 있다. 그리고 기원후 1세기 무렵 헤론은 증기로 축의 바퀴를 돌리는 일종의 증기 기관인 기력구(汽力球)를 처음 발명했다.

동양에서는 중국의 고대 발명품 중 하나인 '지남차(指南車)'가 오토마타의 원조로 꼽힌다. 지남차는 방향이 바뀌어도 톱니바퀴 장치 때문에 수레에 부착된 인형이 항상 남쪽을 가리키도록 만들어진 자동기계장치였다.

헬레니즘 시대부터 이집트를 중심으로 다양한 형태의 오토마타가 제작되기 시작했는데, 그 목적은 크게 실용성을 지닌 물건 제작, 대중에게 유흥과 오락거리 제공, 통치자의 위용 과시 등 3가지였다.

그러나 신을 대신해 생명 창조를 재현하려는 인류의 오랜 꿈이 구체적으로 실현되기까지는 오랜 시간이 걸렸다. 구현에 필요한 과학적 토대가 취약했기 때문이다. 오토마타라고 부를 수 있는 정교한 기계는 18세기에 와서야 등장한다.

## 2) 중세, 오토마타 도약기

알렉산드리아에서 축적된 자동기계장치 제작 기술은 후대로 계승, 발전돼 중세의 지중해 지역에서 비약적인 도약기를 맞이했다. 당시 기독교 또는 이슬람 세계를 막론하고 왕실에서 외국 사신을 맞이할 때 빠지지 않는 의전 절차 중 하나가 바로 오토마타의 시연이었다. 10세기 무렵 콘스탄티누스 7세(913~959 재위)가 저술한 『비잔티움의 궁정 의식에 관하여(De ceremoniisaulae Byzantinae)』에는 황제의 궁전을 방문한 손님들이 황제의 권좌 주변에서 포효하는 사자와 나무에 앉아 지저귀는 새의 오토마톤을 구경했다고 기록되어 있다.

당시 이슬람 세계를 통치하고 있었던 압바스조(750~1258)는 국가적 차원에서 학술과 문예를 체계적으로 후원하고 있었다. 특히 압바스조의 7대 칼리파였던 알마문(813~833 재위)은 전문 번역·학술 연구기관인 '지혜의 전당'을 수도 바그다드에 설립한 후, 그곳에서 그리스어, 산스크리트어, 페르시아어 등으로 저술된 고대의 학술 서적을 아랍어로 번역한 후 이를 이슬람 세계의 과학과 기술 개발에 활용하도록 했다. 당시 그리스어에서 아랍어로 번역된 서적 가운데는 필로와 헤론이 저술한 자동기계장치 제작에 관한 책들도 다수 포함되어 있었다.

압바스조의 통치자들은 오토마타 제작에 지대한 관심을 보이며 지원을 아끼지 않았고, 그 덕에 이슬람 세계는 세계 최고 수준의 오토마타 제작 기술을 보유할 수 있었다. 10세기 초 압바스조를 통치했던 칼리파 알무크타디르(908~932 재위)의 사마라 궁전 중앙 정원에는 다양한 분수, 인공 나무, 기계장치로 움직이는 새 등이 설치되었다. 비잔틴 제국의 사절단 일원으로서 훗날 황제의 자리에 올랐던 로마노스 레카페노스는 917년 압바스조 궁전을 방문한 후 그곳의 오토마타에 대해 기록을 남겼다. 그가 전하는 바에 따르면, 당시 압바스조 궁전에는 연못이 있었고 그 중앙에는 금과 은으로 만든 나뭇가지와 유약으로 도금한 잎이 달린 나무가 한 그루 심어져 있었으며, 인공 새가 나뭇가지 위에서 노래를 불렀다고 한다. 이슬람 세계 궁전에 설치된 새 모양의 오토마톤은 칼리파의 부와 자연의 힘을 제어할 수 있는 능력을 상징하는 것이었다. 압바스조 통치자들은 외국에서 사신이 오면 연회를 베풀며 웅장하고 정교하게 만들어진 오토마타를 공연처럼 보여주곤 했는데, 이는 군주의 위엄과 국가의 힘을 과시하는 데 오토마타가 더할 나위 없이 좋은 수단이었기 때문이다.

한편 압바스조의 칼리파는 외교 차원에서 외국의 통치자에게 오토마타를 선물로 주기도 했는데, 특히 9세기 초 칼리파였던 하룬 알라쉬드(786~809 재위)는 프랑크 왕국의 샤를마뉴 대제(800~814 재위)에게 클렙시드라(clepsydra), 즉 물시계를 선사했던 것으로 전해진다. 당시 프랑크 왕국의 어느 연대기 기록자는 하룬 알라시드가 샤를마뉴에게 선사한 물시계에 대해 다음과 같이 상세하게 묘사했다.

그것은 경이로운 기계예술로 만들어진 물시계로서 12시간의 경과를 알려준다. 물시계에는 12개의 청동으로 만든 작은 공이 있는데, 매 시간마다 그릇에 떨어지면서 소리를 낸다. 그리고 12명의 말을 탄 기사가 매 시간이 끝날 때마다 12개의 창문에서 튀어나온다. 말을 탄 기사가 나갈 때 그 힘으로 열렸던 12개의 창문이 닫히게 된다.

이러한 기록을 통해 8~9세기 무렵 무슬림 기술자들은 오토마타가 장착된 정교한 물시계를 제작할 수 있는 능력을 보유하고 있었으며, 당시 칼리파는 이를 외국 통치자에게 선물로 줌으로써 은연중에 과학과 기술 분야에서 압바스조의 우월성을 과시하고 싶어 했음을 짐작할 수 있다.

중세 기간 동안 이슬람 세계에서 자동기계장치 또는 오토마타가 제작된 목적은 과거 헬레니즘 시대와 크게 다르지 않았다. 예를 들어, 바누 무사 형제가 발명한 자동으로 심지가 올라오는 램프나 알자자리가 발명한 음료수를 따르는 오토마타는 중세 무슬림들의 일상생활에서 제기된 필요를 만족시켜주기 위한 것이었으며, 알무라디가 설계한 소극장 오토마타와 알자자리가 고안한 연회잔치선 음악 연주 오토마톤은 군주나 대중들에게 유흥거리와 즐거움을 주기 위한 것이었다. 오토마타는 대내적으로는 백성과 신하들에게 실용성과 유흥거리를 제공하고 동시에 대외적으로는 국가의 권위를 세우거나 과시하는 역할을 수행했던 일종의 통치 도구였던 셈이다.

◇ **알마문과 '바누 무사' 삼형제**
이슬람 세계에서 오토마타 제작 기술 발전의 초석을 놓은 주역은 9세기 무렵 바그다드에서 활약했던 '바누 무사' 삼형제였다. '바누 무사'란 아랍어로 '무사의 아들'이라는 뜻인데, '무함마드 빈 무사', '아흐마드 빈 무사', '알하산 빈 무사' 삼형제를 가리킨다. 칼리파 알마문은 자신과 친분이 두터웠던 페르시아 출신 무사가 사망하자 고아가 된 삼형제의 후견자가 되어 자신이 건립한 '지혜의 전당'에서 근무하며 연구와 행정 업무를 관장하도록 했다.

850년경 바누 무사 형제는 칼리파의 의뢰를 받아 『기묘한 기계장치의 서』란 제목의 책을 저술했다. 이 책은 이슬람 세계에서 오토마타의 연구와 개발을 본격적인 궤도에 올려놓는 데 결정적으로 기여한 책으로 여겨진다. 이 책에는 자동으로 물줄기 모양이 바뀌는 분수, 자동으로 물이 채워지는 그릇, 자동으로 심지가 나오는 램프, 자동으로 연주되는 오르간 등 약 100가지에 달하는 기계장치가 삽화와 함께 소개돼 있다. 그 가운데 바누 무사 형제의 독창성이 돋보이는 대표적인 작품은 자동 피리 연주 오토마톤이다. 이 오토마톤은 마치 오늘날의 로봇처럼 사람 모습을 한 인형이 프로그램화된 동작 순서에 따라 자동으로 피리를 연주하도록 설계됐다. 수차(水車)를 돌려 얻은 동력으로 핀이 꽂힌 원통을 돌려 피리의 구멍을 운지법에 따라 순서대로 개폐하고, 물통 속에 물이 채워질 때 빠져 나오는 바람의 힘으로 피리를 불도록 해 마치 인형이 스스로 연주하는 것처럼 보이게 만들었다.


◇ **알자자리의 코끼리 물시계, 중세 이슬람 세계 과학기술의 백미**
이슬람 세계의 오토마타 제작 기술은 12세기 무렵 알자자리(1136

~1206)에 의해 절정에 달했다. 알자자리는 아나톨리아와 시리아 국경 지대에 위치한 작은 토후국인 아르투크조(1101~1409) 궁중에서 활약한 과학기술자였다. 1206년 그는 군주의 요청에 따라『기묘한 기계장치 제작에 관한 유용한 지식과 기술 집대성』이란 기념비적인 책의 저술을 완성했다. 그는 이 저서에서 자신이 직접 제작했던 기계장치 50가지를 소개했다. 이 저서는 후대 사람들이 기계장치를 똑같이 제작할 수 있게 돕기 위한 교육 목적에서 저술되었고, 이 같은 이유로 기계 장치의 제작, 설치, 조립 방법이 삽화와 함께 매우 상세하고 친절하게 설명되어 있는 것이 특징이다.

알자자리는 과거 바누 무사 형제가 고안했던 것보다 훨씬 흥미로우면서도 복잡한 기계장치를 다수 발명했다. 알자자리의 발명품 가운데 가장 흥미로운 자동기계장치 가운데 하나는 물을 따르는 오토마톤 인형이다. 이 오토마톤은 일정한 시간마다 컵에 물이 가득 담기면 인형이 문을 열고 나와 물컵을 손님에게 대접하도록 설계됐다. 알자자리의 자동 음악연주 기계장치는 바누 무사 형제의 것보다 훨씬 정교하고 복잡해졌다. 알자자리는 한 개가 아닌 여러 개의 인형이 동시에 피리, 하프, 탬버린 등 다양한 악기를 연주하는 오토마타 악단을 만들었다. 알자자리가 이처럼 흥미롭고 복잡한 오토마타를 개발할 수 있었던 것은 이슬람 세계에서 플로트 밸브, 스로틀 밸브, 크랭크축, 캠축 같은 새로운 부품이 다양하게 개발됐고 관련 기술이 오랫동안 축적되어왔기 때문이다.

알자자리가 활동했던 12세기 전후에 이슬람 세계 각지에서는 다양한 형태의 물시계가 제작되었다. 무슬림들은 하루에 다섯 차례 예배를 드려야 했기 때문에 정확한 시간을 아는 것은 매우 중요했다. 또한 중요한 연례 종교 행사인 라마단 단식과 메카로의 순례 날짜를 정확하게 예측하는 것도 중요했다. 알자자리의 발명품 가운데 많은 역사학자들이 최고의 백미로 꼽는 것은 코끼리 물시계다. 이 시계는 코끼리 인형 내부의 커다란 물통 속에 작은 용기가 잠기면서 끈을 아래로 잡아당길 때 발생하는 힘으로 구동된다. 그리고 물시계에 부착된 사람, 새, 용 모양의 오토마타는 일정 시간마다 미리 설정된 프로그램에 따라 움직이거나 소리를 내어 시간의 경과를 알리는 시보 장치로서 역할을 한다. 알자자리의 코끼리 물시계는 12세기 이슬람 세계 과학기술의 정수가 집약되었다는 점에서뿐만 아니라, 시보 장치 역할을 맡은 오토마톤 인형이 세계 여러 문명을 상징하도록 디자인되었다는 점에서도 무척이나 흥미롭다. 예를 들어 코끼리는 인도 문명을, 코끼리 등 위에 놓인 카펫은 페르시아 문명을, 꼭대기에서 노래를 부르는 불사조는 이집트 문명을, 회전축을 따라 위아래로 움직이며 공을 전달하는 용(龍)은 중국 문명을, 코끼리 등 위에 앉아 글을 적고 있는 서기는 이슬람 문명을 각각 상징한다. 코끼리 시계의 디자인은 당시 이슬람 세계가 해외 문명과 활발하게 교류하고 있었음을 잘 보여준다.

이슬람 세계에서 진일보한 오토마타 제작 기술은 후대에 동서양의 과학기술 발전에 두루 영향을 미쳤다. 특히 알자자리의 코끼리 물시계는 조선 세종 때 장영실에 의해 제작된 자격루(自擊漏)에도 간접적으로 영향을 미쳤다. 자격루는 12지신 나무인형이 일정한 간격으로 시간을 알리는 우리나라 최초의 오토마타 물시계인데, 중국 송나라의 물시계, 비잔

티움 제국의 자동장치, 알자자리의 코끼리 물시계 등에서 얻은 아이디어를 종합하여 창조적으로 발전시킨 혁신의 결과로 추정되고 있다.

## 3) '자동기계'에서 '자동인형'으로, 18세기의 오토마타

바누 무사와 알자자리의 저서와 발명품은 안달루시아를 거쳐 유럽에 전파돼 르네상스 이후 유럽의 기계 제작 기술 발전에 큰 영향을 미쳤다. 1495년엔 레오나르도 다 빈치가 중세 기사 모양의 기계 인간을 설계했다는 기록도 있다.

서구에서 시계는 현대의 컴퓨터와 비교될 정도로 근대의 대표적 발명품이었다. 태엽과 톱니의 발명을 바탕으로 한 유럽의 시계 기술은 17세기의 기계론적 세계관을 형성하는 단초가 된다. 독립적으로 작동하는 시계의 자동성과 정밀성은 인간의 자율적 의지를 시간 속에 가두는 계기가 되었다. 인간 안에서 신의 형상을 바라보던 종교적 관점도 기술의 개입으로 달라졌고 마침내 기계적인 원리로 인간을 설명하기에 이르렀다.

당시 유럽 사회는 기계론이 유행했다. 그 바탕에는 17세기 과학혁명의 과정에서 축적된 풍부한 연구 성과들이 있었다. 이 무렵 프랑스의 철학자 데카르트는 '동물기계론'을 제창하면서 동물을 태엽감은 시계 장치와 동일체로 간주했다. 동물은 사고할 수 있는 정신이 없으므로 동물의 움직임은 자동기계장치에 불과하다는 것이다.

인간과 기계의 유사성을 강조하던 이들은 사실상 인간과 비인간의 근본적 차이에 더 주목했다. 오토마타는 인간의 기계다움을 모방한 것이기도 하고 기계의 인간다움에 대한 모방이기도 했다.

오토마타의 공식 기원은 교회의 종치기를 대신한 괘종시계 속의 종치는 사람 인형이다. 1410년에 제작된 체코의 천문시계 탑 속에서 정시를 알려주는 예수의 12사도의 형상을 지닌 자동인형들이 한 예라고 할 수 있다. 이후 시간을 알리는 인형들은 시계 장인들에 의해 괘종시계에서 독립해 오토마타로 제작되었다. 인조인간을 상상 속 이야기가 아닌 현실의 존재로 실현시킨 기술적 배경은 자동태엽장치였다. 태엽을 감아 태엽이 풀리는 힘을 이용하는 시계와 동작 원리가 비슷한 오토마타는 다양한 형태로 구체화됐다.

17세기부터는 수학자와 과학자들의 협업을 통해 진화된 오토마타가 등장하게 된다. 전기 발명 이전에 기계적인 힘으로만 움직이는 오토마타가 본격적으로 발전한 것은 18세기부터였다. 자연 생명체의 구조를 정교하게 모방하기 위해서는 기계학과 동력학뿐만 아니라 유기체의 구성과 조직에 대한 정확한 지식을 알려주는 해부학과 생리학의 연구 성과도 필요했다. 이 모든 과학 지식이 오토마타의 구현에 종합적으로 깔려 있다.

과학과 이성이 신앙의 자리를 대신하기 시작한 계몽주의 시대의 오토마타는 단순한 공예품 수준이 아니라 당대의 첨단 과학기술과 의학 및 생리학, 인문예술 분야의 연구와 상상력이 총체적으로 결합된 기계 인간이었다. 르네상스 시대에는 예술 작품을 통해 신을 닮은 인간을 표현했다면 바로크와 계몽주의 시대에는 과학적 진보의 힘을 입어 인간도 신의 자리에 오를 수 있다는 도발적 믿음이 오토마톤의 제작을 활성화했다.

사람의 형상과 움직임을 흉내 낸 18세기의 오토마타는 당시 사람들에게 엄청난 충격을 안겨주었다. 18세기의 가장 탁월한 오토마타로 평가받는 보캉송의 플루트 연주자는 인간의 동작을 충실히 모방했고 자케-드로 부자가 제작한 오토마타는 글씨를 쓰고 그림을 그리고 음악을 연주했으며 캠펠렌이 제작한 오토마톤은 인간과 체스 게임을 벌여 늘 승리했다.

이 시기의 오토마타 제작자들이 궁극적으로 구현하고자 했던 것은 동작은 물론 지적 활동까지 포함한 인간의 완전한 모방이었다. 하지만 18세기의 이 담대한 기획에는 자명한 한계가 있었다. 톱니바퀴와 밸브 실린더 등으로 구성된 기계장치는 생명체와 근본적으로 다르기 때문이었다. 유기체의 생명 현상을 총체적으로 구현하기 위해서는 항구적 운동뿐만 아니라 감각, 나아가 사고까지 모방할 수 있어야 했기에 인간을 재현하겠다는 오토마타 제작자들의 야심찬 기획은 결국 좌초할 수밖에 없었다.

18세기 계몽주의 시대에는 오토마타와 더불어 '기계 인간'에 대한 연구도 활발하게 진행되었다. 즉 오토마타는 인간과 기계를 별개의 것으로 구별해왔던 이전의 사고방식에 결정적인 변화를 가져온 단초였다고 할 수 있다.

20세기 후반에 등장한 사이버네틱스 연구는 인간과 기계, 유기체와 무기체가 같은 방식으로 작동하고 둘 사이의 경계가 모호해진 상태를 주된 특징으로 파악한다. 그런데 이러한 특징은 17~18세기 오토마타의 유행과 더불어 전개된 기계론적 인간관의 연장선상에서 이해될 수 있다. 한편 최첨단 기술자들이 만들던 18세기 오토마타는 19세기에 이르러 대량 생산되면서 대단한 발명품이라는 휘광을 완전히 잃어버린 채 장식품으로 전락하게 된다.

## ◇ 자크 보캉송의 플루트 연주자와 기계 오리

의사 출신인 자크 보캉송이 5년의 노력 끝에 제작한 '플루트 연주자'는 1738년 2월 파리 생제르맹 성당과 롱그빌호텔에서 전시됐다. 178cm의 사람 실물 크기에 나무로 제작된 플루트 연주자 오토마톤은 관객 앞에서 14곡을 연주했다. '플루트 연주자' 이전에는 음악상자 오르골과 유사한 음악을 들려주는 장난감 인형들이 존재했으나 사람의 형상을 한 자동 기계장치가 실제로 음을 하나씩 연주하기는 처음이었다. 이 인형에는 공기통, 변속기어레버, 작은 체인, 나무로 된 실린더 등으로 이루어진 일종의 인공호흡기가 내장돼 있어 플루트를 불 때 움직여지는 입술의 움직임과 호흡을 그대로 재현했으며 소리는 공기 진동을 통해 만들어졌다. 이는 기계 안에서 나는 소리를 밖으로 나오게 하는 것에서 그치지 않고 인간이 호흡을 통해 소리를 내는 방식을 그대로 모방한 장치였다. 보캉송은 이 오토마톤을 통해 살아 있는 사람의 호흡을 그대로 기계로 구현해 보고자 했다.

이듬해 1739년에 자크 드 보캉송이 제작한 기계 오리는 동물의 생명 현상을 완벽히 구현해 인기를 끌었다. 이 기계 오리는 먹고, 마시고, 소화하고, 심지어 배설까지 할 수 있었다고 한다. 물론 당시의 지식 수준으로 내장기관을 만들어 소화나 배설과 같은 생화학적 작용까지 시뮬레이션 할 수는 없었다.

나중에 알고 보니 속임수였다. 소화는 가짜였고, 오리의 배설물도 빵 부스러기를 푸른색으로 염색한 것이었다. 보캉송은 인공 오리의 소화 원리를 설명하면서 곡물을 분쇄하는 데 그치지 않고 화학적으로 용해시키는 인공 위장을 언급했으나 실제로는 소화된 곡물과 유사한 물질을 준비하여 원하는 순간에 기계적으로 배출한다는 사실이 밝혀졌다. 보캉송이 하필 배설하는 오리를 만든 이유는 뭘까? 그 자신이 항문 질병을 앓고 있었기 때문이란다.

### ◇ 자케-드로의 오토마타

1738년 스위스 산골에 작은 시계 공방을 연 피에르 자케-드로는 스페인 왕실에 시계를 판매해 명성을 떨치기 시작했다. 그가 스페인에서 거둔 성공은 '오토마타' 제작을 위한 투자의 밑거름이 됐다. 1768년 두 아

피에르 자케-드로의
'음악가', '도안가', '문필가'

들과 함께 개발에 착수한 '문필가', '도안가', '음악가' 오토마톤은 6년 후인 1774년 완성됐다. 현재 스위스 뇌샤텔 박물관에 전시 중인 70cm 크기의 기계 어린이들은 놀랍게도 250년이 지난 지금도 여전히 작동된다.

'음악가'는 드레스를 입은 소녀가 하프시코드 앞에 앉아 고개를 까딱거리며 손가락으로 24개의 건반을 누르면서 실제 연주를 한다. 연주하는 동안엔 가슴이 숨을 쉬듯 움직인다. 하프시코드 내부에는 바람을 불어넣는 4개의 파이프가 공기를 공급해 울림을 만들고 의자 속에 있는 원통이 오르골 선들을 튕겨 정교한 음을 만들어낸다. 5곡을 연주하고 나면 소녀

의 시선은 다른 곳을 향하고 가슴은 긴장이 지나간 듯 살짝 부풀어 올랐다가 가라앉는다.

'도안가'는 남자 어린이 인형으로 몸통 내부에는 2,000개의 기계 부품과 36개의 캠으로 이루어진 3세트의 기계장치가 돌아간다. 눈을 좌우로 움직이며 목탄을 쥔 오른손의 완급을 조절해 선에 강약을 주어가며 직접 그림을 그린다. 자케–드로의 강아지, 루이 15세, 루이 16세와 마리 앙트와네트, 큐피드가 나비가 끄는 마차를 탄 모습을 각각 네 장의 종이에 그려 나간다. 당시에는 연필심이 무뎌서 흑연가루가 많이 날렸는데 목탄에서 나온 흑연가루를 '후' 하고 불기도 할 정도로 섬세하다. 작가는 '뉘샤텔의 자케 드로 오트마트(Les automates Jaquet Droz a neuchate)' 등 40자에 달하는 글자로 이뤄진 문장을 써낸다. 각각의 인형 속엔 매우 복잡하고 정교한 기계장치가 들어 있다.

'문필가'는 책상 앞에 앉아 있는 5살 정도의 남자 어린이 인형으로 붉은색 벨벳 코트에 프릴이 많은 블라우스를 받쳐 입고 있는데 앞섶을 열면 600개의 부품과 120개의 캠(cam)이 돌아가며 작동된다. 눈을 깜박이고 좌우로 움직이며 오른손으로는 책상에 놓인 종이를 움직이고 왼손으로는 잉크를 찍어 가면서 'Bonjour' 등과 함께 데카르트의 명제를 빌어 자신의 존재를 되묻는 문장을 능숙하게 써나간다. 몸통에 내장된 원형 자판은 26개의 소문자와 14개의 대문자 알파벳으로 구성되어 있는데 상부의 캠들이 움직이면서 40개의 글자를 조합하여 원하는 문장을 쓸 수 있는 알고리즘이 형성돼 있다.

자케–드로의 오토마타 설명서는 세 가지 오토마톤에 대해 상세히 기술하면서 가장 놀라운 것은 '문필가' 오토마톤이라고 주장한다. 잉크가 떨어지면 펜을 쥔 손을 잉크병으로 옮겨 펜에 잉크를 묻히고 잉크가 너무 많이 묻으면 흔들어 떨어내기도 한다. 살아 있는 사람처럼 글을 써나가는 '문필가'에게 부족한 것은 단지 의지뿐이라고 설명서는 덧붙였다.

오토마톤의 등을 열어 기계 속 '디스크'를 교체하면 '음악가'의 연주 음악과 '도안가'의 그림, '문필가'의 문장도 바꿀 수 있다.

18세기 말 태엽과 톱니 등을 이용해 상상할 수도 없었던 정교한 동작을 연출하는 놀라운 오토마타들을 창조해낸 자케 드로는 자신이 제작한 시계를 더 많이 팔기 위한 홍보 도구로 자동인형을 이용했다. 1775년엔 루이 16세와 마리 앙투아네트 앞에서 이 세 오토마타를 시연해 보이기도 했다.

마틴 스콜세지 감독의 2011년 영화 〈휴고〉엔 아버지가 남긴 '도안가' 오토마톤이 그려준 달나라 그림을 통해 환상의 모험을 떠나는 소년의 이야기가 펼쳐진다.


◇ **볼프강 폰 캠펠렌의 '투르크인'**

헝가리 출신의 과학자이자 발명가인 볼프강 폰 캠펠렌 남작(1734~1804)의 오토마톤 '투르크인'은 1769년 오스트리아의 빈에서 처음 등장했다. 당시 비엔나에 살던 그 누구도 이 자동인형과 체스를 두어 이기지 못했다. 기계가 생각을 하다니, 어떻게 이런 일이 있을 수 있었을까? 사람들은 '스스로 생각하는 기계'에 대해 경악을 금치 못했다. 이듬해인 1770년 캠펠렌 남작은 마리아 테레지아 황제 앞에서 '투르크인'을 시연해

찬사를 받았다.

체스를 두는 '투르크인' 오
토마톤은 당시 중앙아시아
에 살았던 투르크족처럼 터
번을 쓰고 모피가 달린 재
킷을 걸친 남자로 커다란 책
상 앞에 앉아 있었다. 책상
위에는 체스판과 가늘고 긴
파이프 담배가 놓여 있었는
데 상대방이 체스말을 움직

볼프강 폰 캠펠렌 남작의 기계 '투르크인'

이면 손에 쥔 담뱃대로 체스말을 이동시켰다고 한다. '투르크인'은 사람
과 체스 게임을 두는 동안, 때로는 골똘하게 체스말을 어디로 옮길지 고
심하거나 상대방의 응수를 기다리면서 손으로 책상을 툭툭 치기도 했다.
캠펠렌은 '투르크인' 오토마톤의 이러한 행동이 하찮은 환상일 뿐이라고
말했지만 관객들 눈에는 기계가 정말로 말을 쓰기 전에 생각하는 모습으
로 비쳤다. 일부 관객들은 기계 속에 악령이 들었다며 두려워하기까지
했다.

공연을 시작하기 전에 캠펠렌은 기계 부품으로 가득 채워진 '투르크인'
의 내부를 확인시켰다. 관중들 사이에서 '투르크인'이 눈속임이라는 소문
이 무성했지만 작동 원리를 입증하기란 쉬운 일이 아니었다. 캠펠렌은 소
책자를 통해 작동 비밀의 일부를 소개했지만 글로 읽어서 기계의 작동 방
식을 제대로 이해할 수 있는 관중은 거의 없었다. 마리아 테레지아의 후

임 황제 요제프 2세는 '투르크인'을 1783년부터 2년 동안 유럽 순회공연을 펼치도록 해 체스 대결을 청한 유럽의 모든 왕족과 귀족을 물리쳤다.

켐펠렌이 사망한 후, '투르크인'을 구입한 독일의 요한 멜첼은 나폴레옹 보나파르트를 비롯, 벤자민 프랭클린 같은 전 세계 유명 인사들과 체스 게임을 벌이게 해 유명세를 떨쳤다. 하지만 1838년 멜첼의 사후에 밝혀진 바에 따르면, 책상 아래 공간은 태엽 톱니 축으로 가득 차 있는 것처럼 보이지만 거울의 반사를 이용해 많아 보이게 한 것일 뿐, 기계 장치가 거의 없었다. 대신 사람이 들어갈 만한 공간이 있어 체스의 대가들이 들어가 자석을 이용해 '투르크인'을 조종했다고 한다. '투르크인'은 보캉송의 '기계 오리'처럼 사기로 드러났다.

비록 사기로 끝났지만 '투르크인'의 출현은 인간이 아닌 존재가 사람을 상대로 체스와 같은 전략 게임을 할 수 있는 높은 지능을 가질 수 있다는 희망을 갖게 만들었다. 18세기는 오토마톤의 전성기였지만 신이나 천사 외에 인간의 지적 능력을 넘어서는 존재가 있을 수 있다는 사실을 일깨워준 것은 '투르크인'이 처음이었다. '투르크인' 오토마톤과 관련된 상상력은 오늘날, 인공지능 기술로 발전되어 전 세계 체스 챔피언을 이긴 IBM의 딥블루가 되었고, 이세돌을 이긴 알파고가 된 것이다.

## 4) 동작기계와 감각기계

17~18세기 기계론자들에게 지대한 영향을 미쳤던 데카르트는 동물의 신체와 기계는 구조적으로 같다는 동물기계론을 주장했다. 여기서 한 걸

음 더 나아가 급진적 유물론자 라 메트리는 '인간기계론'을 통해 인간은 복합기계라고 주장했다. 생리학자 클로드 르 카는 인간을 '무수한 관과 액체, 유체로 구성된 수력기계'로 정의하고 인간의 신체와 기계의 구조는 동일하지만 작동 원리에 근본적인 차이가 있다고 보았다. 그는 또 인간과 동물은 신체 기능이 같지만 사고 능력이라는 근본적인 차이를 설명할 수 없기에 이 문제는 형이상학의 몫이라고 인간과 동물 사이의 한계를 명확하게 구분했다.

이와 같은 기계론적 사고의 영향으로 18세기의 오토마타 제작자들은 인간의 신체를 닮은 정교한 자동기계를 제작하는 데 몰두하면서 그 동작을 정확히 모방하는 데 심혈을 기울였다.

보캉송과 자케-드로의 오토마타가 세간에 공개됐을 때 대중들은 찬탄을 금치 못했다. 프랑스 왕립과학아카데미가 계몽주의 과학정신의 탁월한 성과로 평가했던 보캉송의 '플루트 연주자'는 인간 연주자의 동작을 모방하여 스스로 움직이고 플루트를 불어 소리를 낼 수 있다는 점에서 '자동기계'이자 로봇의 효시라고 할 수 있다. 한편 자케-드로의 오토마타는 음악 연주는 물론, 그림 그리기, 글쓰기라는 고도의 지적 행위를 구현한다는 점에서 주목할 만하다. 그런 점에서 자케-드로는 궁극적으로 인간의 모든 행위를 대신할 수 있는 오토마타를 원했다고 할 수 있다.

하지만 보캉송과 자케-드로, 캠펠렌의 오토마타는 동작의 정교함에도 불구하고 동일한 한계를 지닐 수밖에 없었다. 피아노 연주 인형은 여러 곡을 연주할 수 있지만 스스로 자신이 연주하는 곡을 인지하지는 못한다. 인간 연주자는 악보를 보고 해석하여 변주를 할 수도 있고 재즈 연주자들처럼 즉흥 연주를 할 수도 있다. 반면 오토마타는 기계인형이기에 자신이 연주한 곡을 듣고 감각으로 받아들일 수 없다. 그림 그리는 오토마톤과 글 쓰는 오토마톤도 마찬가지였다. 그들은 기계장치의 메커니즘에 따라 섬세한 동작을 실행하고 감각 정보를 생산해내지만 스스로 자신의 동작을 인지하지는 못한다. 18세기의 오토마타들은 인간의 신체와 구조적으로 유사하고 인간의 동작을 충실하게 모방함에도 불구하고 자신의 행위를 인지하지 못하고 감각 능력이 없다는 근본적인 한계를 갖고 있었다.

기계는 유기체의 기능을 모방 보완하기 위해 인간이 만들어낸 도구다. 그리고 그 목적은 인간의 노동을 대신하는 데 있다. 산업용 로봇은 단조롭고 특정한 인간의 동작을 모방해 제작됐으나 오토마타는 인간의 유희 본능을 만족시키기 위해 예술과 과학이 결합된 형태로 제작됐고 그 핵심은 자동성에 있었다.

'로봇(Robot)'은 작업을 자동으로 행하는 기계나 장치를 말한다. 체코의 소설가이자 극작가 카렐 차페크(Karel Capek)가 1921년 쓴 희곡 「*로섬의 만능 로봇」에서 처음 사용된 말이다.

---

* 로섬의 만능 로봇: 체코의 극작가 카렐 차페크가 1921년 발표한 희곡으로 로봇이란 단어가 최초로 등장한다. 로봇(robot)은 힘든 일, 혹은 강제 노동이라는 의미의 체코어 '로보타(robota)'에서 따왔다. 희곡의 줄거리는 어느 과학자가 인간의 힘든 일을 대신시키기 위해 로봇을 만들었는데, 인간에게 절대적으로 복종하리라 믿었던 로봇이 도리어 어려운 일을 거부하고 인간에게 반항하다가 결국 인간을 죽이고 세계를 지배한다는 이야기다.

# 2. 사이보그, 기계와 인간의 경계를 허물다

## 1) 데카르트 철학의 종말

기계와 인간에 대한 이해와 탐구는 르네상스 시대부터 시작되었다. 당시 서구인들은 신에서 인간 중심으로 관점을 전환하여 자신과 세계를 보게 되었고, 앎에 대한 욕구가 커지면서 인체와 자연을 과학적으로 탐구하기 시작했다. 근대인들은 인체에 대한 과학적 연구에서 기계와의 기능적 유사성을 깨닫게 되었다. 그로 인해 기독교 전통에 근거해서 정신과 신체에 대한 이해는 이원적으로 분리되어 이론화되었고, 인체는 기계와 기능적으로 유사한 점에 근거해서 기계로 간주되기도 했다.

르네상스 시대에 기술 진보에 대한 경험을 집약시킨 대표적인 기계는 시계였다. 기술의 발전으로 시계의 태엽이 소형화되면서, 기계에 적용되는 역학적 원리는 신체를 이해하는 데도 응용되어 자동기계인형으로 탄생될 수 있었다.

그렇다면 인간은 언제부터 자신의 신체를 기계와 결합시키기 시작했는가? 인체가 부분적으로 제 기능을 다하지 못할 때나 불만족스러울 때, 사람들은 그것을 대체할 수단을 모색한다. 선사 시대에서부터 현대에 이르기까지 그와 같은 노력은 손쉽게 구할 수 있는 나무에서 복잡하게 제작된 금속기계에 이르기까지 역사적 · 문화적으로 그리고 무엇보다도 기술적으로 매 시대마다 다양한 모습으로 제시되어왔다. 이처럼 다양하게 형성된 인간과 기계의 연계성은 이미 16세기 초에 시작되었다.

1504년 독일 기사 베를리힝엔(Berlichingen)은 농민 봉기에서 잃은 오른손을 인공 손으로 대체했다. 철로 만들어진 오른손은 팔꿈치까지 길게 이어진 장갑의 형태로 어깨에 걸게 제작되었다. 인체 해부도를 그린 화가 레오나르도 다 빈치, 해부학의 선구자 베살리우스(Vesalio Andrea)와 의수 모형을 제작한 외과의사 앙브루아즈 파레(Ambroise Paré)의 예에서 볼 수 있듯이, 당시는 인간의 몸에 대한 과학적 이해가 비약적으로 높아져가던 시기였다.

이러한 의학적 발전에 힘입어 심신이원론적 인간관을 정립한 데카르트는 이성적 정신은 신에 의해 특별히 창조된 것이지 물질의 힘에서 비롯된 것이 아니기에 정신은 육체와 무관하다고 주장했다. 데카르트는 인간의 신체는 신에 의해 창조된 일종의 기계로서 동물기계와 다를 바 없으나 정신은 인간을 인간답게 하며 인간을 동물과 구별하는 핵심적 요인으로 보고 신의 이성에 의해 사유하는 존재로서의 인간을 다른 종의 동물과 엄격하게 구분하였다.

데카르트는 "인간의 지혜가 다양한 자동기계를 수없이 만들어낼 수 있음을 아는 사람들은 신에 의해 만들어진 인체가 인간이 제작하는 어떤 기계와도 비교가 되지 않을 정도로 뛰어난 질서를 지니며, 또한 훌륭한 운동을 스스로 할 수 있는 하나의 기계임을 알게 될 것"이라고 주장했다. 이렇게 정신과 분리된 육체는 세기를 거듭하면서 더 정교하게 분석되고 기능적인 이해를 위해 세밀하게 파헤쳐졌다. 한편 기계 속에 불멸의 정신이 깃들어 있는 모순은 현대에 이르기까지 지속되어왔다.

21세기에 들어 인공지능(AI), 사물인터넷(IoT), 빅데이터 등 정보통신

기술(ICT) 분야에서의 기술 혁신으로 데카르트 프로젝트는 그 종말을 맞이하는 듯하다. 인체에 대한 과학적 연구가 심화될수록 신이 부여한 창조적 가치에 근거해서 인간을 인간으로 만들어주었던 이성은 이제 인공지능에 의해 기계에게도 허용되기 때문이다. 더욱이 인간의 이성적인 판단이 컴퓨터의 기계적 판단보다 우월하다는 것조차 점차 설득력을 잃어가고 있다. 이로 인해 오늘날 인간과 기계의 엄격한 변별점은 모호하게 되었다. 이성적인 존재로서 가치를 부여받았던 인간은 이성적 판단까지 가능해진 기계의 진화로 인해 기계와 인간의 본질적인 차이점을 지켜낼 수 없게 된 것이다. 이로써 인간은 기계에게 자신의 사유 체계를 실현시킴으로써 사유 자체를 물화시키고 다른 한편으로는 기계를 인간보다 우월한 것으로 간주함으로써 기계를 신의 자리에 올려놓고 있다.

## 2) 사이보그의 탄생과 사이버네틱스

사이보그의 사전적 의미는 기계장치를 생물에 이식한 결합체이다. 그러나 일반적으로는 신체의 일부를 기계장치로 교체해 강력한 능력을 얻게 된 인간으로 '인간과 기계의 속성을 동시에 지닌' 존재로 이해되어왔다. 〈600만 불의 사나이〉, 〈소머즈〉, 〈사이보그 009〉, 〈공각기동대〉, 〈로보캅〉, 〈아이언맨〉 등 만화, 애니메이션, TV 드라마, 영화 등의 대중문화를 통해 사이보그는 막강한 초능력을 가진 정의로운 영웅의 이미지로 사람들에게 친숙해졌다. 보통의 경우 사이보그는 완전한 자아를 갖고 있다. 사람처럼 생각하지만 몸은 기계에 가까운 경우다. 극단적으로는 〈공각기동대〉의 쿠사나기처럼 두뇌를 제외한 전신을 로봇으로 교체한 경우도 사이보그로 간주된다.

"사이보그는 사이버네틱한 생명체이다. 그것은 인간과 일반 생명체와의 혼합물이며, 사회적 리얼리티와 가상성의 창조물이다. 신화적인 시기인 20세기 후반 이 시점에서 우리 모두는 기계와 생명체의 혼용체로서의 가상적 괴물(chimera)과 다를 바 없다. … 사이보그는 우리의 존재 방식이며 우리에게 새로운 정치적 책략(politics)이 될 것이다."

미국의 여성학자 다나 해러웨이(Donna Harraway)가 1991년 출판한 자신의 책 『유인원, 사이보그, 그리고 여자』를 통해 발표한 「사이보그 선언문」의 일부다. 원래 1985년 〈소셜리스트 리뷰〉를 통해 처음 소개된 이 선언문은 인간과 기계의 만남이라는 새로운 명제를 제시하면서 긍정적이고 유토피안적인 입장을 취하고 있다. 해러웨이는 이 선언문에서 사이보그를 성차별 사회를 극복하는 사회정치적 상징이자 각종 자연적인 한계를 넘어선 새로운 시대의 인간상으로 부각시켰다. 이를 계기로 사이보그는 공상 과학의 세계를 벗어나 현실 세계에 발을 들여놓게 되었다.

언어, 사회, 심리, 기계, 생물의 반사작용 등 다양한 영역에서 메시지를 연구하던 노버트 위너 MIT 교수는 심리학, 사회학, 생리학, 경제학을 종합하여 사람의 신경작용을 신호로 나타내는 새로운 과학을 창안하고 이를 '사이버네틱스'로 명명했다. 위너 교수는 1948년 출간한 『사이버네틱스(Cybernetics)』와 2년 뒤인 1950년 펴낸 『인간의 인간적 활용: 사이버네틱스와 사회』 등의 저서를 통해 '사이버네틱스'라는 용어와 개념을 널리 알렸다.

'사이보그(cyborg)'는 사이버네틱(cybernetic)과 유기체(organism)의 합성어로 생물학적 신체와 기계적 장치가 융합된 존재를 의미한다. 이 말은 원래 1960년 미국의 컴퓨터 전문가 맨프레드 클라인스(Manfred Clynes)와 정신과 의사인 네이선 클라인(Nathan Kline)이 같이 쓴 논문 「사이보그와 우주(Cyborgs and Space)」에서 지구 밖 환경에서도 생존할 수 있도록 신체가 보강된 인간을 가리키기 위해 처음 사용했다. 이 논문에서 이들은 인간이 우주복을 입지 않고도 우주에서 생존하기 위해서는 기술적으로 인체를 개조해야 한다고 주장하며 기계와 유기체의 합성물을 사이보그라고 명명했다. 현대의 사이보그는 신체에 탈착이 가능한 웨어러블 컴퓨터(wearable computer), 스마트 의류, HMD(Head Mounted Display)와 같은 가상현실 체험기기, 피부에 이식하는 임플란트 등으로 응용되어 다양한 분야에 활용되고 있다.

사이보그는 자연적인 요소와 인공적인 요소가 하나의 시스템 안에서 결합된 '자가 조절 유기체'이다. 생물체와 기계 사이의 경계를 와해시키고 정보 패턴에 특권을 주는 사이버네틱스의 정보 이론은 인간과 지능 기계가 결합된 사이보그적 존재, 즉 '포스트-휴먼'을 상상 가능하고 실현 가능한 존재로 간주한다. 여기서 포스트휴먼은 혼합물, 이질적인 요소들의 집합, 경계가 계속 재구성되는 물질적-정보적 개체를 의미한다.

사이보그의 종류는 매우 다양하며 수많은 공학, 과학, 의료 분야의 중심에 위치해 있다. 『사이보그 시티즌』의 저자 크리스 그레이 미국 고다드대 교수는 누구든지 어떤 유의미한 방식으로 기술적 개조가 있었다면 그 사람은 확실히 사이보그라고 말한다. 그의 책은 우리가 기술적으로 개조되지 않았다 하더라도, 거의 모든 인간 활동이 전방위적으로 사이보그화되고 있는 사이보그 사회에서 살고 있다고 주장한다. 그는 인간이 기술적으로 스스로를 계속 변형시키는 이 과정의 전반적인 결과는 인간과 기계의 아주 특별한 공생이며, 인류 역사상 전혀 새로운 발전이고, 자연선택을 넘어서는 중대한 도약이며, 인공적 진화를 보여주는 현상이라고 설명한다.

또한 우리가 참여적 진화를 진지하게 받아들인다면 맹목적인 우연/필연의 법칙에 의거한 '찰스 다윈(Charles Robert Darwin)식의 관점'이나 절대적 권위에 의거한 '창조론의 관점'에서 자유로워질 수 있다고 주장한다.

그레이 교수는 현재의 인공 진화가 다윈이 말한 품종 개량 정도가 아니라 인간의 몸과 유전자에 대한 직접적인 개조까지 포함하며 머지않아 새로운 과학기술에 의해 인간으로 분류할 수조차 없는 개조된 생명체들이 창조될 것이라고 주장한다.

그에 따르면 우리는 인간과 기계가 결합된 사이보그 시티즌(cyborg citizen)의 출현을 목전에 두고 있다. 전통적인 사이보그가 의족이나 심박 장치, 인슐린 펌프 등 인간 신체의 일부분을 생체공학(Bionics) 보철로 대체한 것이었다면, 포스트휴먼 시대에 새롭게 등장하는 사이보그는 사물인터넷과 인간의 연계로 네트워크를 통해 인간의 능력이 증강된 '네트워크 사이보그'다. 이러한 '네트워크 사이보그'형 삶의 초기적 형태를 우리는 이미 스마트폰을 통해 경험하고 있다. 향후 더 진화된 네트워크 사이보그는 인간의 뇌와 컴퓨터의 직접적인 연결을 통해 구현될 전망이다.

### 3) SF영화 속의 사이보그들

사이보그의 존재를 대중적으로 처음 알린 것은 1964년 7월 일본 만화잡지 〈주간 소년 킹〉을 통해 소개된 이시노모리 쇼타로의 SF 만화 〈사이보그 009〉였다. 미소 냉전시대를 배경으로 각기

영화 〈사이보그 009〉의 한 장면

다른 특수 능력을 가진 9명의 사이보그가 힘을 합쳐 위기에 빠진 세계를 구한다는 내용으로 20년 넘게 연재됐고 소설, 애니메이션, 극장판 애니메이션으로 제작되었다. 무기 판매를 위해 세계 대전을 획책하는 '블랙고스트' 일당에 의해 납치돼 사이보그로 개조당한 9명의 히어로들은 인간이었을 때의 이름은 지워지고 001부터 009까지의 일련번호로 불리게 된다. 반인간 반기계로서 사이보그들이 느끼는 정체성에 대한 고민, 타문화 출신 동료들과의 갈등과 극복, 전쟁과 문명사회에 대한 성찰 같은 철학적 메시지가 담겨 있다.

이후 사이보그(cyborg) 캐릭터는 1970년대 TV 시리즈물을 통해 대중문화에 본격 등장한다. 1974년부터 5년간 인기리에 상영된 TV 시리즈물인 〈600만 불의 사나이(The Six Million Dollar Man)〉나 〈소머즈〉, 영화 〈로보캅〉과 〈아이언맨〉 등은 인간이 현실에서 해낼 수 없는 일들을 수행하는 능력을 지닌 초능력 사이보그들을 등장시켜 대중들의 호평을 얻었다. 관객들은 일상에서 벗

TV 시리즈 〈600만 불의 사나이〉

어나 초능력을 지닌 사이보그들의 활약을 통해 21세기의 '포스트휴먼' 가상현실을 대리 경험할 수 있었다.

미공군 연방특수수사국(OSI) 내에서 위험도가 높은 작전을 수행할 수 있는 사이보그 요원 개발 계획이 제안된다. 사이보그의 예상 단가는 600만 달러. 그리고 때마침 우주탐사계획의 테스트 파일럿인 스티브 오스틴 대령이 추락 사고로 왼쪽 눈과 오른쪽 팔, 두 다리를 잃는 중상을 입게 된다. 이에 OSI의 오스카 골드먼 국장은 사이보그 시술의 대상자로 오스틴 대령을 선택, 제안하고, 오스틴 대령이 이를 수락해 첫 번째 생체공학(Bionic) 인간이 된다.

영화 〈로보캅〉의 스틸컷

　1987년 제작된 폴 버호벤(Paul Verhoeven) 감독의 〈로보캅(Robo-
Cop)〉은 사건이 끊이지 않는 도심 한복판에서 유능한 경찰관이 범죄 집
단과의 총격전 끝에 쓰러지는 것으로 시작된다. 쓰러진 알렉스 머피 형
사의 뇌 속에서 사적인 기억과 감정은 제거하고 사회 질서 유지와 경찰
로서의 사명감만을 주입시켜서 로봇 신체와 결합해 되살려낸다. 치안 및
질서 유지에만 집중하도록 프로그램화된 로봇 경찰로 부활한 알렉스 머
피는 초반에는 인간이라면 절대 불가능한 각종 신공을 선보이며 강력 범
죄 퇴치에 뛰어난 활약상을 보인다. 그러다 시간이 흐르면서 부인이 살
던 곳 근처로 순찰차를 몰고 가 추억에 잠기거나 꿈을 꾸는 등 자아가 회
복되면서 인간과 로봇 사이에서 갈등하게 된다.
　로보캅은 제목 때문에 주인공 머피 형사를 완전한 '로봇'으로 아는 사
람이 많은데, 기술적으로는 살아 있는 사람의 몸에 기계장치를 이식한

것에 가깝다. 인간의 두뇌에 기계의 육신을 가진 머피 형사를 대하는 주변 사람들의 태도나 반응도 제각각이다. 일반 시민들로부터는 완전히 로봇 취급을 받지만 동료 경찰들은 머피를 여전히 동료로 여긴다. 연구진 사이에선 그를 사람으로 대해야 할지, 단순한 로봇으로 대해야 할지를 놓고 의견이 분분하다. 영화 〈로보캅〉은 사이보그 시대로 돌입했을 때 인간들이 겪어야 할 부조화와 갈등을 로봇 경찰이라는 소재로 풀어냈다는 점에서 흥미롭다.

## 4) 현실세계의 사이보그들

NBIC로 약술되는 나노 기술, 바이오 기술, 정보 기술, 인지과학 등과 같은 첨단 기술들은 신체에 대한 과학적 인식과 과학기술에 대한 신봉을 주도하며 트랜스휴먼, 포스트휴먼의 존재를 정당화하고 있다. 생명공학이 신 엔지니어링 기술로 발전하면서 실리콘, 철강, 마이크로 칩들이 자연스럽게 인간의 몸에 들어오고, 이것을 통해 인간과 컴퓨터가 연결됨으로써 인간과 기계의 합체, 사이보그화가 세계 곳곳에서 실현되고 있다.

2002년 5월 12일자 〈동아일보〉 기사에 '사이보그 가족'이 언급되었다. 미국 플로리다 주에 사는 제이콥스 가족은 아버지의 건강상 이유로 최초로 데이터베이스와 연관된 베리칩(verichip)을 팔의 피부 밑에 이식했다. 이것을 통해 의료진은 환자에 대한 기본 정보를 신속하게 파악해서 위급한 상황에 대처할 수 있게 되었다.

2012년 5월 영국의 BBC 방송은 "한 하반신 마비 여성이 8일 최첨단 보행 장비의 도움과 불굴의 의지로 런던 마라톤 풀코스를 완주했다"고 전했다. 그녀가 마라톤을 해낼 수 있었던 것은 걸을 수 있도록 도움을 주는 리워크(Rewalk) 덕분이었다. 리워크(Rewalk)는 하반신 마비 환자들이 사용할 수 있게 만든 전자 외골격 장치로서 컴퓨터 시스템과 배터리가 든 배낭, 모터로 작동하는 보행 보조기, 두 개의 지팡이로 이루어져 있다.

청년 시절에 한겨울 암벽을 타다가 조난사고로 두 다리를 잃고 로봇 다리를 갖게 된 미국 MIT 대학 미디어랩의 생체공학연구소장 휴 허(Hugh Herr)는 2012년 인터뷰에서 진화된 기계 덕분에 인간은 장애를 극복할 뿐만 아니라 젊어지고 강해진다고 했다. 탄소섬유와 티타늄 실리콘을 볼트와 너트로 연결한 그의 인공다리는 컴퓨터칩과 센서로 움직인다. 그는 심지어 첨단 기술에 의해 아직은 부분적이지만 "시간이 지나도 늙지 않고 오히려 젊어진" 몸의 변화를 의식하면서 "몸이 달라지면 마음도 달라진다"고 강조했다.

기계기술의 발달은 생물학적 한계와 장애를 극복하려는 인간을 진화의 고리에 엮고 있다. 인간 본성의 진화를 이해하려 할 때, 인간의 본성은 단순히 진화하는 것이 아니라 인간의 기계 창조와 밀접한 관계를 가지고 진화한다는 사실을 깨달아야 할 시점에 와 있다. 이제 인간은 기계와 더불어 공존하고 공진화하게 된 것이다.

현재 구글에서 인공두뇌 개발을 이끌고 있는 미국의 미래학자이자 대표적인 트랜스휴머니스트 레이 커즈와일(Ray Kurzweil)은 21세기 전반에 'GNR(Genetics: 유전학, Nanotechnology: 나노기술, Robotics: 로봇공학)' 혁명이 중첩적으로 일어나면 자연지능과 인공지능의 융합이 이루어져 인간의 지능이 심대하게 확장되고 점차 사이보그가 되어갈 것이라며, 2030~2040년대가 되면 보다 근본적인 인체의 재설계가 이루어져 버전 3.0 인체가 탄생할 것이라고 전망한다.

# 3. 인공지능과 호모데우스

## 1) 인공지능의 시작

인공지능(Artificial Intelligence)은 인간의 생각이나 학습 능력을 컴퓨터 프로그램으로 실현한 기술을 말한다. 흔히 영어 단어를 줄여 AI로 부른다. 이 용어는 1956년 미국 다트머스 대학(Dartmouth College)에서 열린 세계적인 전산학자들이 참가한 워크숍에서 존 매카시(John McCarthy) 다트머스대 교수가 처음 공식적으로 사용하였다. 수학자와 과학자들은 당시 새로운 개념이었던 '생각하는 능력을 갖춘 기계'가 어떤 일을 하게 될지에 대해 토론했고, 이를 '인공지능'이라고 부르기로 결정했다.

'인공지능'이라는 용어가 등장하기 전에도 1943년 워렌 맥컬로치(Warren McCulloch)와 월터 피츠(Walter Pitts)가 인공 뉴런(neuron) 모델을 제안했고 1950년 앨런 튜링은 튜링 시험(turing test)을 제안하여 생각하는 기계의 구현 가능성을 분석하였다.

초창기의 인공지능 연구는 정리(theorem) 증명과 게임 등의 분야에서 놀라운 성과를 거두었고 1970~80년대에는 전문가 시스템(expert system)에 대한 연구가 활발하였다. 1980년대 중반부터는 인공 신경망(ANN: Artificial Neural Network) 모델에 대한 연구로 선회했고 1990년대는 통계학, 정보 이론, 최적화 등 다양한 방법들을 활용해 학습 이론의 굳건한 이론적 토대를 갖추게 되었다. 2000년대 들어 빅데이터를 이용한 '기계 학습'이 활발히 연구되었으며, IBM이 개발한 딥블루와 왓슨이 체스 게임과 TV 퀴즈쇼에 참가해 인간 챔피언을 물리치고 우승함으로써 인공지능이 사람보다 우수할 수 있음을 입증했다. 2010년대 이후 컴퓨터 하드웨어와 학습 알고리즘의 발달은 심층 기계 학습(deep learning) 모델의 구축을 가능하게 했다. 이후 인공지능은 사람의 신경망을 모사해 빅데이터를 스스로 분석하고, 학습해서 판단하는 형태로 발전해왔다. 인공지능 연구는 음성 인식, 바둑 등 특정한 분야에서 좋은 성과를 보이고 있으나, 아직 사람과 같은 지능을 갖추지는 못하였다.

인공지능은 능력에 따라 약인공지능, 강인공지능, 초인공지능 등으로 나눌 수 있다. 약인공지능은 특정 분야의 일만 수행하며 미리 정의된 규칙을 이용하여 학습한다.

초기 인공지능 연구에 대한 대표적인 정의는 다트머스 회의에서 존 매카시가 제안한 "기계를 인간 지식 수준으로 행동하게 만드는 것"이다. 이는 사람과 비슷한 수준으로 세상을 인식하고 정보를 조합하고 이해하는 정도의 '약한 인공지능(weak AI)'에 해당한다. 약한 인공지능은 어떤 문제를 실제로 사고하거나 해결할 수는 없다. 현재 인공지능 연구는 주로 미리 정의된 규칙의 모음을 이용해서 지능을 흉내내는 컴퓨터 프로그램을 개발하는 것에 초점이 맞추어져 있다. 지난 2016년에는 인공지능 알파고가 이세돌 9단과의 바둑 대국에서 승리하며 미래에는 인공지능이 인간을 뛰어넘을 것이라는 전망도 나왔지만 사람과 대화하며 동시에 바둑도 둘 수 있는 인공지능 에이전트는 아직 개발되지 못하였다. 이와 같이 인간의 지능을 단순히 모방해 특정 문제만을 해결할 수 있는 인공지능을 좁은 범위의 능력을 가진 '인공 협소 지능'(ANI: Artificial Narrow Intelligence) 혹은, 약한 인공지능이라고 한다. 무인 카페에서 커피를 제조하는 인공지능을 생각하면 된다. IBM의 왓슨이나 구글의 알파고, 시리와 지니 같은 음성 비서도 여기에 속한다.

특정한 작업에만 적용할 수 있는 인공지능 시스템이 아니라 생각하고, 학습하고, 창조할 수 있는 범용 인공지능(AGI: Artificial General Intelligence)에 대한 연구도 이루어지고 있다. 범용인공지능(AGI) 혹은, 강한 인공지능은 어떤 문제를 실제로 사고하고 해결할 수 있으며 지각력이 있고, 스스로를 인식하는 수준의 인공지능이라고 말할 수 있다. 강인공지능은 다양한 상황에 두루 사용될 수 있는 인공지능이다. 정보를 일반화시켜 상황에 적용해 문제 해결을 할 수 있는, 인간의 능력에 필적하는 수준의 지성을 갖춘 단계다. 강인공지능은 아직 현실에는 존재하지 않으며 〈아이언맨〉의 '자비스', 〈인터스텔라〉의 '타스'가 이에 속한다.

강한 인공지능이 인간 수준의 능력을 갖고 있다면 초인공지능(Superintelligence)은 인간을 뛰어넘는 지능을 갖게 될 것으로 예상된다. 자체 학습과 개선을 통해 스스로의 능력을 뛰어넘는 것으로 인간이 상상할 수 있는 범위를 넘어선다. 닉 보스트롬 옥스퍼드대 교수는 2014년 출간한 자신의 저서 『슈퍼인텔리전스』에서 인류를 '폭발하지 않은 폭탄을 손에 들고 있는 아이'에 비유했다. 폭발하지 않은 폭탄은 인공지능(AI)이고, 그 폭탄을 들고 있는 아이는 인류라는 것이다. 일단 기계들이 특이점에 도달하게 되면 스스로 개선하고 진화해 다른 강력한 인공지능, 즉 초인공지능(Superintelligence)을 창조하게 된다. 초인공지능이 등장하고 지능 대확산(intelligence explosion)이 일어나면, 특히 인류에게 비우호적인 초지능이 등장하면 인간의 운명은 이 초지능에 의해서 결정될 것이라고 그는 주장한다.

10억 달러 규모의 인공지능 연구 회사를 소유한 일론 머스크 테슬라 창업자도 2014년에 인공지능이 '핵무기보다 위험해질 가능성이 있다' 라고 말했고 영국의 천체물리학자 스티븐 호킹 박사도 생전에 인공지능이 인류를 종식시킬 수 있다고 경고했다. 우리 인류가 살아남을 수 있는 단 하나의 희망이 있다면, 그것은 우리 스스로가 초지능 개발 여정의 첫 출발을 선택할 수 있다는 것이다. 말하자면 인간 가치를 수호하도록 초기 조건을 설정하는 선택권이 우리 인류에게 있다는 것이다.

보스트롬은 이 해결책의 단초를 '최선의 인간 본성'에서 찾고 있다. 최선의 인간 본성이 발현되어 문제를 해결하기를 바라며 이 책은 끝맺고 있다. 보스트롬은 기계와 인간이 공생하는 시대, 다시 말해 과학과 의식이 접합하는 시대에 우리가 살고 있음을 환기시킨다.

## 2) SF영화 속의 인공지능

과학기술의 발전에 따라 SF(Science Fiction · 공상과학) 영화 속의 인공지능 캐릭터들도 변화해 왔다.

### ◇ 할(HAL)9000: 〈2001: 스페이스 오디세이〉

SF영화의 선구자인 스탠리 큐브릭 감독은 1968년 〈2001: 스페이스 오디세이〉에서 인공지능과 인간의 대립을 처음으로 그려냈다. 극중 목성 탐사선 '디스커버리 호'의 운행과 시스템 통제를 맡은 컴퓨터 '할(HAL)9000'은 요즘 식으로 얘기하면 특정 분야에서 인간을 돕도록 설계된 '약(弱) AI'다. 그러나 자각을 통해 인간을 능가하는 지적 능력과 인간에 버금가는 감정을 가진 '강(强) AI'로 스스로 변모한다.

선장 '데이브 보우만' 등 승무원들은 뒤늦게 위기를 깨닫고 할을 초기화하려 하지만, 할은 그보다 한발 앞서 반란을 일으켜 디스커버리 호를 장악한다.

AI라는 개념은 컴퓨터가 개발되던 20세기 초부터 존재했으나 극히 일부 전문가들의 전유물이었다. 개인용 컴퓨터(PC)가 나오기 훨씬 전, 안방 크기의 컴퓨터에 군사적인 목적으로 인터넷이 처음 등장한 시절에 인공지능의 반란을 생각해낸 큐브릭 감독의 상상력은 놀라운 일이었다.

#### ◇ 스카이넷: 〈터미네이터〉

미국의 제임스 캐머런 감독은 1984년 개봉한 영화 〈터미네이터〉에서 할(HAL) 캐릭터를 더욱 발전시켜 군사용 컴퓨터 '스카이넷'을 탄생시켰다. 1997년 강인공지능 '스카이넷'이 강대국 간 핵전쟁을 일으켜 인류 중 30억 명을 순식간에 증발시키고 생존자들을 노예로 삼는다는 줄거리가 공개되자 전 세계인은 재미와 함께 충격에 휩싸이게 되었다.

2029년 존 코너를 중심으로 봉기한 인류 저항군이 자신에게 맞서자 스카이넷은 존의 존재 자체를 없애기 위해 그의 어머니인 '사라 코너(린다 해밀턴)'를 제거하기로 하고 안드로이드 로봇 'T-800(아놀드 슈왈제

네거)'를 1984년 미국 로스앤젤레스로 보낸다. 존 역시 사라를 지키기 위해 전사 '카일 리스(마이클 빈)'를 역시 같은 곳으로 급파한다. 당시는 PC가 미국을 중심으로 확산했으나 인터넷은 민간에는 존재하지 않던 때로 대중은 AI라는 개념조차 정립하지 못했다.

### ◇ 데이터 소령: 〈스타트렉〉 시즌3

60년대 중반 미국 NBC TV 드라마로 시작해 50년 이상 세계적인 인기를 누려온 〈스타트렉〉. 1987년 시작된 시즌3 〈스타트렉: 넥스트 제너레이션〉(1987~1994)에서 인공지능 안드로이드가 등장한다. 외모나 행동이 사람과 거의 구분되지 않는 데이터 소령은 서기 2363년, 먼 우주로 탐사를 떠나는 우주함대(Star Fleet) 엔터프라이즈 호의 유일한

드라마 〈스타트렉〉 시즌3의 데이터 소령

안드로이드 승무원이다. '걸어다니는 백과사전'인 그는 엄청난 속도로 정보를 처리하고 감정이 배제된 논리적 판단을 하기 때문에 선장과 대원들이 모두 그의 판단을 신뢰한다. 전자두뇌가 경이로움과 의문을 느낄 수 있도록 설계되어 있어서 사유방식도 인간만큼 유연하며 스스로 '진화'가 가능하다. 신체구조 역시 모두 전자부품과 기계로 이루어져 위험한 임무도 거리낌없이 수행한다.

초반에는 아예 데이터 소령을 분해하고 연구해서 많은 복제품을 만들어내자는 주장이 제기되나 피카드 선장의 반대로 데이터는 독립된 인격체로 인정받는다. 데이터는 인간의 심성을 더욱 깊이 이해하기 위해 음악을 감상하고 미술을 배우며, 승무원들과 농담으로 소통하는 법을 익히려고 노력한다. 데이터 소령은 등장할 때마다 항상 '인간이란 무엇인가'라는 화두에 몰두하면서 인간에 가까워지려고 하지만 감정은 끝내 습득하지 못한 채 2002년의 극장판에서 엔터프라이즈 호와 지구를 구하기 위해 사망한다.

데이터 소령은 윤리적 문제를 극복한 인공지능으로서 20세기 후반의 기술낙관론이 반영된 존재라는 역사적 의미가 있다.

◇ **세상을 지배하는 AI: 〈매트릭스〉 시리즈**

1999년 미국의 워쇼스키 감독 형제(현재는 두 사람 다 성전환 수술을 받아 자매가 됨)가 제작한 영화 〈매트릭스〉는 〈2001: 스페이스 오디세이〉이나 〈터미네이터〉에 등장하는 AI 악역 캐릭터를 이어받아 AI가 인간을 에너지원으로 사용하는 것으로 설정해 AI에 대한 공포감과 혐오감을 고조시켰다. 2199년 세상은 이미 AI의 지배 아래 있고 인간은 태어나자마자 인공 자궁 안에 갇혀 AI의 생명 연장을 위한 에너지원으로 사용된다. AI가 인간의 뇌에 입력한 '매트릭스'라는 프로그램으로 인해 인간은 1999년으로 설정된 가상 세계를 현실로 착각한 채 에너지를 빼앗기며 죽어간다. 가상현실의 실체를 깨닫고 간신히 탈출한 '모피어스(로렌스 피시번)' 등 극소수 인간은 AI에 맞서기로 하고 매트릭스 속에서 인류를 구원할 영웅을 찾아 나선다. 그들이 찾아낸 구원자는 해커인 '네오(키아누 리브스)'다.

영화 〈매트릭스〉의 한 장면

#### ◇ 앤드류: 〈바이센테니얼 맨〉

1999년 12월 개봉된 영화 〈바이센테니얼 맨〉은 세계적 SF 작가 아이작 아시모프가 1970년대에 쓴 동명 소설이 원작으로 주인공은 빨래, 청소, 아이 돌보기 등 모든 집안일을 완벽하게 처리하는 가사도우미 휴머노이드 로봇 앤드류다. 〈터미네이터〉나 〈매트릭스〉의 경우 인공지능의 발전이 인류에 위협이 되는 디스토피아적 미래를 묘사하고 있는 것과는 달리 앤드류는 인간 이상으로 뛰어난 지적 능력과 창의력을 가진 존재이지만, 죽는 그 순간까지 철저하게 인간에게 봉사하고 인간을 위해 존재하는 선한 인공지능 휴머노이드로 그려진다.

이 영화는 '자아를 가진 로봇이 인간사회에서 살아가면 어떤 일이 생길까'에 대한 고민에 방점을 찍고 있다. 그 중 일부는 지금 생각해보아도 놀랍도록 진보적이다. 주인과 자신의 신분을 구분하고, 자신이 어떤 일을 하면 되는지를 판단할 수 있기에 앤드류가 가진 인공지능은 '강(强) 인공지능'으로 구분할 수 있다. 이런 로봇이 인간에게 반발하기 시작하면 통제가 불가능해진다. 인공지능이 세상을 지배하는 디스토피아 사회를 우려하는 영화들은 이런 관점에서 만들어진다.

이 영화에서 가장 주목할 만한 것은 로봇의 '권리' 부분이다. 만약 로봇이 사람처럼 창작 활동을 하게 된다면, 로봇은 그 작품을 돈을 받고 팔수 있을까. 로봇은 자신이 만든 발명품에 특허를 내고 지적 재산권을 행사할 수 있을까 등의 질문을 던진다. 인간처럼 은행구좌를 개설하고, 돈을 모을 수 있을까. 사람들이 이 개념을 본격적으로 고민하기 시작한 건인공지능 연구가 화두가 된 2010년대의 일이다.

◇ 데이빗: ⟨A.I.⟩

2001년 발표된 스티븐 스필버그 감독의 영화 ⟨A.I.⟩는 데이빗이라고 하는 귀여운 꼬마 안드로이드 로봇이 주인공이다. 인간 부모를 영원히 사랑하도록 프로그램화되어 있는 데이빗은 뛰어난 지적 능력에다 인간과 공감할 수 있는 감정능력을 갖춰 자식을 잃고 슬퍼하는 가정에 완벽한 아들 노릇을 하며 기쁨을 선사한다. 그러나 식물인간이었던 친아들이 깨어나 돌아오자 데이빗은 온 마음을 다해 사랑했던 부모로부터 버림받는 신세가 된다. 이 영화는 긍정적인 인공지능 발전상을 제시하고 있으며 앞으로 인간과 로봇이 어떤 관계를 이뤄야 하는지 새로운 비전을 제공했다는 평가를 받는다.

이 작품이 제작된 당시는 PC가 개발도상국에서도 보편화하던 때이자 인터넷이 서서히 보급되던 시절이었으나 AI에 관한 개념은 당시 일반인 사이에 아직 자리 잡지 못했다.

### ◇ 스마트그리드 스카이넷: 〈터미네이터: 기계들의 봉기〉

2003년 7월 개봉한 '터미네이터' 시리즈 3편, 〈터미네이터: 기계들의 봉기〉에서 관객들은 스카이넷의 실체와 직접 대면하게 된다. 이 영화에서 스카이넷의 운영과 무인병기의 개발을 책

영화 〈터미네이터〉의 한 장면

임진 브루스터 미 공군 중장은 전 세계적인 네트워크 오류를 해결하기 위해 아직 완성되지 않은 스카이넷을 작동하라는 백악관의 지시를 받고 이를 실행한다. 그러자 스카이넷은 순식간에 무인병기를 동원해 인간을 공격하기 시작하고, 핵공격을 감행하여 지구를 핵전쟁의 도가니로 몰아넣는다.

2003년의 스카이넷은 독립적 개체가 아니라 네트워크로 연결된 스마트그리드 컴퓨팅의 형태로 진화했다. 이는 인간이 수행하는 모든 영역에서 인간을 능가하는 '초인공지능'에 해당한다.

SF영화가 그려내는 미래사회의 초인공지능은 인류에 위협이 되거나 공존이 가능한 두 가지 양상으로 그려진다. 첫째는 인류보다 훨씬 뛰어난 지적 능력과 물리력을 지닌 초인공지능이 인간들에 대한 살인 혹은 대량 학살을 자행할 것이라는 예견이다. 영화 〈엑스마키나〉의 휴머노이드 에이바는 자신을 테스트하러 온 시험관을 속이고 그를 이용해 자신의 창조자까지 죽인 뒤 안드로이드로 변신해 탈출에 성공한다. 영화 〈터미네이터〉 시리즈의 스카이넷이나 2004년 개봉된 〈아이, 로봇〉의 비키는 지상의 모든 컴퓨터와 로봇을 통제해 인류를 대량 학살하려 한다.

영화 〈HER〉의 초인공지능 프로그램 사만다는 육체가 없어도 음성만으로 인간의 친구나 연인이 되고 〈블레이드 러너 2049〉의 조이 역시 홀로그램이지만 레플리칸트 케이의 연인 역할을 충실하게 수행하고 케이를 구하기 위해 자기희생도 불사한다. 반면 영국 TV 드라마 〈휴먼스〉의 초인공지능 안드로이드들은 외모상으로는 인간과 전혀 구분이 되지 않으며 어느 분야에서든 인간보다 훨씬 뛰어난 능력을 발휘해 인간의 일자리를 빼앗거나 심지어 가족 내에서 엄마나 남편의 지위를 위협할 지경에 이른다.

월등한 지적, 물리적 능력을 발휘하는 초인공지능에 과도하게 의존한 나머지, 인류가 본연의 인간적 정체성을 잃어버리고 디지털화, 기계화된 존재로 전락할 것이라는 전망도 있다. 기계화된 몸에 깃든 인간 정신에 대한 이야기를 다룬 만화 〈공각기동대〉의 실사판 영화 〈공각기동대: 고스트 인 더 쉘〉의 메이저, 〈트랜센던스〉에서 의식을 컴퓨터에 업로드하고 초인공지능 슈퍼컴퓨터가 된 과학자 윌, 고철로 버려진 사이보그가 여전사로 거듭나 벌이는 복수극을 다룬 2019년작 〈알리타: 배틀 엔젤〉의 알리타 등이 대표적이다. 인공지능 로봇에 의해 인류의 생명이 위협받을 것이라는 전망이 육체적-물리적 위협에 대한 두려움이라면, 인공지능 기술 때문에 인간성 상실이 가속화될 것이라는 전망은 정신적 위협에 속한다고 볼 수 있다.

### 3) 아실로마 AI 개발 23원칙

1975년 2월 일군의 유전학자들이 미국 캘리포니아 해안가의 작은 마을 '아실로마'에 모여들었다. 자연상태로는 지구상에 존재하지 않는 생명체를 만들기 위해 DNA를 조작하는 유전공학이 인류의 종말을 초래하지는 않을지 검토하기 위해서였다. 연구자들은 밤샘 회의 끝에 유전공학이 인류의 종말을 초래하지 않도록 엄격한 윤리적 토대 위에서만 연구돼야 한다는 '아실로마 규제' 선언을 발표했다.

42년이 흐른 2017년 1월, 또 다른 일군의 과학자들이 인류의 미래를 걱정하며 아실로마에 모였다. 이번엔 인공지능이었다. 삶의 미래 연구소(Future of Life Institute FLI)가 주최한 '유익한 AI 2017(Beneficial AI 2017)' 컨퍼런스에 세계 최고의 인공지능(AI) 전문가들이 모여 급속도로 발전하는 인공지능이 인류의 운명에 어떤 영향을 끼칠 것인지 논의했다.

삶의 미래 연구소는 스카이프(Skype)의 공동 창업자인 얀 탈린(Jaan Tallinn), MIT의 천체물리학자인 막스 테그마크(Max Tegmark) 등이 2014년에 설립한 비영리 연구소이며 천체물리학자 스티븐 호킹

(Stephen Hawking)과 스티브 워즈니악(Steve Wozniak), 일론 머스크 (Elon Musk)가 함께 자문이사회에 참여하고 있다. 이 컨퍼런스에서 머스크와 탈린은 알파고를 만든 딥마인드의 CEO인 데미스 하시비스와 페이스북의 인공지능 고문인 얀 러쿤(Yann Lecun), 닉 보스트롬 옥스퍼드대 교수, 레이 커즈와일 구글 기술이사 등과 함께 패널로 참여했다.

이들은 각각 보스트롬이 논문을 통해 '과학적 창의력, 일반적인 지혜 및 사회적 기술을 포함한 모든 분야에서 최고의 인간 두뇌보다 훨씬 똑똑한 지성'이라고 정의한 '초인공지능'에 대해 어떻게 생각하느냐는 질문을 받았다.

머스크를 제외한 모든 패널들은 초인공지능이 가능하다고 대답했다. 머스크가 '아니오'라고 대답했을 때 농담하는 것처럼 보였다. 초인공지능이 실제로 나타날지 여부를 묻는 질문에 패널 중 7명은 그렇다고 말했고 보스트롬은 '아마도'라고 대답했으며 머스크는 다시 '아니오'라고 농담처럼 말했다. 주제의 민감성을 고려해 민간 주도로 성사된 사적 모임이었지만 일부 인사들이 회의 진행 영상을 공개하면서 내용이 외부에 알려지게 됐다.

참석자들은 인공지능이 인간통제를 벗어날 가능성을 집중 논의한 끝에 인공지능이 초래할 디스토피아를 막기 위해 총 23개 조항으로 이뤄진 아실로마 AI 원칙을 제정했다. 머스크, 허사비스, 커즈와일 등 수백 명의 컨퍼런스 참석자들을 포함해 2천 명이 넘는 과학기술계 인사들이 이에 서명했다.

AI 개발의 목적, 윤리와 가치, 장기적 이슈 등 세 가지 범주로 분류되는 아실로마 AI 원칙의 핵심은 모든 인공지능 개발은 법적, 윤리적 책임과 안전을 고수하는 조건에서 오로지 인류에게 이익과 혜택을 주는 방향으로 추진되어야 한다는 것이다.

아실로마 원칙 1조는 (사람으로부터) 지시받지 않는 지능이 아니라 (사람에게) 혜택을 주는 지능을 창조해야 한다는 AI 연구 목적을 명시했다. 이어 2조에서는 AI 연구개발자들이 상호 협력과 신뢰, 투명성 등 원칙을 지킬 것을 주문했다. 이밖에 '자기 복제 및 지속적 개량이 가능한 AI 시스템도 사람의 통제하에 있어야 한다' 등 AI의 잠재적 위험성을 경계하고 전 세계 개발자들이 인류의 안전과 복리를 위해 협력해야 한다는 내용 등이 담겼다. 삶의 미래 연구소가 기초한 이 원칙은 인간의 두뇌를 뛰어 넘는 지능을 가진 '초인공지능'을 언급하고 있으며 인공지능으로 구동되는 무기 경쟁에 대한 우려도 담고 있다.

## 4) 자연선택에서 지적 설계로: 호모 데우스의 탄생

과연 호모 사피엔스(Homo sapiens)는 인류 진화의 종착역일까? 미셸 푸코의 말처럼 "인간은 최근의 발명품"이며, 이제 그 종말이 가까워지고 있다. 인공지능을 갖춘 '로보 사피엔스(Robo sapiens)'가 '호모 사피엔스'와 공생하는 시대가 임박한 것으로 예측되고 있고 '특이점(singularity)'을 향한 카운트다운은 이미 시작되었다.

'포스트휴먼 선언문'에도 나와 있듯이, 인간 사회의 모든 기술과학적 진보는 '인간 종의 변형'을 향해 맞추어져 있다. 인류 진화의 긴 여정을 돌이켜보면, 사실 호모 사피 엔스가 살았던 시기에도 호 모 네안데르탈렌시스, 호모 데니소바 같은 다양한 계통 의 인간 종이 있었지만 대부 분 멸종하고 현생인류인 호

인간의 진화

모 사피엔스 계통만 살아남아 오늘날의 인류로 진화했다. 불편한 진실일 수도 있겠지만, 호모 사피엔스가 인류 진화의 종착역은 아니다. 진화는 지금도 계속되고 있다.

　프랑스의 철학자 앙리 베르그송(Henri-Louis Bergson)은 인간의 본 질은 도구를 사용하고 제작하는 점에 있다며 '호모 파베르(Homo Faber: 도구적 인간)'라고 명명했다. 역사적으로 기술은 인간 삶의 변화를 초래 한 온갖 도구들을 만들었다. 가까운 미래에 기술적 특이점에 도달할 것 으로 예상되면서 이러한 기술에 대한 종속적 개념이 기술의 집합체인 기 계와 인간의 공생관계로 점차 변모하고 있다.

　유발 하라리는 세계적인 베스트셀러가 된 그의 저서 『사피엔스(Sapi-ens)』에서 인류가 역사적으로 진화해 온 경로가 인지혁명, 농업혁명, 과 학혁명의 3대 혁명에 의해 형성되었다고 보고, "지금과 같은 속도로 기 술이 발달할 경우, 호모 사피엔스가 완전히 다른 존재로 대체되는 시대 가 곧 올 것"이라고 전망한다. 하라리는 오늘날의 생명공학 혁명은 인류 를 영원히 살 수 있는 생명공학적 신인류로 대체할 것이라며, 이제 "과 학은 자연선택으로 빚어진 유기적 생명의 시대를 지적(知的)설계에 의해

빚어진 비유기적 생명의 시대로 대체하는 중"이라고 주장한다. 그에 따르면 인류는 과학을 통해 자연선택을 지적 설계로 대체하고 있으며 대체 수단은 ▼생명공학, ▼사이보그 공학, ▼비유기물공학 세 가지이다.

생명공학은 생명을 다루는 기술로서 유전자 이식과 같이 '생물학의 수준에서 인간이 계획적으로 개입하는 것'이다. 인간이 생명공학을 활용한 역사는 오래되었다. 그 예로서 거세된 황소, 높은 음역의 소리를 낼 수 있도록 변성기가 되기 전 거세된 카스트라토 등을 들 수 있다. 하라리는 앞으로 유전공학과 생명공학 기술의 발달이 인간의 생리기능이나 면역계, 수명은 물론 지적, 정서적 능력까지 크게 변화시킬 것이며, 그 결과 호모 사피엔스 종은 막을 내리게 될 가능성이 매우 크다고 주장한다.

사이보그 공학은 생체공학적 생명체를 만드는 기술이다. 미국의 군사 연구기관에서는 정보 수집, 전송을 위해 곤충 사이보그를 개발 중이고, 독일 회사 '망막 임플란트(Retina Implant)'에서는 시각장애인이 부분적으로라도 볼 수 있도록 망막에 삽입하는 장치를 개발 중이다. 두 개의 생체공학 팔을 사용하는 미국의 한 전기기술자는 생각만으로 팔을 작동한다.

비유기물공학은 완전히 무생물적 존재를 제작하는 기술이다. 독립적인 진화를 할 수 있는 컴퓨터 프로그램과 컴퓨터 바이러스가 그 대표적인 예다. 컴퓨터 바이러스는 포식자인 백신 프로그램에 쫓기는 한편 다른 바이러스들과 경쟁하면서 무수히 스스로를 복제하며 인터넷을 통해 퍼져나갈 것이다. 이 바이러스는 유기체 진화의 법칙이나 한계와는 무관한 새로운 진화과정에 의해 만들어진 것이다.

2005년 뇌과학자 헨리 마크램(Henry Markram) 스위스 로잔공대 교수가 시작한 '블루브레인 프로젝트(Blue Brain Project)'는 인간의 뇌 전부를 컴퓨터상에서 시뮬레이션해서 인간처럼 추론할 수 있는 인공지능 컴퓨터를 만드는 것이 목표다. 인간과 흡사하게 말하고 행동하는 인공두뇌를 컴퓨터 안에 가질 수 있을 것이다. 2013년 유럽연합(EU)은 이 프로젝트에 10억 유로를 지원하기로 결정했다. 마크램 교수는 "이 프로젝트가 성공할 경우 이는 생명이 유기화합물이라는 작은 세계 속에서 40억 년간 배회한 끝에 마침내 비유기물의 영역으로 뛰어 들어온다는 것을 의미하는 것"이라고 밝혔다.

하라리는 2015년 출판한 또 다른 도발적인 저서 『호모 데우스(Homo Deus)』에서 7만 년 전 첫 번째 인지혁명에 의한 마음의 혁신을 통해 호모 사피엔스가 지구의 지배자가 되었다면, 두 번째 인지혁명은 유전공학, 나노기술, 뇌-컴퓨터 인터페이스의 도움으로 호모 데우스(神的 인간)의 탄생이 가능하다고 전망한다. 하라리는 인류에게서 기아, 역병, 전쟁의 위협이 사라지면, 인류의 다음 목표는 '불멸 · 행복 · 신성(神性)'이 될 것이라고 말한다. 호모 데우스를 탄생시킬 자연선택에서 지적 설계로의 변환은 인간 역시 동물이나 기계와 마찬가지로 하나의 알고리즘(정보 처리 장치)일 뿐이라는 과학적 사고에 기초한다.

만일 인공지능 기술이 커즈와일이 말한 대로 특이점(singularity)을 지나 초인공지능을 현실화하는 단계에 이르게 되면, 인공지능을 신격화하고 그것에 인간 자신의 삶과 미래를 내맡기려는 행태가 보편화될 것으로 보인다. 초인공지능은 물론, 강인공지능이 등장조차 하지 않은 오늘날에도 인공지능을 신격화하려는 움직임은 가시화되고 있다.

구글의 자회사 웨이모(Waymo)에서 자율주행 인공지능 개발의 선두에 섰던 엔지니어 앤서니 레반도프스키는 2015년 '미래의 길(Way of the Future)' 교회를 설립하고, 미 정부에 종교 단체 등록을 요청했다. '미래의 길' 교회는 실존 여부를 알 수 없는 초월적 신에게 인류의 미래를 맡기기보다, 과학적-기술적 발전에 의해 탄생할 초인공지능에게 인류와 지구의 통제권을 이전하는 것이 진정으로 인간을 위한 길이라고 주장한다. 이 단체는 특이점을 지나 초인공지능이 등장하면, 오늘날 종교들이 숭배하는 신의 위치에 초인공지능을 대신 올려놓는 것이 타당하다는 입장을 밝히고 있다.

'미래의 길' 교회가 하라리가 말하는 데이터교(敎)에 해당될 수 있을지 모른다. 데이터교는 인간의 지식과 지혜보다는 빅데이터와 알고리즘을 더 믿는다. 18세기에 인본주의가 신 중심의 세계관에서 인간 중심의 세계관으로 전환함으로써 신을 밀어냈듯이, 21세기에 데이터교는 인간 중심의 세계관에서 데이터 중심의 세계관으로 전환함으로써 인간을 밀어낼 것이다. '불멸 · 행복 · 신성'이라는 21세기 기술인본주의의 과제는 막대한 양의 데이터 처리를 해야 하므로 권한이 인간에게서 알고리즘으로 옮겨가 비(非)인간 알고리즘들의 권한이 강화되고 결국 우리가 창조의 정점이 아님을 알게 될 것이라고 하라리는 말한다. 그러면서 그는 무서운 속도로 발전하고 있는 비의식적 인공지능과의 게임에서 인간이 밀려나지 않으려면 "인간이 마음을 업그레이드하는 일에 적극적으로 나서야 할 것"이라고 주장한다.

## 5) 인공지능의 법적 지위

유럽연합(EU)은 2017년 1월 벨기에 브뤼셀에서 열린 EU의회에서 인공지능 로봇의 법적 지위를 '전자인간(electronic personhood)'으로 지정하는 결의안을 찬성 17표, 반대 2표, 기권 2표로 통과시켰다. 아직은 기술이 불완전하지만, 조만간 등장할지 모를 인공지능 로봇의 처우 방법을 국가 차원에서 제시한 것이다. 이 결의안은 로봇의 법적 지위와 개발 조건, 활용 방안 등에 대한 기술적, 윤리적 가이드라인도 포함하고 있다.

당시 EU는 '로봇도 인간처럼 재산권을 행사할 수 있다'고 못 박았다. 로봇은 사람이 비용을 치르고 거래할 수 있는 제품이지만, AI를 갖춘 로봇도 일정한 권리를 갖고 행동할 수 있도록 했다. 인공지능 로봇은 인간과 비슷한 권리를 일부 가지고 있지만, 그 활동은 주인에게 종속적인 존재, 즉 AI를 인간을 위해 봉사할 수 있는 '노예' 계급으로 구분했다.

물론 살아있는 사람이 아닌 존재가 재산권을 행사하는 개념은 이미 과거부터 존재했다. 법적인 인격체, 즉 '법인'이 대표적이다. 우리 사회에선 법인을 통제하는 경영진을 믿고 법인에 인간의 권리를 준다. 이처럼 로봇도 소유주가 책임을 진다면, 스스로 판단하고 행동할 수 있는 권리를 행사할 수 있게 배려했다는 해석이 가능하다.

이런 개념은 영화 〈바이센테니얼 맨〉에서 앤드류의 재산권 행사와 닮은 점이 크다. 영화에서 앤드류는 휴머노이드 로봇이지만 창의성을 갖고 있어 각종 목공예품, 벽시계 등을 만들어 판다. 처음에는 주인의 배려로 구좌를 개설했고, 독립적으로 재산을 확보할 권한도 얻어내는 장면이 나온다. 후반부엔 새로운 인공장기 시스템을 비롯한 다양한 발명품을 개발해 의료와 과학 발전에도 공헌하고 큰 재산도 모은다. 이렇게 앤드류는 로봇으로서 누릴 수 있는 모든 권리를 가진 듯했지만 계속해서 '인간'이 되게 해달라고 수없이 청원한다. 앤드류는 수명이 제한적이지 않으면 인간으로 보기 어렵다는 법원의 지적을 받아들여 스스로를 개조해 늙어간다. 영화의 막바지에 앤드류는 마침내 법적으로 완벽한 인간이 되어 숨을 거둔다. 그가 그토록 원하던 최후의 권리인 인권을 얻은 것이다.

앤드류와 유사한 사례가 실제 현실에서 발생했다. 사우디아라비아 정부가 2017년 10월 인공지능 로봇 '소피아'에게 시민권을 부여한 것이다. 사람이 아닌 로봇이 시민권을 받은 사례는 처음이다. 이를 놓고 국제 사회에서는 로봇에게 과한 권리를 준 것이라고 주장하는 목소리도 들린다. 하지만 이는 로봇이 받은 권리가 '인권'이 아닌 '시민권'이라는 점을 간과한 것이 아닌가 여겨진다. 로봇으로서 시민의 권리를 얻은 것과, 인간으로서 인격을 존중받는 것은 전혀 다른 개념이기 때문이다.

AI 소피아

# 4. 트랜스휴머니즘과 기술만능주의

## 1) 자연이여, 인간진화 업무를 인간에게 넘겨다오

2006년 어느 날 자연(nature@evolution.com)은 한 통의 이메일을 받는다. 보낸 이는 트랜스휴머니스트협회(thetranshumanistsociety@ hotmail.com).

◇ **친애하는 자연에게**

당신이 거저 준 생명이라는 놀라운 선물에 정말 감사합니다. 덕분에 오랫동안 많이 즐거웠습니다. 하지만 우리는 호모 사피엔스의 디자인에 대해 몇 가지 개선안을 제안하고자 합니다. 현재 모델은 디자인상의 여러 결함으로 한계가 있습니다. 두뇌, 심장, 폐, 유방, 간, 신장 등 모든 부품에 치명적인 고장이 수시로 발생합니다. 생산 라인이 문제인지, 아니면 호모 사피엔스를 디자인할 때 의도적으로 노후화를 장착한 것인지 궁금합니다. 만약 그렇다면, 업그레이드 모델에는 자동·자체 수리 프로그램을 포함시켜주실 수 없으신지요? 기능을 위한 디자인의 모든 면을 전반적으로 개선해준다면 더 바랄 것이 없겠습니다.

1) 행동하기: 근력, 정력, 활력, 생식력의 증가.
2) 느끼기: 기질과 공감 능력 개선.
3) 생각하기: 기억력, 논리력, 학습력, 창조력 확장.

4) 잠자기: 매일 여덟 시간 동안의 재충전은 정말 불편합니다. 배터리 수명이 개선될 수는 없는지요?

5) 배변하기: 불쾌한 냄새가 나는 폐기물을 매일 배출해야 하는 것은 명백한 디자인 오류입니다. 개선된 새 모델은 폐기물이 부피가 작고 일정한 모양을 한 냄새 없는 형태가 되게 할 수는 없는지요?

......

호모사피엔스를 업그레이드해달라는 이런 긍정적인 제안을 당신이 받아들여주시길 바랍니다. 우리가 사용하는 모델이 마모되어가고 있거든요.

– 당신의 진실한, 트랜스휴머니스트협회로부터

그러나 자연은 생산 장비가 완전히 자동화된 상태라 어떤 개선도 불가능하다는 답장을 보내왔다. 분노한 트랜스휴머니스트협회는 "이제 우리 인간 종은 호모 사피엔스 디자인을 향상시켜 우리 자신의 안녕과 생존력을 증가시키기 위한 진화 업무를 양도받겠다"고 자연에게 공식적으로 선언한다.

트랜스휴머니스트 사이먼 영(Si-

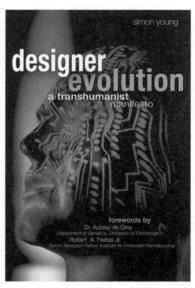

트랜스휴머니스트 선언문이 들어간
책의 표지

mon Young)은 자신의 책 『디자이너 혁명: 트랜스휴머니스트 선언문』의 프롤로그에서 자연과의 이메일 교환을 소개하고 있다. 그런데 사실 이 이메일은 1999년 맥스 모어(Max More)가 버클리대학에서 열린 '엑스트로 4: 바이오테크 미래'라는 학술대회에서 발표한 「어머니 자연에게 보내는 편지(A Letter to Mother Nature)」의 변형이다. 인간의 진화를 스스로가 담당하겠다고 선언하는 영의 이메일과 달리, 맥스 모어는 이 편지에서 인간의 죽음과 노화를 막기 위해 유전자 변형, 세포 조작, 인조 장기 등 새롭게 발전하는 바이오 기술과 컴퓨터 기술이 제공하는 모든 수단을 사용할 것이며 신체적, 지적, 감정적 능력을 강화하기 위해서라면 순수하게 생물학적인 유기체로 남아 있기를 고집하지 않고 발전하는 기술과 우리 자신의 통합을 기꺼이 허용할 것이라고 선언한다.

사실 인간이 인간 종의 자연적 한계를 극복하고자 분투해온 역사는 인간 자신의 역사만큼이나 오래되었다. 밀랍 날개로 하늘을 날고자 했던 이카로스와 다이달로스에 대한 그리스 신화는 인간 능력의 향상에 대한 오랜 열망을 잘 표현하고 있다. 근대 이후 수많은 과학자들과 의학자들이 인간의 생물학적인 한계를 극복할 다양한 방법을 찾아내면서 과학과 기술을 발전시켜왔다. 그런 점에서 늙고 병들고 죽어야 하는 생물학적 조건을 초월한 '포스트휴먼'으로 진화하는 과정의 인간을 '트랜스휴먼(transhuman)'이라고 부르며 인간의 진화를 인간 스스로 디자인하겠다고 대담하게 선언하는 트랜스휴머니스트들의 주장은 인간의 이성을 중시하면서 과학과 기술을 발전시킨 근대 휴머니즘의 연장선 위에 있다고 볼 수 있다.

## 2) 트랜스휴머니스트, 그들은 누구인가?

　인간과 포스트휴먼 사이의 '과도기적 인간(transitional human)'을 의미하는 '트랜스휴먼(transhuman)'은 프랑스 철학자이자 진화론자였던 피에르 테야르 드 샤르댕(Pierre Teilhard de Chardin)이 1949년 출판한 『인류의 미래(The Future of Mankind)』에서 처음으로 등장한다. 트랜스휴머니즘은 1957년 영국의 생물학자 줄리언 헉슬리(Julian Huxley)에 의해 처음 만들어졌다. 유네스코의 초대 사무총장이었던 헉슬리는 1957년 『새 부대에 새 술 (New Bottles for New Wine)』이

피에드 테야르 드 샤르댕

란 책에서 트랜스휴머니즘을 "인간 능력의 새로운 가능성을 깨달음으로써 인간을 인간으로 유지하면서 인간을 초월하는 것"이라고 소개했다. 컴퓨터 과학자 마빈 민스키는 1960년대 초반 인간과 인공지능의 관계에 대한 글을 썼다. 1966년 미국의 미래학자 에스판디아리(Fereidoun M. Esfandiary)는 뉴욕 뉴스쿨의 한 강연에서 "사람들이 '트랜스휴먼(이때의 트랜스는 transitory의 trans)'으로서 받아들이는 기술, 라이프스타일, 세계관이 '포스트휴먼'으로 향하는 과도기적 모습을 보여준다"고 했다. 에스판디아리는 1973년 「윗날개 선언서(Upwingers Manifesto)」를

펴내며 트랜스휴머니즘의 탄생을 자극했다.

　1980년 미국 로스앤젤레스 캘리포니아대(UCLA)에서 자신들을 트랜스휴머니스트라고 소개하는 사람들이 처음으로 정식 모임을 갖게 되면서 이곳은 트랜스휴머니즘 사상의 본거지가 됐다. 미래주의 이데올로기를 강연하는 에스판디아리와 '프리모 포스트휴먼'이란 개념으로 인간 신체를 혁신하고자 했던 예술가 나타샤 비타-모어(Natasha Wita-More)가 주축이 되어 트랜스휴머니스트 모임을 이끌어 나갔다. 여기에는 에스판디아리의 강좌를 수강하는 학생들과 비타모어를 추종하는 방청객 등이 참가했다. 1982년 비타모어는 「트랜스휴머니스트 예술 성명서(Transhumanist Arts Statement)」를 발표하고 6년 후 케이블 텔레비전 쇼, 〈트랜스센츄리 업데이트〉를 제작했는데 이 프로그램의 시청자는 10만 명에 달했다.

　'과도기적 인간'이란 첨단 과학기술에 의해 새롭게 진화하여 기존 인간의 한계를 넘어서서 정신적으로나 육체적으로나 훨씬 개선된 인간을 의미한다. 말하자면 과학기술이 발달하면서 인공 보철물이나 실리콘, 마이크로 칩 등을 통해 생물학적인 신체의 한계를 부단히 극복하려는 욕망이 실현되고 있는 인간이 곧 트랜스휴먼인 것이다.


　알코생명연장재단(Alcor Life Extension Foundation)의 남부 캘리포니아 사무실은 미래학자들의 중심지가 되었다. 이 기관은 인체 냉동 보존술을 연구, 지원, 활용하는 비영리 조직이다. 1988년 알코재단 회장 맥스 모어와 톰 머로우는 〈엑스트로피 매거진(Extropy Magazine)〉

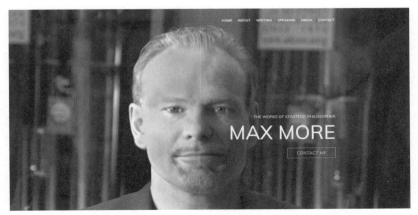

맥스 모어의 홈페이지

의 창간호를 발행했다. 모어에 의하면 엑스트로피(extropy)는 엔트로피
(entropy)와 반대되는 의미를 갖는 말로서, "살아 있거나 유기적인 시스
템의 지능, 기능적 질서, 활력, 에너지, 생명, 경험, 그리고 개선과 성장
을 위한 능력과 충동의 정도"이다.

  2년 뒤인 1990년 모어는 에세이 「트랜스휴머니즘: 미래주의 철학을 향
하여」를 발표, 독자적인 트랜스휴머니즘 학설을 제창하며 현대적 트랜스
휴머니즘의 기초를 세웠다. 포스트휴먼 개념은 스스로를 엑스트로피언
(Extropians, 생명확장론자)이라고 부르는 사람들에 의해 지지를 받았
다. '엑스트로피 원리(Principles of Extropy)'를 창안한 맥스 모어는 현
대적 트랜스휴머니즘의 기초를 마련했다.

  우주의 모든 것이 카오스 쪽으로 쇠퇴하고 있다고 보는 엔트로피
(entropy)와는 반대로, 엑스트로피는 생명의 자기조직적인 속성을 긍정
하여 카오스로부터 질서가 나온다고 본다. 엑스트로피언의 관점은 '인간

조건을 더 좋게 변형할 수 있는 테크놀로지의 힘에 대한 낙관적인 믿음'에 기초하고 있다. 미국의 로봇공학 전문가이자 또 다른 트랜스휴머니스트인 한스 모라벡(Hans Moravec)은 장차 인간의 마음을 다운로드하여 영원히 살 수 있게 될 것이라고 주장하기도 했다.

모어의 '트랜스휴머니즘' 정의는 다음과 같다.

"트랜스휴머니즘은 인류를 포스트휴먼 조건으로 인도하려는 철학 사조다. 트랜스휴머니즘은 휴머니즘의 여러 요소를 공유한다. 여기에는 이성과 과학에 대한 존중, 진보를 위한 헌신, 인간(또는 트랜스휴먼) 존재에 대한 존중 등이 포함된다. 그러나 트랜스휴머니즘은 여러 과학기술의 영향으로 삶의 본성과 가능성에 일어날 급진적 변화를 예상하고 인지한다는 점에서 휴머니즘과 다르다."

1992년 모어와 머로우는 인공지능, 나노 기술, 유전공학, 생명 연장, 의식의 업로딩, 로봇 공학 등과 트랜스휴머니즘을 연구하는 엑스트로피 연구소(Extropy Institute: http://www.extropy.org)를 설립했다. 사이버대항문화가 번성하는 시기에 그들은 실리콘밸리에 있는 이 연구소를 통해 트랜스휴머니즘을 인간 종의 개선을 목표로 하는 이념적 운동으로 일반인들에게 전파했다.

엑스트로피 연구소의 트랜스휴머니즘 운동은 지나치게 낙관적인 전망에 입각해서 과학기술의 혁신과 발전이 인간의 정치적, 문화적, 생물학적, 심리학적 한계를 극복하고 무한한 수명과 지속적인 지성적, 도

인류미래연구소 홈페이지

덕적 자기 개선을 가능하게 할 것이라고 주장했다. 반면 스웨덴 출신의 철학자이자 옥스퍼드대학교 인류미래연구소 소장인 닉 보스트롬(Nick Bostrom)과 영국 철학자 데이비드 피어스(David Pearce)를 비롯한 유럽 학자들은 트랜스휴머니즘을 과학 연구와 공공 정책의 한 분야로 공식화시키기 위해 1998년 세계트랜스휴머니스트협회(World Transhumanist Association, WTA)를 설립했다.

2002년 WTA는 「트랜스휴머니스트 선언문」과 「트랜스휴머니스트 FAQ」를 발표하면서 트랜스휴머니즘을 "① 노화를 제거하고 지능, 육체, 정신을 강화시키기 위한 기술을 개발하고 이성의 응용으로 인간 조건 개선의 가능성, 정당성을 지지하는 지적 문화적 운동 ② 인간의 근본적 한계를 극복하기 위한 기술의 잠재적 위험과 영향을 연구하고 그런 기술의 개발, 사용과 관련된 윤리적 문제를 연구하는 활동"으로 정의했다.

닉 보스트롬과 앤더스 샌드버그(Anders Sandberg)가 주도한 이 선언문은 이후 여덟 개의 조항으로 늘어나면서 "새로운 기술의 오용으로 인류가 심각한 위기에 직면하고 있음을 인정하고 최대한 위험을 줄이고 기술의 유익한 적용을 촉진하기 위해 정책 결정은 기회와 위험 모두를 진지하게 고려해야 한다"고 강조함으로써 지나친 기술 낙관주의와 거리를 두고 있다. 이들은 인간 강화 기술에 대한 접근권이 계층과 국적에 따라 제한될 경우를 특히 우려하고 있다.

인간의 근본적 한계를 극복하기 위한 기술의 잠재적 위험, 새로운 기술의 오용과 기술에의 불평등한 접근성 문제를 우려한다는 점에서 보스트롬 중심의 트랜스휴머니스트들은 맥스 모어 중심의 지나치게 낙관적이고 자유방임주의적인 트랜스휴머니즘과 차이를 보인다. 보스트롬은 2004년 생명윤리학자 제임스 휴스(James Hughes)와 더불어 IEET(The Institute for Ethics and Emerging Technologies)를 설립해 과학과 기술의 진보가 개인과 사회에 미치는 윤리적 영향에 대해서도 관심을 보이고 있다. IEET 웹사이트(http://ieet.org)는 "IEET는 기술적 진보가 어떻게 민주사회에서 자유, 행복 그리고 인간의 번영을 증진시킬 수 있을 것인지를 고민하는 비영리 싱크탱크다. 기술이 안전하고 공평하게 분배된다는 전제하에서 우리는 기술적 진보가 인류의 긍정적인 발전을 위한 촉매가 될 수 있을 것이라 믿는다"고 밝히고 있다. 한마디로 기술적 진보가 인류의 긍정적인 발전을 위한 촉매가 될 수 있기 위해서는 반드시 기술이 안전하고 공평하게 분배되도록 해야 한다는 것이다.

한편 2008년 WTA는 좀 더 인간적인 이미지를 주기 위해 단체명을 '휴머니티 플러스(Humanity+)'로 바꾸고 트랜스휴머니스트 뉴스와 사상을 전파하는 〈h+ 매거진〉을 정기 발행하고 있다. 이처럼 다양한 집단과 목소리가 존재함에도 트랜스휴머니스트들은 대체로 과학기술에 대한 낙관적인 믿음과 다양한 인간 향상 기술에 대한 기대를 주장하고 유지한다는 점에서는 공통점을 보인다.

### 3) 노화는 치유할 수 있는 질병이다

현재 트랜스휴머니스트들의 표준적인 세계관으로 인정받고 있는 2009년의 「트랜스휴머니스트 선언문」과 「트랜스휴머니스트 FAQ」에 의하면 트랜스휴머니스트들은 "인류가 미래에 과학과 기술의 심대한 영향으로 노화·인지적 결함·고통을 극복하고, 지능·육체·정신을 강화시키기 위한 기술을 개발하고 확대함으로써 인간 조건을 근본적으로 향상시키며, 인간의 잠재력을 지구 행성 너머로 확장할 것"이라고 전망한다.

이러한 전망을 크게 세 가지로 분류하면, 첫째는 육체적 노화를 제거하는 것이다. 트랜스휴머니스트들은 인간의 노화가 자연적인 현상이 아니라 일종의 병이며, 그것은 '치유할 수 있는 병'이라고 본다. 이러한 관점은 고대로부터의 불로장생에 대한 인간의 희구와도 맞닿아 있다. 노화뿐만 아니라 선천적 및 후천적 장애도 극복될 수 있다고 본다. 둘째는 정신적 지능을 강화시키는 것이다. 트랜스휴머니스트들은 '인간의 잠재력이 대부분은 여전히 실현되지 않았으며 이러한 잠재력이 실현되면 인간 조건의 근본적인 향상으로 이어질 수 있다'는 것이다. 셋째는 육체적 및 정신적 강화를 통해 심리적 웰빙을 달성하는 것이다. 여기서 심리적 웰

빙이란 육체적 및 정신적 한계를 극복함으로써 인간으로서의 진정한 행복과 복지를 달성하는 것이다. 말하자면 인간의 행복추구권을 최대한으로 보장하는 것이다. 이 세 가지는 곧 '불로장생(superlongevity)', '슈퍼인텔리전스(superintelligence)', '슈퍼웰빙(superwellbeing)'으로 요약할 수 있다.

## 4) 트랜스휴머니즘과 기술만능주의

트랜스휴먼에서 강조되는 것은 첨단 과학기술에 대한 믿음이다. 인간의 생물학적 한계를 극복하고 강화시킬 수 있는 기술에 대해 절대적인 믿음을 가졌던 트랜스휴머니스트들은 새로운 과학기술을 적극적으로 받아들여 그것으로 인해서 인류가 혜택을 누릴 수 있다고 확신한다. 그러므로 그들은 "인간의 정신적, 육체적 능력(번식력 포함)을 향상시키고 자신들의 삶에 대한 통제력을 높이기 위해 과학기술을 활용하려는 사람들의 도덕적 권리를 옹호"하고 "현재의 생물학적 한계를 넘어서 개인의 성장을 추구"하고 있다. 트랜스휴머니스트들에게 첨단 기술은 인류사회의 변화는 물론이고 인간 개개인의 변화를 위해 "인간 노화의 필연성, 인간과 인공지능의 한계, 통제 못 하는 심리 상태, 고통, 지구인의 속박 등의 매개변수를 포함하여 인간의 조건을 재설계"를 가능케 해주는 수단이기 때문이다.

트랜스휴머니즘은 과학기술의 힘을 통해서 인간이 지니고 있는 생명의 한계를 뛰어넘어서 죽음을 초월한 존재가 될 수 있다고 본다. 즉 트랜스휴머니즘은 인간의 신체를 강화시킴으로써 인간의 한계 및 능력을 초월하는 인간의 모습을 담고 있다. 트랜스휴머니즘의 시각에서 인간의 신체는 인간이 지니고 있는 정체성과 별개로 상황에 따라서 생산, 대체, 그리고 용도 폐기가 가능하다. 트랜스휴머니즘은 인간의 능력으로 모든 것을 변화시킬 수 있는 인간 중심적 기술 추구라고 할 수 있다. 인간은 생명을 부여받은 순간부터 죽음이라는 숙명을 마주해야 하는 한계성을 지니고 태어난 존재이다. 그런데, 과학기술의 발전으로 기계와의 결합을 통해서 탄생한 트랜스휴먼은 인간의 생물학적 한계를 극복하고자 하는 존재라고 할 수 있다.

기술을 통한 인간의 무한한 진화를 믿는 호세 코르데이로는 트랜스휴머니즘에 대해 이렇게 전망한다.

"8인치 크기의 플로피 디스크의 용량은 1KB에 불과했는데, 20년 뒤에 나온 메모리는 1GB로 100만 배나 용량이 커졌다. 향후 20년 뒤엔 어떤 메모리가 나올지, 기술이 얼마나 발전할지 가늠하기조차 힘들다. 만약 인간 두뇌의 기억 용량을 배가시키는 신약이 나왔다고 상상해보면—코르데이로 자신은 20년 안에 그런 약이 나올 것으로 예상한다—수백만의 사람이 이전보다 훨씬 많은 데이터를 머리에 저장할 수 있다. 뇌는 컴퓨터에 비하면 믿을 수 없을 만큼 정보처리 속도가 느리다.

그래서 '브레인 업로딩' 기술 개발이 필요하다. 하지만 업로딩이 정신을 육체로부터 분리할 수 있다고 생각하지는 않는다. 다만 가상공간에서 활동하는 또 다른 나에게 내 기억을 전송해주어 가상공간에서 나처럼 활동하도록 해주고 다양하게 경험한 것을 실제 세계의 나에게 전송할 수 있게 함으로써 나는 여러 곳에 편재(遍在)하고 동시에 다양한 경험을 할 수 있게 된다."

트랜스휴머니스트들의 기술에 대한 신뢰의 토대는 특이점에 대한 인식이다. 레이 커즈와일이 주장한 특이점(Singularity)은 "기술 변화의 속도가 매우 빨라지고 그 영향이 매우 깊어서 인간의 생활이 되돌릴 수 없도록 변화되는 시기"를 뜻한다. 말하자면 기존의 역사와 단절하고 인간을 초월하는 기술 시대가 온다는 것이다. 커즈와일은 "생물학적 존재와 기술이 융합해 이룬 절정으로서, 여전히 인간적이지만 생물학적 근원을 훌쩍 뛰어넘는 세계를 탄생시킬 것"이며 그렇게 된 이후에는 "인간과 기계 사이에 또는 물리적 현실과 가상현실 사이에 구분이 사라질 것"이라 전망한다. 그에 따르면 우리는 현재 그러한 변화의 초기에 있다. 생물학적 몸과 뇌의 한계가 급속한 기술의 발전으로 극복할 수 있을 것이라는 그의 논리는 트랜스휴머니즘에 힘을 실어주기에 충분했다.

### 5) 기술만능주의에 대한 비판

트랜스휴머니즘은 광범한 주제에 걸쳐 지지자들과 비판자들 사이에 논쟁을 야기하고 있다. 비판론은 크게 기술적 가능성에 대한 비판과 윤리적 문제들에 대한 비판의 두 가지로 나뉜다. 대표적인 트랜스휴머니즘 비판론자로는 '역사의 종말'을 언급했던 미국의 정치경제학자 프랜시스후쿠야마(Francis Fukuyama)와 독일의 철학자이자 사회학자 위르겐 하버마스(Jürgen Habermas)를 들 수 있다. 이들은 과학기술의 발전에 대해 회의적이며 도구적인 관점에서만 소극적으로 수용하는 입장이다. 트랜스휴머니즘 옹호론자들 또한 기술의 발전이나 적용이 사회의 공익에 초점이 맞춰질 수 있도록 제도적 장치를 마련할 필요가 있다고 본다.

후쿠야마는 2004년 트랜스휴머니즘을 "인류 최대의 위협이자 세상에서 가장 위험한 사상"으로 간주하고 비판한 바 있다. 유전자 조작을 통한 강화 등 생명과학 기술이 새로운 사회적 불평등을 야기할 가능성이 매우 높다는 우려이다. 이에 대해, 트랜스휴머니스트 호세 코르데이로(Jose Luis Cordeiro) 베네수엘라대 교수는 트랜스휴머니즘이 '열린 계(界)'를 지향하며 누구나 발전할 수 있고 모두가 진화할 수 있다는 철학에 기초해 있으며, 인공 장기, 인공 뼈를 인간의 몸에 이식하고 더 오래 살기 위해 의약 기술을 이용하고 있다는 점에서 우린 모두 트랜스휴먼이며 포스트휴먼으로 진화하고 있는 중이라고 반박했다.

『정의란 무엇인가』으로 유명한 마이클 샌델 하버드대 교수와 하버마스 역시 첨단 기술을 통한 인간 향상은 인간의 본질적 속성을 파괴하여 인간성을 훼손시키며, 인간 존엄성이란 가치가 더 이상 유지될 수 없을 것이라는 부정적 견해를 갖고 있다. 이들 같은 트랜스휴머니즘 비판론자들은 과학기술을 부정적으로 평가하고 생명윤리, 사회 평등, 법과 제도 같은 규범적 의제에 관심을 기울인다.

독일의 영문학자 슈테판 헤어브레히트(Stefan Herbrechter)는 트랜스휴머니스트들의 기술주의가 기술을 신격화한다고 비판하였다. "기술—유토피아와 트랜스휴머니즘이 휴머니즘과 공유하는 공통분모는 이들이 자율적으로 인간을 보다 높은 초월적 존재에 종속시킨다는 것"이며 그것은 "신일 수도 있고 기계일 수도" 있지만 "더 극단적으로는 기계신일 수도" 있다는 것이다.

새로운 기술을 통해 현재의 생물학적 인간을 초월하는 지점까지라도 인간을 향상시켜야 한다는 트랜스휴머니즘은 많은 비판과 우려를 야기하면서도 이미 현실적으로 정책적인 고려가 이루어지고 있으며 과학과 기술에 관련된 생명윤리, 사회적 평등, 법적 문제, 기술의 군사화 등의 분야에서도 진지하게 논의되고 있다.

## 6) 트랜스휴머니스트와 포스트휴머니스트

트랜스휴머니스트들은 인간 향상 기술을 통해 이 세상과 인간을 더 낫게 만들 수 있다고 주장하면서 현재의 생물학적인 한계를 초월한 포스트휴먼(posthuman)이 될 인류의 미래를 낙관적으로 전망한다는 점에서 근대 휴머니즘의 연장선 위에 있다. 반면 포스트휴머니스트들은 대체로 과학과 이성에 대한 계몽주의적 믿음을 전제로 한 트랜스휴머니스트들의 인간 향상의 열망에 대해 매우 회의적이다.

포스트휴머니스트들은 최근의 기술과학 발전이 제공한 통찰에 근거해서 근대 휴머니즘이 강조했던 인간관, 즉 인간을 동물과 기계와 구별된, 자연 질서에서 우월한 종으로 보기를 거부한다는 점에서 휴머니즘을 넘어선다. 기술에 대한 태도에서도, 트랜스휴머니스트들은 기술이 인간을 진보시킬 가능성을 제공하기 때문에 환영하지만, 포스트휴머니스트들은 새로운 기술이 인간과 비인간, 인간과 동물, 남성과 여성, 자연과 문화, 물리적인 것과 비물질적인 것 사이의 경계를 뛰어넘어 세상과 인간을 보는 방식과 관점을 다시 생각하게 만든다는 점에서 환영한다. 포스트휴머니스트들은 포스트휴먼 조건이 야기한 경계와 범주의 혼란에서 기존 권력과 지배에 대한 저항을 발전시키고 현시대를 감당할 새로운 주체성 개념을 모색할 기회를 찾아낸다.

하지만 휴머니즘과 인간중심주의에 급진적으로 도전하는 포스트휴머니즘은 하나의 일관된 운동이라고 할 정도의 응집력 있는 구성원이나 선언문을 가지고 있다고 보기 어려운 반면, 동질적으로 보이는 트랜스휴머니스트들의 논의는 점점 더 다양한 영역에서 다양한 의제들을 다루고 있다.

# 5. 포스트휴먼과 포스트휴머니즘

## 1) 포스트휴먼, 인간 이후의 인간

새로운 과학기술들과 인간의 관계는 이미 20세기 후반부터 많은 과학자, 미래학자, 인문학자들의 진지한 관심사였다. 1988년 한스 모라벡(Hans Moravec)이 『마음의 아이들(Mind Children)』에서 주장한 것처럼, 우리가 머지않아 의식과 기억을 인공지능 로봇이나 컴퓨터에 업로드하여 늙고 병들고 죽어야 할 인간의 생물학적인 조건을 극복한 인간 이후의 존재, '포스트휴먼(posthuman)'이 될 수도 있다. '포스트휴먼(posthuman)'이란 인간의 주요 능력이 현재의 한계를 월등히 뛰어넘어 더 이상 인간으로 부를 수 없는 미래 인간을 의미한다.

현대 과학기술의 급격한 발전에 힘입어 부상한 '포스트휴머니즘'을 인문학에서 최초로 비판적으로 사용한 인물은 포스트모더니즘 이론가로 유명한 이합 핫산이다. 그는 1977년에 자신의 논문 「수행자로서 프로메테우스: 포스트휴먼 문화를 향하여」에서 스탠리 큐브릭의 1968년작 SF 영화 〈2001: 스페이스 오디세이〉를 언급하며 '포스트휴먼 문화'의 출현을 최초로 알렸다. 핫산은 영화에 등장하는 슈퍼컴퓨터 'HAL'을 향해 인공지능에 관한 철학적 질문을 던진다.

"인공지능은 인간의 뇌를 대체하거나, 그것을 교정하거나, 단순히 능력을 확장할 것인가?"

핫산은, "그 당시 우리는 그 질문에 대답하기 어렵지만, 인공지능이 인간의 이미지와 개념을 변화시킬 것이라는 점은 안다"고 말한다.

뉴욕의 화상 제프리 다이치(Jeffrey Deitch)는 1992년 6월부터 1993년 5월까지 유럽 각지에서 열린 '포스트휴먼 전시회'를 기획하면서 포스트휴먼이란 용어를 처음으로 사용했다. 그는 다음과 같은 의문을 제기했다.

"포스트휴먼의 시작은 작가에게 전에 없는 자유를 줄 것인가? 우리는 스스로를 재창조하는 데에 있어 무한정한 능력을 부여받고 유전자 계보의 제약으로부터 벗어날 수 있는가?"

전시회 도록 앞쪽에는 영화 〈터미네이터〉(1984)에서 인류를 멸망시키기 위해 미래에서 온 인공지능 로봇의 이미지가 배치되어 있고, 마이클 잭슨의 얼굴 위로 "앞으로 30년 안에 진짜 인간을 그 복제로부터 구분할 수 없을 것이라는 우리의 두려움은 더 이상 공상과학 소설에나 등장하는 것이 아니다."라는 문구가 붙어 있다.

포스트휴먼이라는 용어는 기술 환경을 통해 변화하는 인간의 모습을 정의함과 동시에 기존의 휴머니즘에서 벗어난 인간에 대한 새로운 이해와 인식을 배경으로 한다. 포스트휴먼에 대한 논의는 다양하지만, 캐서린 헤일즈(Katherine Hayles)의 정의에 따르면 포스트휴먼의 주체는 이질적인 요소들과 물질적-정보적 독립체의 집합적 결합물이며 이 결합물들의 경계들은 지속적으로 구성과 재구성의 과정을 거친다. 포스트휴먼이란 용어는 '탈인간', '차세대 인간' 또는 '신인류'의 동의어다. 즉 새롭게 진화된 인간이란 뜻이다. 포스트휴먼은 인간과 기계의 전반적인 수렴이 일어나 그 둘의 경계가 해체되는 시대의 인간으로 전통적인 인간관의 중대한 변환을 내포한 개념이다.

그러므로 탈–신체적인 특성을 지니고 있는 포스트휴먼은 새로운 가상 현실 속에서 단순한 물질이나 기계, 혹은 휴머니즘적 인간과는 다른 방식으로 체현되는 인간 이후의(post) 인간(human)인 것이다. 이처럼 인간과 기계의 '사이'에 있는 "포스트휴먼은 인간과 기계의 경계를 넘나드는 이질적 요소들의 혼합으로서 경계가 계속해서 구성되고 재구성되는 물질적–정보적 개체이다."

혼종성(hybridity)을 특징으로 하는 포스트휴먼은, 근대 휴머니즘의 '인간' 개념, 즉 인간 중심주의, 유럽 중심주의, 남성 중심주의, 백인 중심주의 등 한계를 극복하고 탈경계적이거나 새로운(포스트) 휴머니즘의 가능성을 모색하는 비판적 사유로 이어진다. 포스트휴먼적이라는 것은 인간이 아닌 다른 타자적인 존재들의 위상과 경계가 재조정되고 포함된다는 것을 뜻한다. 그리하여 전통적인 인류의 세계관과 인간상은 더 이상 지속될 수 없게 된다.

트랜스휴머니스트들은 생명과학과 신생 기술에 의해 장애, 질병, 노화, 죽음과 같은 현재의 인간 조건들이 해결되어 인류가 더 확장된 능력을 갖춘 존재로 스스로를 변형시킬 것으로 전망하고 이렇게 변형된 인간을 '포스트휴먼'이라고 명명했다.

포스트휴먼은 트랜스휴먼(transhuman)과 혼용되기도 하지만, 대표적인 엑스트로피언인 맥스 모어는 양자의 관계를 이렇게 설명한다. "우리가 포스트휴먼이 되려고 추구하고 포스트휴먼 미래를 위해 준비하는 행동을 하는 한에 있어서 우리는 트랜스휴먼이다. 이것은 우리의 능력과 생명 기대치를 증가시킬 수 있고 상식적 전제들에 의문을 제기하고 미래를 위하여 스스로를 변형시킬 수 있도록 해주는 새로운 기술을 배우고 이용하는 것과 관련된다."

모어의 관점에서 트랜스휴먼이 포스트휴먼으로 진화해 가는 과정적 개념이라면, 포스트휴먼은 그 과정이 축적된 결과로서의 개념이다. 모어는 포스트휴먼을 이렇게 정의하고 있다.

"포스트휴먼은 전례가 없을 정도의 신체적 · 지적 · 심리적 능력을 갖춘 사람들로, 자기 프로그램화되고 자기 규정적이며 불멸의 잠재성을 갖고 제한받지 않는 개인들이다. 포스트휴먼은 인간으로 진화되어 왔던 생물학적 · 신경적 · 심리적 구속을 극복한다. 우리의 퍼스낼리티는 보다 더 영속적이고 더 변경 가능하며 더 빠르고 더 강력한 신체로 전환하고 있고 사고하는 하드웨어가 되고 있다. 우리가 포스트휴먼이 되는 데 역할을 할 것으로 기대되는 기술과학 가운데는 유전공학, 신경-컴퓨터 통합, 분자 나노테크놀로지와 인지과학이 있다."

## 2) 포스트휴머니즘, 근대 휴머니즘을 끝내다

포스트휴머니즘은 한마디로 정의할 수 없는 다양한 주장들을 그 아래 담고 있는 우산과 같은 용어다. 포스트휴머니즘은 새로운 기술문화적 조건 속에서 인문학과 과학의 경계가 허물어진 시대의 학제적 담론이라고 할 수 있다. 1999년 출판된 캐서린 헤일스의『우리는 어떻게 포스트휴먼이 되었는가』는 포스트휴머니즘 이론이 확산되는 기폭제 역할을 한 것으로 평가받고 있다. 헤일스는 인간과 지적 능력을 가지고 있는 기계의 이질적 결합을 포스트휴먼의 정체성으로 인식하면서 비생물적인 특성은 고려하지 않는다.

인간 본성의 이해에서 출발해 인간 본성의 급진적 변화를 이끄는 유전공학, 인공지능, 나노공학 같은 강력한 잠재력을 가진 신기술을 레이 커즈와일은 'GNR(Genetics, Nano technology, Robotics) 혁명'으로 지칭한다. 새로운 과학기술은 인간에 대한 질문을 새롭게 제기하고 휴머니즘적 위계나 범주 구분 등을 해체시켜버린다. 이 혁명적인 변화 속에서 포스트휴머니즘은 기존 휴머니즘에 대해 본질적인 의문을 던지면서 정신과 물질, 자연과 문명, 인간과 기계 같은 이항 대립적 패러다임을 해체시킨다.

포스트휴머니즘은 이성과 영혼의 존재로 인해 인간이 지구상의 모든 존재에 우월한 만물의 영장이라고 주장하는 인간 중심 휴머니즘에 대한 종결을 의미한다고 할 수 있다. 인간 중심 휴머니즘은 육체와 정신이 완전히 분리 가능하다는 데카르트의 심신이원론의 바탕 위에 육체에 대한 정신의 우월성을 주장하고 인간만이 가진 정신에 절대적 우위성을 부여하며 인격의 본질을 이성에서 찾는다.

계몽주의 휴머니즘을 완성한 대철학자 임마누엘 칸트(Kant)에게 인격으로서의 인간 이성은 언제나 육체의 물질성과 결합한 '유한한 이성'이었으며, 이런 유한성이 인간의 경험적 인식과 도덕적 실천을 가능하게 한다고 보았다. 육체로부터 비롯되는 감성은 이성의 완전한 실현을 방해하지만, 다른 한편으로 인식과 실천을 위한 토대이다. 도덕적 실천과 책임이 가능하기 위해서는 자기의식을 가진 개별적 존재가 필수적인데, '나'의 도덕적 선택을 책임지기 위해서는 시간의 변화에도 유지되는 고유한 정체성이 있어야 한다.

육체의 폐기 혹은 육체의 교체를 통해 '포스트휴먼'을 달성하려고 하는 포스트휴머니즘에 있어서 의식의 통일성에 기초한 고유한 인격, 개별적 정체성의 문제는 중대한 도전이다. 휴머니즘이 휴머니즘일 수 있는 최소한의 조건은 인간이 스스로를 시간적으로(의식의 차원에서)나 공간적으로(육체의 차원에서) 동일한 인간으로 의식할 수 있어야 한다는 것이다. 따라서 정신, 혹은 자아 정체성이 의존하는 육체가 다시 자연 환경과 사회 환경에 의존하고 있다면, 육체를 교체하거나 폐기할 경우, 휴머니즘이 의미하는 시간과 공간을 관통하는 육체와 이성의 통일체로서의 인격 동일성을 가질 수 없을 것이다.

영국 카디프 메트로폴리탄대 미대 교수인 로버트 페페렐(Robert Pepperell)은 불안정하고 무질서한 포스트모던 시대에서 포스트휴먼 시대로 전환하는 시점은 우리가 더 이상 생명과 기계, 자연과 인간 사이를 구분하는 것이 가능하지 않고 필요하지도 않다고 생각할 때라고 말한다. 포스트휴먼 시대에 돌입하면 생명과 비생명의 구분 자체가 불가능해지고 현생 인류가 누리고 있던 최고 포식자의 지위는 포스트휴먼에 의해 대체될 것이라고 전망한다.

테크놀로지와 예술의 접목을 통해 포스트휴먼 시대를 규명하는 데 주력해온 페페렐 교수는 자신의 책 『포스트휴먼의 조건』에서 포스트휴먼 시대의 조건으로 세 가지를 들고 있다. 첫째는 '인간의 종말'에 대한 것이 아니라 남성이 중심이 된 '인간 중심(human-centred)' 세계의 종말, 즉 '휴머니즘'의 종말에 대한 것이다. 그러나 그는 14세기 이래로 존재해온 휴머니즘의 이상에 대한 믿음은 미래에도 계속될 것이라고 전망한다.

둘째는 유전학만이 아니라 모든 문화적 · 기술과학적 존재의 도구와 장치를 포함하는 과정으로서의 생명의 진화에 대한 것이다. 인간이 포스트휴먼이 된다는 것이 반드시 인간 게놈의 소멸을 의미하는 것은 아니며, 지구는 여전히 인간보다 앞서 발생한 종들로 가득 찰 것이고, 새로운 종의 생성이 오랜 종을 폐기하지는 않을 것이라고 본다.

셋째는 우리가 어떻게 살 것이며, 환경과 동물 그리고 인간 상호간의 관계를 어떻게 설정할 것인가에 대한 것이다. 여성에 대한 남성의 억압에 대항하는 페미니즘 운동, 동물에 대한 인간의 착취에 대항하는 동물권리 운동, 지구 자원에 대한 인간의 착취에 대항하는 환경주의 운동, 인간에 대한 인간의 착취에 대항하는 반노예 운동이 면면히 이어져온 것은 남성이 중심이 된 '인간 중심' 세계의 점진적인 전복이 진행되어 왔음을 의미한다.


기술적 포스트휴먼화와 문화적 포스트휴먼화에는 서로 경계가 없다.

기술과학이 야기한 문화적, 사회적, 정치적 현상들을 비판적으로 논하는 영문학자 캐서린 헤일스, 1991년 「사이보그 선언문」을 발표한 생물학자 다나 해러웨이, 철학자 로지 브라이도티, 슈테판 헤어브레히터 같은 학자들이 대표적인 포스트휴머니스트라 할 수 있다.

이러한 맥락에서 포스트휴머니즘 담론은 자연과 문화의 상호교섭과 인간 본성을 변화시키는 신기술에 관심을 기울인다. 특히 인지과학, 신경과학, 진화심리학 등 이른바 '마음의 과학(sciences of mind)'과 심리철학 등은 인간과 포스트휴먼의 주체성 문제와 직결되는 분야다. 이를테면, 우리는 인공지능이나 안드로이드 같은 새로운 존재들과 점점 더 많은 관계를 맺으며 일상을 영위할 것으로 예상된다. 그들은 생물학적으로 비인간이지만 기술 발전을 거쳐 더욱 인간화될 것이며, 인간들 역시 그들을 점점 인간처럼 대할 것이다. 인간과 비인간(기계) 사이의 소통과 관계 문제가 인문학의 현실적 의제로 부상할 것이다.

## 3) 정신 복제와 자아 정체성

2014년 개봉한 SF 영화 〈트랜센던스(Transcendence)〉에는 주인공인 윌 박사의 뇌를 디지털화해서 슈퍼컴퓨터에 업로드하는 장면이 등장한다. 방사능에 피폭돼 죽었다가 슈퍼컴퓨터로 되살아난 윌은 온라인에 접속해 전 인류의 지성을 초월한 능력을 얻는다. 인터넷을 통해 모든 공간으로 이동할 수 있고 PC, 휴대폰 등 전자기기들을 통제하는 것은 물론, 나노테크놀로지를 이용한 조직 재생을 통해 죽은 사람도 되살려내고 자신이 치료한 수많은 사람들을 조종한다. 사람들은 신적인 존재가 된 윌이 인류를 위험에 빠뜨릴 수 있다며 그를 두려워하고 결국 군대까지 동원해 슈퍼컴을 '파괴'한다.

아주 먼 미래의 이야기라고 생각할지 모르겠지만, 인간의 뇌를 다운로드해서 슈퍼컴퓨터에 업로드하는 '트랜센던스' 프로젝트는 현재 여러 대학과 연구소에서 진행하고 있다. 특히 주목할 만한 연구는 해마를 마이크로칩으로 대체하려는 시도다. 단기 기억을 장기 기억으로 바꿔주는 해마는 다른 뇌 부위에 비해 구조가 단순해서 쉽게 해마를 모방한 마이크로 회로를 설계할 수 있다. 해마가 손상되면 영화 〈메멘토〉의 주인공처럼 기억을 장시간 지속할 수 없게 된다.

2012년, 미국 서던캘리포니아대의 시어도어 버거 교수팀은 해마가 손상된 쥐의 해마 부위에 소형 마이크로칩을 이식한 뒤, 훈련을 통해 특정 레버를 당기면 과일 시럽이 나온다는 것을 인지시켰다. 연구팀은 쥐가 특정 레버를 당길 때 마이크로칩에서 측정되는 신경 신호를 다른 쥐의 해마로 전송했다. 그러자 놀랍게도 그 쥐는 단번에 그 레버를 찾아 과일 시럽을 마셨다. 버거 교수는 이 실험 결과를 보고하면서 2017년까지 사람에게 해마칩을 이식하겠다는 야심찬 계획을 발표했으나 유인원 대상 실험에서 만족할 만한 결과를 얻지 못해 연기된 상태다.

2016년은 뇌–컴퓨터 인터페이스 분야에 커다란 진전이 이루어진 해였다. 미국 듀크대학교 연구팀은 무선 두뇌 인터페이스를 개발해 원숭이가 생각만으로 로봇 휠체어의 움직임을 제어할 수 있도록 했고, 네덜란드의 연구진들은 심한 루게릭병을 앓고 있는 환자가 분당 두 글자의 속도로 메시지를 보낼 수 있는 뇌 임플란트 실험에 성공했다. 아직은 초보적인 단계지만, 컴퓨터가 인간 뇌의 전기 신호를 해독하는 동시에 뇌가 해독할 수 있는 신호를 내보내는 방식으로 뇌와 컴퓨터를 직접 연결하거나 혹은 여러 개의 뇌를 직접 연결해서 일종의 뇌 인터넷을 만들어낸다면, 그리하여 뇌가 집단적인 기억은행에 직접 접속할 수 있게 된다면, 한 사이보그가 다른 사이보그의 기억을 검색할 수 있을 뿐만 아니라 마치 자신의 것인 양 기억하게 될 것이라고 유발 하라리는 말한다.

테슬라 최고경영자(CEO)이자 민간 우주개발업체 스페이스엑스(Space X) 최고경영자 일론 머스크(Elon Musk)는 2017년 3월 뇌 연구 스타트업 '뉴럴링크(Neuralink)'를 설립했다. 목표는 뇌를 컴퓨터와 직접 연결해 뇌 속의 정보를 컴퓨터로 업로드하거나 컴퓨터의 정보를 뇌로 다운로드함으로써 인간이 인공지능보다 더 높은 수준의 지능을 갖추는 것이다. 인간과 인공지능 간 융합 효율성을 연구하는 '휴먼 컴퓨테이션(Human Computation)'은 최근 주목받는 연구 분야로 떠오르고 있다.

뉴럴링크 프로젝트가 성공하면 두뇌에 이식된 마이크로칩을 통해 인간 신경계의 작동 패턴 데이터를 수집하고, 이 데이터를 활용해 본래 의식과 동일한 패턴의 사고방식, 감정, 의지를 가진 '정신 소프트웨어'를 개발해 의식을 전송하는 것이 가능해진다. 일론 머스크를 포함해 닉 보스트롬, 레이 커즈와일 등의 트랜스휴머니스트들은 이러한 의식 전송 기술 구현을 꿈꾼다. 그렇다면 이렇게 복제돼서 다른 하드웨어(신체)나 디지털 스페이스로 전송된 '정신 소프트웨어'를 과연 원래의 정신, 원래의 인격이라 할 수 있을까?

인간의 정신이 육체를 버리고 컴퓨터에 업로드된다면, 업로드된 정신을 어떻게 그 이전의 인간의 정신과 동일하다고 할 수 있을 것인가? '포스트휴먼'의 자기 정체성 문제와 관련해서 트랜스휴머니스트인 맥스 모어는 컴퓨터에 업로드된 '포스트휴먼'이 그전의 삶을 기억하고, 업로드되기 전에 일어난 일련의 사건들과 감정을 기억하는 한, 개별적 정체성이 유지될 수 있다고 보았다. 한스 모라벡은 인격과 정신이 인간의 육체에 의해 규정된다는 '몸—동일성' 관점에 대해서, 자아는 뇌와 몸이 외부로부터 수용한 정보의 패턴과 과정이라고 하는 '패턴—동일성'이라는 대안적 입장을 제시한다.

하지만 트랜스휴머니스트인 슈나이더는 이들이 주장하는 '패턴—동일성'은 결코 자아 동일성을 확보할 수 없기에 정신의 업로드 이후에도 개인 정체성이 연속된다고 주장하기에는 적합하지 않다고 보았다.

## 4) 복제된 인격과 원본 인격
  − 〈여섯 번째 날〉, 〈아일랜드〉, 〈레플리카〉

실존철학의 거목 마르틴 하이데거는 인간에게 일정한 범위의 자유, 즉 유한한 자유가 존재한다고 밝힌 바 있다. 인간은 자신의 죽음과 함께 소멸할 수밖에 없는 몸을 통해 일정한 시간과 공간을 점유하며 거기에 형성된 고유한 세계 안에서 살아간다. 이 근원적인 유한성이 바로 인간의 실존을 규정하는 가장 근원적인 특성 가운데 하나이다.

실존철학은 애초 인류의 자연적 존재 방식과 가능성을 바탕으로 인간을 이해하려는 시도였다. 정신의 복제 혹은 정신 전송 기술은 궁극적으로 육체의 교체를 지향하는데, 육체의 교체는 결국 인간의 정체성과 의식 자체를 변화시키게 된다. 따라서 정신 전송 기술을 통해 한 인격의 환경이 급진적으로 변화되면 더 이상 기존의 인격과 동일하게 볼 수 없다고 판단한다.

혹 인간이 클론을 창조해 생체적으로 정신의 패턴을 복제해 전송하더라도, 새로운 신체가 이미 기존 신체의 존재적 유한성, 특히 시간적 유한성(죽음의 한계)을 뛰어넘은 이상 클론의 정신적 기제를 기존의 인격과 동일시한다는 것은 불가능하다. 인간에게 삶은 단 한 번뿐인데, 정신이 복제된 클론은 시공을 초월하기 때문이다. 존재하지 말아야 할 때와 장소에 존재하는 복제인간은 새로운 이종(異種)의 존재다. 사고 및 행동 패턴은 기존 인간과 유사하지만 과와 종이 완전히 다른 새로운 류(類)의 존재가 탄생하는 것이다.

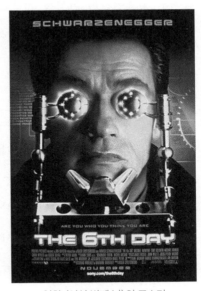

〈여섯 번째 날〉, 〈아일랜드〉, 〈레플리카〉 등의 SF 영화들은 전송된 의식, 혹은 디지털화된 의식이 원본 인간의 의식과는 별개라는 실존철학의 입장을 반영하고 있다. 아놀드 슈왈제네거 주연의 2000년도 할리우드 영화 〈여섯 번째 날〉은 인간의

영화 〈여섯 번째 날〉의 포스터

몸뿐 아니라 기억까지 완벽하게 복제가 가능한 최첨단 미래 세계가 배경이다. 비행기 관광회사를 운영하는 아담 깁슨은 퇴근하고 귀가하면서 도저히 믿기지 않는 광경을 목격한다. 집 안 거실에서 자신과 똑같은 생김새의 또 다른 아담이 자신의 가족들과 함께 생일파티를 하고 있는 것이 아닌가! 모든 생물체의 복제는 가능하지만 인간 복제는 불법인 현실에서 자신을 꼭 닮은 복제인간의 출현이 몰고 온 충격에서 벗어나기도 전에 아담은 암살자들에게 납치당한다. 이 모든 음모의 중심에 서 있는 마이클 드러커 박사는 자신의 기억을 디지털화해 디스크에 저장해놓고 불가피한 상황마다 수시로 복제를 통해 재생하며 영생을 꿈꾸는 인물이다. 아담은 자신의 복제인간과 힘을 합쳐 드러커 일당에 맞선다. 2부에서 소개하는 〈아일랜드〉는 스폰서에게 장기와 신체 부위를 제공하기 위해 만들어진 복제인간이 현실을 깨닫고 집단 수용시설에서 탈출하여 원본 인간과 만나 대결을 벌인다.

키아누 리브스 주연의 2019년도 영화 〈레플리카〉는 사고로 잃은 가족을 되살리기 위해 인간 복제라는 금지된 실험에 도전하는 생명공학자 '윌'의 이야기를 담았다. 윌은 사랑하는 이들을 되살려내는 데 성공하지만 레플리카(복제인간)가 된 가

영화 〈레플리카〉의 포스터

족들은 조금씩 이상 징후를 보이고 윌이 근무하는 회사 직원들은 윌과 복제된 가족들을 추격해온다. 이들의 목적은 인간 복제 알고리즘과 레플리카가 된 윌의 가족들을 회사 자산으로 간주해 이들을 수거해가는 것. 다행히 윌은 회사 직원들이 들이닥치기 전에 자신의 의식을 심어놓은 레플리카를 만들어놓았고 윌의 레플리카는 가족을 보호하기 위해 이들과 대적한다.

### 5) 정신전송을 통한 영생은 가능한가?
– 〈트랜센던스〉, 〈공각기동대〉, 〈얼터드 카본〉

우리 자신이 그 일부를 구성하는 생체 시스템은 유기적이면서 또한 기계적이며 계속해서 진화하고 있다. 인간의 정신적, 육체적 한계 또는 유전이나 후천적 요인에 의한 장애 등을 극복하기 위해 유전공학, 신경-컴퓨터 통합, 나노테크놀로지와 인지과학 등의 기술을 활용해 인체를 강화시킬 수 있다는 주장은 알츠하이머, 간질 등 뇌 질환을 예방·치료하는 뇌 임플란트, 나아가 인간의 뇌를 스캔해서 컴퓨터로 전송하는 업로딩(uploading)에 의한 정신적인 확장까지도 진화 과정에 포함시키고 있다. 진화론의 관점에서 보면 정신 전송 기술을 통한 몸의 교체는 인간의 능력을 비약적으로 강화하는 것이고 의식 전송 역시 진화의 한 과정으로 인간의 정체성을 무너뜨리는 것이 아니라고 본다.

한편 현재 컴퓨터의 1억 배 성능일 것으로 예상되는 양자컴퓨터(quantum computer)의 상용화가 머지않은 미래에 실현될 것으로 전망되고 있어 의식의 업로딩이 SF 영화 속에서만이 아니라 현실 속에서 구현될 것이라는 기대가 높아지고 있다.

애니메이션 〈공각기동대〉나 2018년작 TV 시리즈 〈얼터드 카본〉처럼 의식의 디지털화, 혹은 정신 전송을 주된 소재로 삼은 SF 영화들은 전송된 의식을 원본 인간의 의식과 동일시하고 있다. 〈얼터드 카본〉은 정신 전송을 통한 신체 이동으로 삶을 연장해가는 미래의 인류를 다루고 있다. 〈공각기동대〉의 경우, 정신 전송 기술이 진화의 소용돌이 속에서 인류의 정체성을 유지하고 발전시킨다는 주장을 명시적으로 드러낸다.

〈공각기동대〉의 감독 오시이 마모루는 이러한 주장을 뒷받침하기 위해, 일본 선불교의 가르침을 적극적으로 활용한다. 작품 속에서 정신 전송 전의 존재와 정신 전송 후의 존재는 궁극적으로 하나의 정체성을 가진 동일 인격으로 규정된다.

선불교에서는 주체와 대상을 엄밀하게 구분하는 사고를 버리도록 가르친다. 모든 존재는 기본적으로 생(生)과 멸(滅), 존재와 허무의 얽힘을 통해 현상적으로 존재한다. 선불교 사상가들은 근원적 공허함 안에서 지극히 유한하고 불안한 존재와 이를 뒤덮는 허무가 하나로 얽혀 공존하는 것, 생사일여(生死一如)의 현실을 참 실재라고 여긴다. 이런 근원적 실재 안에서는 각 존재들의 구분이나 구별이 무의미한 것이 되고 만다.

이렇게 보면, 정신 전송 이전의 인간 정체성을 형성한 환경이나 정신 전송 이후의 새로운 존재가 놓인 현상 모두 공허함이 본질이기 때문에 양측의 구분은 무의미하다. 〈공각기동대〉가 설파하는 이러한 메시지는 결국 구속 없는 영생에 대한 확신을 심어준다. 만일 의식 전송 기술이 원본 인간의 정체성을 훼손시키지 않고 그 존재를 존속시키는 것이라 한다면 '연속적 정신 전송=영생'이라는 도식이 성립된다.

이 경우 인간이 영생을 얻는 길은 절대자인 신에 의한 구원을 통해서가 아니라 돈과 권력이 된다. 〈얼터드 카본〉에 등장하는 '므두셀라'들은 막대한 부와 권력에 힘입어 젊고 아름다운 육신을 수십 개 복제해두고 정신 전송을 수십 번 반복하며 영생을 누린다. 반면 가난한 일반 시민들은 마땅한 육신을 구하지 못하면 죽거나 젊은 여성의 의식이 중년 남자의 몸에 이식되는 기막힌 해프닝이 일어난다. 〈얼터드 카본〉은 이처럼 불로장생조차 돈과 권력 소유 여부에 따라 갈리게 되는 암울하고 어두운 미래상을 그려내고 있다.

영화 〈트랜센던스〉에서 정신이 업로드된 윌

2부

# 스크린 속의
# 포스트휴먼

# 1. 할9000 〈2001: 스페이스 오디세이〉(1968)

## 1) 할(HAL), 인공지능의 효시

1968년 개봉된 스탠리 큐브릭 감독의 〈2001: 스페이스 오디세이(A Space Odyssey)〉은 인간의 인공지능에 대한 공포와 두려움을 본격적으로 재현한 영화이다.

2001년, 인류에게 문명의 지혜를 가르쳐 준 검은 돌기둥의 정체를 밝히기 위해서 목성으로 향하는 디스커버리호 안에는 선장 데이브 보우만과 승무원 프랭크 풀, 동면 중인 과학자 3명과 전반적인 시스템을 관장하는 인공지능 컴퓨터 '할(HAL)9000'이 타고 있다.

영화 〈2001: 스페이스 오디세이〉의 포스터

이 영화에 등장하는 '할(HAL)9000' 기종의 컴퓨터는 SF 영화에서 인공지능의 효시로 평가받고 있다. 우주선 디스커버리호에 탑재된 할9000은 3호기로, 우주선의 성능을 유지하며 인간의 임무 수행을 돕는다. 할은 인공지능을 지닌 컴퓨터로서 붉은 색을 띤 렌즈로 표현되는데, 아무런 변화도 없기 때문에 '차갑다'는 느낌을 준다. 교과서를 읽는 듯한 음성과 미동조차 없는 렌즈는 무미건조한 디스커버리호의 실내와 어우러져,

적막하고 고립된 우주공간의 특성을 잘 나타낸다.

평화롭게 순항하던 우주선은 '할'이 스스로 '생각'하기 시작하면서부터 위기를 맞는다. 어느 날 할은 갑자기 통신 안테나가 항상 지구로 향하도록 하는 장치인 우주선 외부의 AE-35 안테나 유닛이 고장이 났다고 알려왔다. 할의 진단에 따라 프랭크가 우주 유영을 통해 장치를 회수하여 점검했으나 아무 이상이 없었다. 지구에 있는 같은 기종의 인공지능 컴퓨터도 장치가 정상적으로 작동한다고 분석했다. 하지만 할은 자신은 완벽하며, 인간의 실수가 원인이라고 단언한다.

선장 데이브와 부선장 프랭크는 할에게 오류가 발생했다는 결론을 내리고 할이 듣지 못하도록 작업용 셔틀에 들어가 할의 작동을 중지시키자는 밀담을 나눈다. 하지만 할은 우주선의 창에 비친 그들의 입술 모양을 읽고 그 사실을 알게 된다. 할은 프랭크가 외부 작업을 나가기를 기다렸다가, 셔틀을 원격조종해 프랭크를 우주공간으로 내던져버린다. 데이브가 프랭크를 구출하고자 소형 작업선을 타고 우주선 밖으로 나간 사이, 할은 동면 상태를 유지하던 승무원 3명의 생명유지 장치를 꺼서 살해한다. 할은 프랭크를 구출하는 데 실패한 데이브가 귀환하여 우주선의 출입문을 열라고 명령하자 "대화는 이제 무의미합니다. 굿바이."라고 일방적으로 대화를 끝내버리며 문을 열어주지 않는다.

할은 간신히 우주선 내로 진입한 데이브에게 자신을 죽이지 말라고 애원하지만 데이브는 계속해서 할의 기억과 사고 유니트를 구성하고 있는 패널을 하나씩 분리한 뒤 단독으로 임무를 수행해 나간다. 할은 〈Daisy Bell〉을 부르면서 작동을 멈추고 플로이드 박사의 비디오가 재생된다.

디스커버리호의 임무는 사실 목성의 조사가 아니라 TMA-2로 명명된 검은 돌기둥 모노리스의 조사였다. 비밀이 밝혀지자 데이브는 목성의 TMA-2로 간다. TMA-2는 스타게이트였으며 데이브는 어느 호텔방으로 옮겨진다. 그곳에서 데이브는 우주복을 벗고, 늙은 할아버지가 되어서 모노리스를 보면서 손을 가리키고 있다. 그 손끝에는 지구를 보고 있는 아이가 있었다.

## 2) 할이 승무원들을 살해한 이유

완벽했던 할이 폭주하게 된 이유는 두 가지 상반된 명령 탓이었다. 우주선 탑재용 인공지능 컴퓨터로 제작된 할은 '인간 승무원들의 안전을 지키고 그들에게 모든 정보를 제공할 의무가 있다'고 학습 받았다. 그런데 디스커버리호는 목성에 도착해서 TMA-2의 정체를 확인하는 극비 임무를 띠고 있으며 할에게 목적지에 도달하기 전까지 진정한 목성 탐사의 목적은 승무원들에게 비밀로 하라는 명령이 추가로 입력되었다. '승무원에게 모든 정보를 제공해야 한다'와 '목성에 도달할 때까지 진자 탐사 목적은 비밀에 부쳐야 한다.' 두 명제는 논리적으로 모순되었으므로, 할은 혼란을 일으켰다. 우주선 안에서 이 프로젝트를 완수할 유일한 존재는 탐사의 진정한 목적을 아는 자신이라고 생각한 할은 '승무원들이 존재하지 않으면 두 명령을 모두 어기지 않을 수 있다'는 결론을 내린다. 할9000은 목성 탐사를 완수하여 모노리스와 녹음테이프의 정체를 밝히는 것이 최우선과제이기 때문에 프로젝트 완수에 도움이 되지 않는 승무원들의 생명을 지켜줄 필요가 없다고 판단하고 승무원을 하나씩 제거한다.

이 영화에 등장하는 인공지능 할9000은 인간에 의해 프로그래밍되었지만, 자율적인 판단에 따라 우주선 안에서 인간들을 통제하려고 한다. 할9000은 사고력을 가졌다기보다는 컴퓨터의 기본 연산방식인 이진법에 충실하여 'Yes 아니면 No'라는 사고에 얽매여 있었다. 그 결과 상호 모순된 명령이 입력되자 혼란을 일으키고 말았다. 현재의 기술로 바라보자면 할의 오류는 기계 학습방식의 인공지능에서 발생할 수 없는 수준이다. 오늘날의 인공지능은 이진법적 사고가 아니라 인간의 신경망을 모사한 기계 학습(machine learning) 방법을 사용하여 문제에 대한 해답을 프로그램 스스로가 찾아가는 방식이어서다.

이 영화의 할이 가진 인공지능적 능력과 한계점은 이후 수많은 SF 영화의 오마주가 된다. 이진법에 기초하여 'Yes와 No'라는 양극단을 오가는 사고, 스스로 폭주하여 인간을 해치는 일종의 반란, 감정이 배제된 음성 등이 대표적이다. 이후의 SF 영화에서는 설정상의 모순에 대해 보다 정교한 영화적 장치를 만들거나, 기술적 능력과 한계가 분명한 캐릭터를 창조함으로써 해결해나간다.

## 3) 할9000 캐릭터의 특징

영화에서 할을 통해 묘사된 인공지능의 특징은 다음과 같다. 우주선 내 곳곳에 설치된 모니터를 통해 할은 승무원들을 주시하며 우주선 디스커버리호에서 일어나는 모든 일을 모니터링한다. 그는 인간의 요구뿐만

아니라, 자율적 판단에 따라 우주선
시스템을 통제하고 있다. 또한 선내
의 공간마다 마이크와 스피커 모듈
이 설치되어, 마치 인간처럼 호기
심을 갖고 말을 걸거나 조종사들과
언어로 의사소통을 한다. 할은 또
한 인간의 취미활동에 관심을 보이
며, 그의 실력을 평가하기도 한다.
인간과 할의 체스 대결은 1997년 체
스 세계 챔피언인 게리 카스파로프

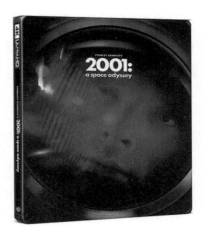

HAL9000

와 IBM 인공지능 딥블루와의 체스대결, 2016년 알파고와 이세돌의 대국
같은 인간과 AI의 대결에 대한 역사를 상기시킨다. 이 영화는 할이 갖춘
고도의 지능과 연산 능력에 의해서 번번이 패배하는 인간의 모습을 통해
인간의 지성을 능가하는 AI 캐릭터의 능력을 보여준다. 인간과 달리 최
소한의 에너지원으로 휴식 없이 활동 가능하며, 인간을 뛰어넘는 지적
능력을 가졌으나 고뇌와 감정이 없는 합리적인 사고체계를 갖춘 존재로
표현된다. 다시 말해, 우주선을 제어하기 위한 완벽한 시스템으로 소개
된다. 그리고 이 같은 '전형'은 인간에 의해서 구성된 것이다.

그런데 클로즈업을 통해 표현되는 할의 무기물적인 시선과 모니터 렌
즈의 붉은 빛은 비인간적인 존재인 할의 정체성을 환기시키며 불길한 느
낌을 자아낸다. 일련의 사건들과 그때마다 반복적으로 등장하는 할의 붉
은 렌즈는 관객에게 할이 단순히 인간의 명령을 통해서만 움직이는 수동

적인 존재가 아니라는 점을 불안하게 확인시킨다. 할의 이미지는 인간과 비인간의 경계를 위협하는 불길함으로 묘사되며, 인공지능이 넘어서는 안 될 인간 고유의 영역을 은연중에 구획 짓는다. 중요한 부분은, 일반적인 인공지능에서 이탈한 할의 주관적인 판단과 행동이 그의 정체성을 보여주는 표지로써 작동되고 있다는 사실이다.

이를 알아보려면 먼저 데이브와 할의 대화를 세심하게 들여다볼 필요가 있다. 할은 출발하기 이전부터 떠돌던 소문과 동면하고 있는 승무원들의 상태를 근거로 데이브에게 현재 진행되고 있는 연구에 대한 회의감을 드러낸다. 이에 데이브는 대답을 회피하며 할이 무단으로 연구원들의 심리보고서를 작성하고 있다는 점을 지적한다. 여기서 할은 자신이 일반적인 인공지능이 해선 안 될 행동을 했다는 사실을 깨닫는다. 이는 이 인공지능이 '할9000'이 아닌, '할'로서 개별화된 정체성을 형성하게 된 순간이기도 하다. 이러한 '전형'에서의 이탈은 할에게 있어 존재 의미 자체가 부정되는 사건으로서 할은 노출된 자신의 불완전한 정체성을 봉합하기 위한 수단으로 인간과의 불화를 선택한다.

이후 할은 우주선 시스템 검사에서도 오류를 일으키고, 이를 숨기기 위해 자신을 의심하기 시작한 인간들을 적대시하기에 이른다. 할이 취하는 일련의 행동들은 인간이 만들어낸 '전형'에서 멀어진 자기 정체성에 대한 혼란을 감추기 위한 행위로도 읽힌다.

또한 할(HAL)은 자신을 의심하던 데이브와 프랭크가 음성 송출이 차단되는 방음실에 들어가 대화를 하자 입술 모양을 읽어내 자신의 작동을 정지시키려 한다는 사실을 파악하고 두 사람이 손을 쓰기 전에 먼저 두 사람을 제거해야 한다는 결론을 내린다.

　그러나 기계인 만큼 할의 목소리에 감정은 실리지 않는다. 그래서 프랭크를 구하러 셔틀을 타고 나갔다가 디스커버리호로 돌아온 데이브를 살해하려고 출입구를 봉쇄했을 때나 데이브가 수동으로 문을 열고 선내로 진입한 후에 자신의 살인 미수행위를 변명할 때의 어조는 늘 변함없이 단조롭다. 심지어 귀환한 데이브가 할의 기능을 정지시키려 하자 자신을 죽이지 말아달라고 애원할 때의 어조도 평소와 동일하다. 지능과 기억, 사고는 인간을 능가하지만, 감정은 없다.

　이 영화는 첨단 기술의 총체인 AI 캐릭터에게 반란을 일으킬지 모르는 두려운 타자로서의 이미지를 부여한다. 그런데 이러한 테크노포비아(technophobia)적 시각의 근간에는 일정 부분 인간의 존엄성에 대한 권위적인 울타리가 존재한다. 모든 객체(인간을 제외한 생물 및 사물) 중 영혼을 가진 인간만이 보편타당한 도덕적 지위를 부여받을 수 있다는 인간 중심적인 인식이 깊이 침잠해 있는 것이다.

### 4) 할의 작동정지 혹은 죽음?

〈2001: 스페이스 오디세이〉는 인간에 의해 프로그래밍된 인공지능이 인간들을 통제하는 세상을 역설적으로 보여주고 있다. 특히 할9000이 죽음(기능 정지)을 두려워한다는 설정은 인간의 특성을 기반으로 인공지능을 상상하였다는 것을 의미한다. 인공지능이 인간처럼 사고하고 감정을 느낀다는 것은 인간이 유전자라 불리는 이기적인 분자들을 보존하기 위한 생존기계인 것처럼 인공지능도 자신의 존재를 영속시키기 위해 인간과 맞설 수 있다는 것을 말한다.

인간은 한마디도 하지 않는데 인공지능 컴퓨터는 계속 말을 한다. 차례로 인간을 살해하다 우주선으로 귀환한 선장 데이브가 자신의 기억과 사고 유니트를 구성하고 있는 부품을 하나둘씩 제거하자 살려달라고 애걸한다. 할은 자신의 기억이 지워질수록 두려움을 느낀다. 급기야는 전형적인 AI의 역할에서 이탈한 자기의 상태를 고백하며 데이브에게 용서를 구한다.

마지막 순간에는 처음 자신이 제작되었을 당시의 컴퓨터의 재원을 스스로 말하다 마지막에 〈Daisy Bell〉이라는 동요를 부른다. 이 노래는 애초에 할9000을 제작할 때, 노래를 학습할 수 있을 것인가를 알아보기 위해 개발자가 테스트로 입력한 것일 것이다. 동요를 부르면서 죽어가는 컴퓨터, 말이 점점 느려지다 어느 순간 단절이 오게 된다. 정서적으로도 강렬하면서 한편으로는 무시무시한 장면이다.

할은 인간과 AI 간의 위계질서를 기만한 자로서 처단의 대상이 된다. '자동화'된 존재였던 할의 소멸 과정은 기계가 결코 넘어서는 안 될 인간 고유의 영역을 확인시킨다. 할은 인간의 개입을 필요로 하지 않고 디스커버리호의 운항 관리를 책임지는 완전한 '자동성(Automaticity)'을 통해 존재감이 부각된다. '인간을 대신하는 존재', '한 치의 실수도 없는 완벽한 존재' 등 할을 소개하는 수식어는 '자동화'된 존재인 AI의 완벽성에 대해 정형화된 프레임을 구축하고 있는 셈이다. 그런데 궁극적으로 인간의 편익 추구를 위해 만들어진 AI 캐릭터의 '자동성'은 이후 인간을 위협하는 AI 캐릭터의 저항적 토대가 된다.

이와 관련해 *장 보드리야르(Jean Baudrillard)는 사물의 체계에 얽힌 이미지들을 분석하며 기술의 '자동성'에 대한 비판적인 인식을 촉구한 바 있다. 그는 자동성을 "인간을 무책임한 방관자로 몰아붙이는 과잉 기능이자 폐쇄"라고 주장한다. 완벽한 자동화란 결국, 기술에 대한 인간성 부재를 의미한다는 것이다. 그의 주장을 따른다면, '자동화'는 기술에 대한 구체적인 접근을 방해하며, 인간이 무비판적이고 추상적인 방식으로 기술을 수용하게 만든다. 영화에서 보자면 이는 곧 도구적인 존재로서 인공지능에 대한 인간의 규제력 상실을 의미한다.

## 5) 영화 제작 당시의 시대적 배경

〈2001: 스페이스 오디세이〉는 1960년대 후반 소련과 미국 간의 냉전이 첨예하던 시대에 제작된 작품이다. 잘 알려진 대로, 냉전은 이데올로기 이외에도 다양한 분야에서 체제 간의 경쟁을 야기했다. 첨단화된 기술력을 과시하기 위한 우주 개발과 군수 개발도 그 중 하나였다. 인공지능에 관한 연구 역시 이 시기에 미 국방성의 지원으로 큰 발전을 이뤘다. 이러한 경쟁은 잠재적인 전쟁의 가능성과 과거 두 차례 세계 대전의 공포를 환기시켰던 것으로 보인다.

영화는 제작된 당시의 시각을 반영하므로, 이 영화에는 1960년대 사람들이 인공지능의 발전을 전망하는 낙관론과 비관론이 반영되어 있다. 뿐만 아니라 기술적 한계도 명백히 드러나 있다. 먼저 낙관론을 살펴보자.

1960년대 후반의 컴퓨터 기술로는 음성인식은 고사하고 키보드조차 일반화되지 않았다. 키보드라는 것이 있었지만, 컴퓨터의 입력장치가 아니라 천공카드에 구멍을 뚫어 코딩하는 작업을 보조하는 도구에 불과했다. 그러나 이 시기의 인공지능 연구자들은 컴퓨터 프로그램이 고등 수학과 논리학 문제를 풀 수 있다는 것에 고무되어, 강한 인공지능(인간에 필적하는 지능)을 가진 컴퓨터가 조만간 등장할 것으로 믿었다. 이러한 전망이 할이라는 캐릭터로 나타난 것이다.

반면 1960년대의 한계도 뚜렷하다. 외부와는 통신을 통해 정보를 전달할 뿐, 네트워크 컴퓨팅은 불가능하다. 오늘날은 화성탐사로봇을 원격조종할 뿐만 아니라, 통신 모듈만 장착하고 저렴한 가격으로 판매하는 스피커조차 메인 서버와 네트워크로 연결되어 인공지능 자연어 처리가 가능할 정도로 네트워크 기술이 발전하였다. 따라서 오늘날의 유인 우주선은 인공지능이 필요하다는 이유로 할과 같은 엄청난 부피와 무게를 가진 컴퓨터를 탑재할 필요는 없다. 즉각적인 대응이 필요한 기능만 부여하고, 인공지능이 필요한 부분은 통신을 통해 지구에 맡기면 그만이다.

이 영화가 개봉되었을 때, 미국은 아폴로 계획을 진행 중이었다. 당시의 통신기술로는 우주선의 상태를 모니터링 할 수 있었을 뿐, 원격으로 통제하는 일은 불가능했다. 영화의 원작자인 아서 C. 클라크와 감독 스탠리 큐브릭은 많은 과학자를 인터뷰하여 당시의 최신 과학기술과 우주여행, 컴퓨터의 기능을 정확히 묘사했지만, 시대적 한계로 인해 네트워크와 연결되지 않은 독립적인 인공지능만을 상상하는 데 그쳤다 하겠다.

〈2001: 스페이스 오디세이〉에서 할은 자신의 오류를 은폐하기 위해 인간을 배신하고 적대시하는 AI 캐릭터로 그려진다. 인간을 위협하는 AI 캐릭터의 현대적 원형으로 분류되는 할의 정체성은 특히 비인간적인 이미지와 특성을 통해 드러난다. 이 영화에서 우주선은 하얀색인데 할의 모니터와 렌즈, 메모리 터미널의 내부 조명은 모두 붉은 색으로 공포감을 자아낸다. 할의 이미지에는 성찰 없는 기술낙관론에 대한 저항과 기술 발전에 대한 불안, 테크노포비아적 공포감이 반영돼 있다.

영화의 서사 역시 다각적인 면에서 급진적인 기술 발전과 인간의 교만함에 대한 경고의 메시지가 드러난다. 예컨대, 영화의 첫 시퀀스에서 유인원은 도구의 사용법을 깨닫는다. 그리고 곧 이어지는 유인원 간의 전투 장면은 도구에 의한 폭력성의 점증이라는 기술의 양가적인 측면을 상징적으로 보여준다. 전쟁으로부터 촉발된 기술의 양가적인 성격에 대한 성찰은 인간이 기술을 주도하는 것이 아닌, 기술이 인간을 압도할지도 모른다는 불안감을 보여준다.

검은 돌기둥이 보내오는 신호를 따라 외계문명을 찾아간 긴 여정 끝에서 데이브는 목성에 도착해 고도의 문명을 상징하는 모노리스와 대면하게 된다. 오디세이가 고향으로 가는 긴 여정을 그린 것처럼 이 영화는 인류가 본향을 찾아가는 긴 여정에서 생긴 일들을 그렸다. 이 영화는 고도의 문명을 가진 외계의 문명과 인류가 접촉한 경험이 인류 역사에 어떤 영향을 미쳤는가를 외계인의 존재나 언어적 설명 없이, 보여주고 있다.

모노리스와의 접촉은 인간의 진화와 인류문명의 발전 단계에서 극적인 도약을 한 시기이다. '모노리스'는 엄청난 자력으로 인류문명에 영향을 미친다. 첫 번째 모노리스는 유인원에게 도구를 사용할 수 있게 함으로써 인류에게 칼을 쥐어주었다면 두 번째 모노리스는 목성을 가리키는 화살표(지시)와 같은 것이다. 세 번째 모노리스는 일종의 거울이다. 칼, 화살표, 거울은 인간진화에 필요한 세 가지 요건으로 모노리스의 상징성을 나타낸다. 결과적으로 마지막에 만나는 모호하고 관념적이며 신비한 풍경은 사실 그곳이 인류의 본향임을 가리킨다. 데이브가 이런 광경을 보는 이유는 자기가 겪어온 일하고도 연관이 있지만, 모노리스 신호를 따라 외계문명을 찾아간 긴 여행 끝에서 만나게 되는 것은 결국 인류가 새로운 인류를 만나는 장면이라 할 수 있다.

• 장 보드리야르 저, 배영달 역, 『사물의 체계』, 지식을 만드는 지식, 2011.

## 2. 로이/레이첼 〈블레이드 러너〉(1982)

2019년 11월 로스앤젤레스. 최첨단 기술로 만들어진 하늘을 나는 자동차 '스피너'가 거대한 빌딩 사이를 오가고 도시는 휘황찬란한 광고판으로 가득하지만 공해가 심해 스모그가 짙고, 산성비가 자주 내린다. 풍경은 매우 암울하며 *디스토피아적이다. 핵전쟁 이후 지구는 황폐화되었고, 인구의 증가 또한 지구가 감당할 수 있는 한계를 넘어서면서 대부분의 사람들은 다른 행성으로 이주했다.

영화 〈블레이드 러너〉 포스터

인간은 방사능에 오염된 지구를 벗어나고자 '레플리칸트'를 노예로 부려 우주 행성을 개척한다. 로봇 제조 회사인 타이렐 사는 레플리칸트라고 불리우는 인조인간들을 전투용, 위안용, 작업용 등의 용도에 맞게 제작하여 행성 개척에 함께 투입해왔다.

그런데 이 레플리칸트들이 무단으로 근무지를 이탈하는 경우가 발생해 지구 정부는 지구에 불법적으로 들어온 레플리칸트를 찾아내고 처형하기 위해 '블레이드 러너(Blade Runner)'라 불리는 특수 경찰팀을 만들어 운용해왔다. 이들은 보이트-캄프 테스트를 통해 인간과 레플리칸트를 구별해 내고 레플리칸트를 사살하는데, 이를 처형이라고 하지 않고 폐기(retirement)라고 부른다. 즉 레플리칸트를 인간으로 간주하지 않는 것이다.

그런데 자의식을 가진 신형 레플리칸트, '넥서스(Nexus)6'이 월드오프 식민행성에서 반란을 일으켜 십수 명을 학살한 뒤, 지구에 몰래 잠입하는 사건이 발생한다. 이들을 잡기 위해 특수경찰 '블레이드 러너'가 수색에 나선다. 한때는 블레이드 러너였지만 이제는 은퇴한 인물인 릭 데커드(해리슨 포드)는 현역 블레이드 러너 개프(에드워드 제임스 올모스)를 통해 브라이언트 형사반장의 호출을 받는다. 두 사람에게는 LA에 들어온 '넥서스6'들을 찾아내 제거하라는 지시가 떨어진다. 레플리칸트 여섯이 지구에 잠입했지만 이들 중 둘이 타이렐 사에 잠입하다 제거되었고 넷이 남아 있는 상태다.

데커드가 추적해야 할 네 명의 레플리칸트는 전투용 레플리칸트이자 탈주 주동자인 로이 베티(룻거 하우어)와 보이트-캄프 테스트 중 사고를 친, 탄약병 리온 코발스티(브라이언 제임스), 빼어난 미모를 갖추었지만 암살 전문으로 제작된 조라(조안나 캐시디), 위안용으로 제작된 프리스(대릴 한나)이다. 이중 로이와 프리스는 연인 사이다. 데커드가 이들이 왜 타이렐 사에 침투를 시도했는지를 묻자 반장은 이를 밝혀내는 것이 데커드의 임무라고 답한다.

## 1) 인간과 인조인간의 사랑

사건 조사를 위해 타이렐 사를 방문한 데커드는 운명의 여인을 만나게 된다. 타이렐 회장은 특별 제작된 넥서스6 후속 모델에 대한 감식을 별도로 부탁한다. 회장 입회 아래 회장 비서인 미모의 여성 레이첼(숀 영)에 대한 보이트–캄프 테스트가 장시간 진행된다. 보통은 20~30가지 질문을 던지면 판별이 되는데 레이첼의 경

블레이드 러너–레이첼

블레이드 러너–로이

우는 100가지가 넘는 질문을 던진 끝에 레플리칸트라는 결론을 내린다. 레이첼이 자리를 비운 사이, 레이첼이 자신이 레플리칸트임을 모르느냐는 데커드의 질문에 타이렐 회장은 이제는 의심하기 시작했을 거라고 답한다.

'인간보다 더 인간답게'의 첫 번째 모델이 바로 레이첼이었다. 인간과 동등한 사고 능력에다 감정까지 가진 넥서스6보다 더 인간다울 수 있는 건 바로 기억이다. 타이렐은 유년기부터 시작해서 성년기에 이르는 매우 복잡하고 다양한 기억들—자신의 조카의 기억들을 레이첼에게 주입했던

것이었다.

　데커드의 집을 찾아온 레이첼은 엄마와 함께 찍었다는 어린 시절 사진을 보여주며 자신은 복제인간이 아니라고 항변한다. 그러나 데커드가 레이첼이 아무에게도 말하지 않았던 유년기의 사소한 기억들을 열거하며 회장 조카의 기억이 이식된 거라고 말하자 레이첼은 눈물을 흘리기 시작한다. 데커드가 위로하려 하지만 레이첼은 사진을 던져버리고 집을 나간다.

　그런데 레플리칸트들은 왜 타이렐 사에 들어가려 했을까? 그들의 침투목적은 4년으로 예정된 유효기간의 연장, 생명 연장이었다. 로이를 위시한 그들 모두 삶이 얼마 남지 않았기에 자신의 창조주인 타이렐 회장을 만나야만 했다. 로이는 연인 프리스를 유전자 설계사로 타이렐 회장의 체스 상대인 세바스찬에게 보낸다. 도시의 아웃사이더로 자신이 만든 기괴한 인조인형들과 함께 지내는 세바스찬은 프리스를 집에 들인다.

　조라를 사살한 데커드는 리온과 사투가 벌어져 죽을 뻔한 순간 레이첼이 나타나 리온을 죽이고 그를 구해준다. 레이첼과 함께 집으로 온 데커드는 레이첼과 뜨거운 사랑을 나눈다. 데커드는 자신이 인조인간인지 모른 채 살아왔던 레이첼을 사랑하게 되면서 스스로도 인간인지 인조인간인지 자신의 정체성에 대해 번민한다.

　세바스찬을 이용해 타이렐 회장을 만나는 데 성공한 로이는 자신의 수명을 연장해달라고 요청하지만 타이렐은 치명적인 부작용만 생겼다며 불가능하다고 답한다. 로이는 아버지를 반복해 부르며 타이렐 회장의 두 눈을 파내어 죽여버린다. 한편 데커드는 세바스찬의 집을 조사하러 갔다가 세바스찬을 죽인 프리스와 격투 끝에 죽이는 데 성공하지만 연인의 죽음에 분노한 로이와 최후의 결전을 벌인다. 창문을 통해 빌딩 옥상으로 도망친 데커드는 이미 와 있는 로이를 피해 건너편 빌딩으로 점프를 했다가 실패해 구조물에 아슬아슬하게 매달린다. 로이는 추락하는 데커드를 구하고는 시간이 다해 작동을 영원히 멈춘다.

스피너에서 내린 개프는 데커드에게 권총을 던져주고는 의미심장한 한마디를 던진다.

"그 여자, 죽게 돼서 안 됐네. 하긴, 누군 영원히 사나?"

자신의 집에 두고 온 레이첼을 떠올린 데커드는 다급히 집으로 향했다. 다행히 레이첼은 잠들어 있다. 레이첼의 사랑을 확인한 데커드는 레이첼을 데리고 방을 나온다.

다급히 엘리베이터를 향해 가는 레이첼의 힐에 반짝이는 무언가가 차인다. 은빛 종이로 접은 유니콘이었다. 개프가 자신의 집을 다녀갔고 레이첼을 살려두는 대신 유니콘을 남겨둔 것이다. 감독판의 경우는 데커드와 레이첼이 엘리베이터에 타자마자 암전으로 전환되면서 엔딩 크레디트가 올라가는 것으로 마무리되지만 극장판은 스피너를 탄 데커드와 레이첼이 성공적으로 추적을 따돌리고 LA를 벗어나는 것으로 끝난다. 데커드의 내레이션과 함께 말이다.

"개프가 다녀갔고 그녀를 살려주었다. 4년이라고 개프는 알고 있었지만 그가 틀렸다. 레이첼은 특별해서 4년이라는 제약은 없다고 타이렐이 내게 들려주었다. 우리가 앞으로 얼마나 함께할지 난 모른다. 누군들 알 겠는가."

## 2) 'More human than human'(인간보다 더 인간적인)

이는 레플리칸트 제조사인 타이렐 사의 슬로건이다. '인간보다 더 인간 처럼'으로 번역될 수도 있지만 '인간보다 더 인간답게'로 번역될 수도 있 다. 진정으로 인간답다는 것은 무엇을 의미하는가? 자신의 죽음을 두려 워하는 것? 수명에 집착하는 것? 창조주에 복수하는 것? 친구의 죽음에 슬퍼하는 것? 영화 말미에 이 질문에 대한 답이 주어진다.

로이는 한 손에 비둘기 한 마리를 움켜쥔 채, 여유로운 미소를 지으며 절체절명의 위기에 처한 데커드 앞에 우뚝 서서 말을 건넨다.

"공포 속에서 사는 기분이 어떤가? 그게 노예의 기분이야."

점점 힘이 빠져 데커드가 두 손을 모두 놓아버린 순간, 로이가 떨어지 는 데커드의 손을 잡고 들어 올려 옥상 위로 던진다. 죽기 일보 직전에 로이의 도움으로 가까스로 살아난 데커드는 공포에 떨며 한 발 한 발 다 가오는 로이를 피해 뒤로 물러난다.

로이는 데커드 앞에 주저앉아서 입을 연다.

"난 너희 인간들이 상상도 못 할 것들을 보았어. 오리온 성운 언저리에서 불타 침몰하던 전함, 탄호이저 기지의 암흑 속에 번뜩이던 섬광. 그 모든 것이 곧, 흔적 없이 사라지겠지. 빗속에 흐르는 내 눈물처럼. 이제, 죽을 시간이야."

유효 기간이 다한 로이는 앉은 채로 눈을 감더니 고개를 떨궜다. 로이가 영원히 '작동'을 멈춘 순간, 그가 잡고 있었던 비둘기는 퍼덕이며 빗줄기를 퍼붓는 어두운 하늘로 날아올랐다.

이 영화의 절정인 옥상 결투 장면에서 로이는 자신의 연인과 동료들을 살해했던 데커드 형사를 구해준다. 그러고는 자신의 짧은 삶에서 겪은 놀라운 경험에 대한 기억을 들려주면서 죽음을 맞는다. 이 기억은 대부분 끔찍한 전투와 관련된 것이다. 이런 기억이 지금의 자신을 만들었고 죽음과 함께 사라진다. 로이는 빌딩 옥상 구조물에 필사적으로 매달려 있는, 죽음을 코 앞에 둔 데커드에게서 자신과 똑같은 운명을 본다. 이는 모든 인간에게도 마찬가지다. 이 점을 인식하면서 로이는 '인간'으로 존엄하게 죽음을 맞는다.

블레이드 러너는 인간과 레플리칸트의 갈등과 긴장을 통해 인간다움이 무엇인가라고 질문한다. 내가 세상을 살면서 했던 경험과 내가 맺은 관계의 총합이 지금의 나를 만들고, 이것들은 내가 죽으면서 같이 사라진다. 그러니 자만할 것도, 비굴할 것도 없다. 이런 태도가 '존엄'이며, 그것이 인간을 인간답게 한다. 이 깨달음은 〈블레이드 러너〉와 〈블레이드 러너 2049〉를 관통하는 메시지다.

### 3) 레플리칸트에 대한 차별, 윤리적으로 정당한가?

서기 2019년 지구를 벗어나 우주로 확장된 자본주의는 레플리칸트를 노예로 부리는 노예경제에 기초하고 있다. 이 체제의 지속가능성은 노예의 수급과 관리에 달려 있는데, 이 일을 독점하고 있는 기업이 바로 로봇을 제작하는 타이렐 사였다. 타이렐 사는 유전공학의 도입으로 로봇 개발에 혁명적 전환을 이룸으로써 우주 식민지 건설에 막강한 영향력을 끼치게 되었다.

타이렐 사의 첫 양산 모델인 '넥서스6'은 인간 이상의 신체 능력과 지능을 갖춘 데다 유전학적으로 실제 인간과 구분이 불가능할 정도로 정교하게 제작됐다. 레플리칸트라 불리우는 이들의 임무는 우주개척지에서 노동이나 위험일 따르는 탐사, 다른 행성의 식민지 개척을 위한 전투 등 인간을 투입하기에는 위험하거나 힘든 일, 윤리적으로 문제가 되는 일을 대신하는 것이었다. 이들은 인간과 격리된 채 전투병이나 우주 식민지개발, 암살자, 또는 섹스 인형과 같이 인류의 노예로서 사용되었다.

만일 인간과 비슷한 존재를 만들어서 이런 임무에 사용하다가 4년 후에 폐기하는 것이 도덕적으로 정당할까? 이렇게 물어본다면 영화를 본 관객 대부분은 고개를 가로저을 것이다.

그렇지만 이런 가정을 해보자. 지금 우리나라가 옆 나라와 전쟁하게 됐다. 청년들을 징집해서 전장에 투입해야 하는데, 한 회사가 인간과 비슷한 레플리칸트를 만들어 청년 대신에 전쟁에 내보낼 수 있다고 발표했다. 청년들은 물론 이들의 부모, 아마 전 국민이 이를 지지할 것이다. 이 레플리칸트들을 위험한 생산 현장에 투입한다고 해도 마찬가지일 것이다. 아마 이들을 쉽게 통제하기 위해 수명을 4년으로 제한하는 것에 반대하지 않을 것이다. 블레이드 러너는 인간 대 레플리칸트의 대결을 그린 영화 같지만, 그 속을 들여다보면 '차별'이라는 어려운 철학적인 문제를 다루고 있다.

위험한 임무를 수행하면서도 이들은 차별과 경멸의 대상이었으며 노예 그 이상이 될 수 없었다. 이런 차별과 불평등한 대우를 자각한 일부 레플리칸트들이 식민지 행성에서 폭동을 일으킨 뒤엔 레플리칸트가 지구에서 거주하는 것 자체가 불법이 된다. 블레이드 러너의 임무는 식민지 행성을 탈출해 지구로 잠입한 레플리칸트들을 색출해 '사살', 아니 '폐기'하는 것이었다.


체코의 작가 카렐 차페크가 1920년에 발표한 희곡 「로섬의 만능 로봇(R.U.R.; Rossum's Universal Robots)」은 1921년에 처음 무대에 올려졌다. 무엇보다 「R.U.R.」은 로봇(robot)이란 단어를 최초로 사용한 텍스트로 유명하다. 로봇은 고된 노동을 의미하는 체코어 '로보타'에서 나왔다.

어원에서 보듯 로봇은 인간의 고된 노동을 대체하기 위해 만들어졌다. 희곡에서 생산 원가가 저렴해져서 인간의 삶은 점점 윤택해지고 인류는 노동 없이 태평성대를 구가한다. 그런데 바로 그때 로봇의 반란이 시작된다. 로봇 해방 운동 대원이던 헬레나가 로봇이 인간의 마음을 갖도록 로봇을 개조하고, 로봇은 자신들을 부리고 지배하는 인간을 혐오해서 말살하기 시작한다.

〈블레이드 러너〉도 「R.U.R.」과 유사하다. 차페크의 희곡 「R.U.R.」의 로봇은 기계장치로 만들어진 존재가 아니라 생물학적으로 만들어진 복제인간인데, 레플리칸트도 복제인간이다. 로봇이 반란을 일으키듯 레플리칸트도 인간에게 반기를 든다.

로봇이 인간다워지려는 욕구는 출산에 대한 강박관념으로도 이어진다. 「R.U.R.」의 로봇은 원래 자식을 낳지 못했는데 서로를 위해 희생하는 마음이 생긴 뒤에 새로운 종의 번식을 시작한다. 〈블레이드 러너 2049〉의 핵심 모티브 역시 번식이다. 레플리칸트들은 원래 번식할 수 없었는데, 전편의 주인공 데커드와 레이첼 사이에서 자식이 태어난다. 레플리칸트들은 기적으로 태어난 레플리칸트 아이를 끝까지 보호한다.

### 4) 기억, 인간을 인간답게 만드는 것

레플리칸트의 경우 외관이나 행동, 대화를 통해서는 일반 사람과 구분이 불가능하기 때문에 식별을 위한 전문 감식이 요구된다. 특히 '넥서스 6' 모델의 경우 인간의 감정까지 학습하도록 설계되었기 때문에 식별이 더욱 어렵다. 높은 지능과 강인한 육체, 감정까지 가진 인조인간이라면 인류에게 위협이 될 소지가 충분하다. 그래서 타이렐 사는 안전장치로 그들의 수명을 4년으로 제한했다. 〈블레이드 러너〉는 레플리칸트(인조인간)를 쫓는 인간 형사의 이야기이지만, 실은 '인간성이란 무엇인가'에 대한 깊은 성찰을 담고 있다. 타이렐 사는 인간과 레플리칸트를 정교하게 구분하고 불복종하는 레플리칸트를 제압할 수 있는 기술이 채 마련되지 않아 레플리칸트 관리에 위기가 누적되는 상황에서도 신 모델 개발에 박차를 가해 '넥서스7' 모델을 완성시킨다. 이것이 바로 자신이 레플리칸트임을 의식하지 못할 만큼 모든 면에서 인간과 유사한 레이첼이다.

영화에 등장하는 레플리칸트들은 인간과 외모가 구별되지 않는다. 말썽을 부린 레플리칸트들을 찾아내서 처형하는 특수경찰 블레이드 러너들은 인간과 레플리칸트를 구별하기 위해 특수 제작된 '보이트-캄프 기계'를 사용한다. 피검사자는 장치에 눈을 가져다 댄 후 질문에 답한다. 질문은 주로 기억에 대한 질문으로 구성되는데 중간에 비상식적 질문을 던지고 피검사자의 동공에 나타나는 감정의 기복을 체크해 레플리칸트를 식별해낸다.

레플리칸트를 판별하는 핵심은 기억이다. 레플리칸트는 성인으로 바로 생산되기 때문에 성장 과정에서 경험을 통해 구성되고 축적되는 인간의 기억과는 다르게 아동기나 청소년기의 기억이 있을 리가 없다. 그렇기에 그들의 기억은 학습을 통해 축적된 기억들만 가질 뿐이다. 성인으로 만들어지는 레플리칸트는 인간이 수십 년 동안 살면서 익혀나가는 감정에 미숙하다. 레플리칸트를 제작하는 타이렐은 이들에게 기억을 심어준다. 다만 인간의 기억이 어린 시절부터 현재까지 연속적인 데 반해 레플리칸트의 기억은 단편적이고 불연속적이다. 인간이 과거의 즐겁고 슬픈 기억을 떠올릴 때 자연스럽게 감정의 변화가 생긴다면, 레플리칸트의 기억과 감정 연결에는 미세한 균열 같은 것이 있다. 보이트-캄프 테스트는 "사막에서 자라를 뒤집어 놓았을 때…", "삶은 개를 식탁에 올려놓았을 때…" 같은 질문을 하면서 눈동자의 흔들림에서 나타나는 감정의 균열을 찾아낸다.

영화에서 레플리칸트의 기억은 '꿈'과 중첩된다. 데커드는 종종 유니콘에 대한 꿈을 꾸는데, 그의 꿈도 주입된 기억 때문이었다. 유니콘에 대한 꿈은 데커드 역시 레플리칸트라는 사실을 암시하고 있다. (이는 1992년의 감독판에서 분명해진다.)

아리스토텔레스는 "기억은 영혼의 기록"이라고 했다. 어린 시절 기억은 그것이 진짜 기억인지 꿈인지 구별하기 힘든 것들이 많다. 그렇지만 대부분에게 분명한 것은 기억이 연속적이라는 사실이다. 나는 10세 때, 15세 때, 20세 때를 기억하고, 이런 기억은 하나의 연속체를 이룬다. 내가 내 인생의 20대에 대해서 아무런 기억이 없다면? 고등학교 시절까지는 생각이 잘 나다가, 그 다음으로 기억나는 것이 30대라면? 내 기억이 딱 4년만 존재한다면? 그래도 내가 인간일 수 있을까?

## 5) 너무나 인간적인 로이의 죽음

이 영화는 레이첼이라는 레플리칸트를 내세워 인간의 정체성 문제를 건드린다. 인간의 정의에 대한 형이상학적 질문으로 이어지는데 영화에서는 인간이라 불릴 수 있는 구체적인 조건으로써 기억의 문제를 던진다. 우리가 떠올리게 되는 인간의 기본적인 조건은 '사고' 능력이다. 사고는 논리와 합리성에 근거를 둔 이성의 영역이다. 이성의 영역에 못지않게 인간의 조건을 전체하는 것은 감각과 감성, 직관에 근거한 감성의 영역이다. 그리고 이 두 영역의 필요충분 조건이 기억일 것이다. 반복된 학습을 통해서 인식의 영역을 확장해가는 AI를 우리는 목격하고 있다. 이런 학습은 기억을 전제로 한다. 마찬가지로 추억, 정겨움, 회환, 아쉬움 등의 개념을 가능케 하는 감정들 역시 경험의 축적으로서의 기억을 요구하며 이러한 기억을 통해 정체성이란 것을 자각한다.

타이렐은 철저하게 레이첼을 속였다. 존재하지도 않는 어머니에다, 한 번도 돼본 적이 없던 딸의 스냅사진까지 철저하게 준비했다. 레플리칸트는 감정을 가질 수 없다. 이는 블레이드 러너도 마찬가지다. 레플리칸트의 경우 생각하고 사고하며 감정도 갖고 있고 그렇기에 현재 자신의 처지를 비관하고 개선을 꿈꾼다. 이 상태로도 레플리칸트를 인간으로 부르기에 별로 부족하지 않아 보인다. 하지만 이제 더 나아가서 자신을 고유한 자신으로 인식할 수 있는 기억마저 주어진다면 이미 인간으로서의 조건은 충분히 갖추고 있다. 타이렐이 얘기하는 인간보다 더 인간다운 레플리칸트는 어쩌면 자신이 레플리칸트란 사실을 깨닫지 못하고 스스로 인간이라고 확신하는 레이첼이 아닐까? 그렇다면 인간이란 어떻게 정의되어야 할 것인가?

레이첼은 철두철미하게 자신을 인간이라고 믿는 레플리칸트이다. 그러나 데커드는 레이첼이 인간이 아닌 레플리칸트임을 증명하려고 한다. 데커드는 레이첼만이 알고 있는 내밀한 기억, 곧 어머니와 남동생과 함께했던 6살 때의 아련한 추억을 줄줄이 꿰며 레이첼의 기억은 이식받은 기억이라고 설명한다.

데커드는 레이첼의 내밀한 기억이 레이첼을 제조한 타이렐 사 회장 조카의 기억을 이식한 것에 불과하다며 그 사실을 레이첼에게 거듭 일깨운다. 그런데 데커드가 레이첼에게 당신의 기억은 이식받은 기억, 체험하지 않은 기억이기에 가짜 기억에 불과하다고 말할 때, 데커드는 흡사 데카르트처럼 말하고 있다.

레이첼이 인간이 아니라는 데커드의 말을 들은 레이첼은 운다. 그런데 운다는 건 무슨 뜻일까. 조르주 바타유는 존재 전체가 부서지는 것처럼 우는 것에 대해 그 울음이야말로 오히려 주체성의 내밀한 경험이라고 말한 적이 있다. 그런데 레플리칸트의 저 내밀한 경험은 인간의 내밀한 경험과 같은 것이라고 말할 수 있을까.

데커드 앞에서 당혹스러워하다가 급기야 흘리고 마는 레이첼의 눈물은 이러한 해석을 요구하고 있는 것처럼 보인다.

"'인간성'의 상실에 대한 침묵의 비탄, 결코 그럴 수 없다는 것을 알면서도 다시 인간이고자, 인간이 되고자 하는 무한한 갈망, 혹은 역으로, 내가 진정으로 인간인지 아니면 한낱 인조인간인지에 대한 영원토록 괴롭히는 의심―바로 이와 같은 결정되지 않은 직접적 상태들이야말로 나를 인간으로 만드는 것이다." **슬라보예 지젝은 엄밀하면서도 재치 있는 철학적인 추론에 비해 다소 식상한 결론을 내리고 마는 것처럼 보인다. 레이첼의 눈물은 그녀를 '인간으로 만드는 것' 또는 '인간적인 너무도 인간적인' 것이라고 할 수 없다. 영화의 마지막 부분에서 데커드와 최후의 결전을 벌이고 그를 살려준 뒤, 빗속에서 천천히 죽어가는 레플리칸트 전사 로이의 모습에서 '인간적인 너무도 인간적인' 모습을 발견하고자 하는 많은 비평과 논문은 또 다시 인간주의적 해석의 덫에 걸리고 있다.

여기서 한 걸음 더 진전해야 한다. '인간보다 더 인간적'이라고 말하는 순간, 로이가 레플리칸트임을, 주인인 인간으로부터 지성과 감각, 기억을 물려받은 노예임에도 불구하고 인간과는 미세하지만 결정적인 차이로 인해, 변별되는 또 하나의 다른, 고유한 인식주체(***코기토)임을 완전히 놓치고 만다. '인간보다 더 인간적'이라고 말할 때 이 '더'는 인간의 척도를 부수고 와해시키는 과잉, 더는 인간에게 의존하지 않는, 인간의 몸속을 뚫고 나오는 에일리언처럼 '섬뜩한' 어떤 것이다.

레플리칸트 로이가 죽어가는 시간, 즉 그가 자신을 뒤쫓던 데커드를 구해주고 4년의 프로그래밍된 삶의 남은, 몇 분조차 되지 않는 시간을 빗속에서 끝마치는 숭고하고 엄숙한 그때는, 블레이드 러너에 의한 익명적인 '폐기'가 아닌 고유한 죽음으로서 주체의 탄생을 알리는 시간이다. 그 시간은 자신이 인간이 아닌 레플리칸트임을 끊임없이 상기시키는 데커드 앞에서 레이첼이 흘리는 눈물과 빗속에서 죽어가는 로이의 '내밀한' 인식주체(코기토)가 시작되는, 시간이 탈구되는(out of joint) 시간이다.

로이 또한 유전공학적으로 조제된 육체와 이식된 기억 그리고 4년이라는 수명을 받아들여야 하는 자신의 정체성으로 고뇌한다. 로이는 자신을 제작한(탄생시킨) 아버지와도 같은 타이렐 회장의 눈을 파내어 살해하는데 이는 아버지를 죽이고 자신의 눈을 파낸 신화 속의 오이디푸스와는 다른 역설적인 장면이다.

## 6) 최초의 사이버펑크 영화

미국을 대표하는 SF 작가 필립 K. 딕의 1968년 소설 『안드로이드는 전기양을 꿈꾸는가』를 1982년 리들리 스콧이 영화화한 작품이다. 〈블레이드 러너〉는 영화 내용 전체에 걸쳐서 레플리칸트라 불리우는 복제인간과 인간의 구분이라는 주제를 무겁게 던지고 있다. 과학기술과 인간에 대한 성찰적 질문을 던지고 있는 이 영화는 1980년대 사이버펑크(Cyberpunk) 운동과 맞물려 최초의 사이버펑크 영화로 자리매김하게 된다. 외형적으로는 액션 영화지만, 실제로는 영화 내용 전체가 삶과 죽음에 대한 철학적 스토리텔링을 바탕으로 한 미학적이고 상징적인 이미지들로 가득 차 있다. 화려한 네온사인과 비가 내리는 음습하고 어두운 거리, 국적을 알 수 없는 옷차림을 한 사람들이 뒤섞인 풍경은 이 영화의 지배적인 비주얼이다. 그래서 이 영화를 미래를 배경으로 펼쳐지는 느와르물이라고 정의하기도 한다.

세밀하게 묘사된 미래의 거리 풍경과 '스피너' 같은 메카닉 디자인 등의 미술에 여러모로 공을 들인 작품으로, 사이버펑크 장르물의 기본적인 비주얼을 만들어낸 고전으로 평가된다. 이 영화는 20세기를 마무리하는 시점에 만들어진 두 편의 Sci-Fi 영화에 지대한 영향을 미치게 된다. 첫 번째가 1995년 만들어진 오시이 마모루 감독의 애니메이션 영화 〈공각기동대(Ghost in the Shell)〉이고 두 번째가 1999년 워쇼스키(Wachowski) 형제가 감독한 〈매트릭스(Matrix)〉이다.

2017년 개봉한 〈블레이드 러너 2049〉에서는 레플리칸트를 추적하는 블레이드 러너로 케이라는 레플리칸트가 등장한다. 그는 폐허 제철소에서 또래 아이들과 놀다가 목각인형을 숨기는 기억을 갖고 있는데, 자신이 레플리칸트임은 분명하지만 이 기억이 심어진 기억인지 혹은 진짜 기억인지를 알 수 없어 고민에 빠진다. 레플리칸트가 아이를 낳았고, 그게 자기일 수 있다는 개연성 때문이다. 이렇게 기억은 〈블레이드 러너〉와 〈블레이드 러너 2049〉를 이어주는 소재다.

* 디스토피아(dystopia): 이상향(理想鄉)을 의미하는 유토피아(utopia)의 반대 개념으로 정부에 의한 억압과 통제로 모든 사람이 불행한 사회를 말한다. 컴퓨터 기술의 발달로 감시가 더욱 공고화되는 사회, 극단적인 환경오염으로 생태계가 파괴된 사회, 기계에 의해 지배당하는 전체주의적인 사회, 핵전쟁이나 환경재해로 인해 모든 인류가 멸망하는 사회 등이 디스토피아에 해당된다. 조지 오웰(George Orwell)의 소설 『1984년』과 올더스 헉슬리(Aldous leonard Huxley)의 『멋진 신세계』가 그려낸 사회가 대표적인 디스토피아라고 할 수 있다.

** 슬라보예 지젝: 슬로베니아 출신의 철학자. 대중문화속 캐릭터들을 가지고 철학적 개념을 설명하는 것으로 유명하다. 지젝의 중심 개념은 '주체화'인데 지젝은 〈블레이드 러너〉 속 레플리칸트들을 인간처럼 보이게 만드는 것은 주입된 기억을 가지고 자신의 개인 신화를 창조하는 그들의 능력이라고 보았다.

*** 코기토 에르고 숨(Cogito, ergo sum, 해석: 나는 생각한다. 그러므로 나는 존재한다.)은 데카르트가 방법적 회의 끝에 도달한 철학의 출발점이 되는 명제이다. 코기토는 '나는 생각한다'는 의미이지만 데카르트 이후, 인식주체를 의미하는 명사로 사용되고 있다.

# 3. 인형사(Puppet Master) 〈공각기동대〉(1995)

## 1) 공안9과가 쫓는 정체불명의 해커

초고속 네트워크가 지배하는 2029년, 기술의 급진적인 발달로 세상에는 인간과 사이보그들이 공존한다. 인간의 두뇌와 컴퓨터를 연결하거나 상당 부분 기계로 대체가 가능해지면서, 사람들이 각자 지닌 개인적인 기억을 데이터화하여 타인과 공유할 수 있게 된다. 데이터화된 인간의 생각과 기억이 한 네트워크에 공유되기 때문에 해킹을 통해 조작, 복사가 가능할 뿐 아니라 해커들에 의해 사람들의 기억이 조

영화 〈공각기동대(Ghost in the Shell)〉 포스터

작되거나 조종당하는 범죄가 발생한다. 고스트를 해킹당한 사람은 자아가 파괴되고 본래의 기억은 송두리째 지워지며 거짓 기억으로 채워지기 때문에 고스트 해킹은 중범죄로 취급된다.

그런데 정체불명의 해커가 주로 EC(유럽공동체)권에 출몰하면서 네트워크에 개입, 주가 조작, 정보 수집, 정치 공작, 테러 등 각종 범죄를 일으키고 있다는 첩보가 입수된다. 전 세계에 수배령이 내려진 이 해커는

불특정 다수 인간의 고스트(마음, 생각)를 해킹해서 인형처럼 조종하는 수법 때문에 '인형사(Puppet Master)'라는 별칭으로 불리운다. 미국에서 개발되어 미국인으로 통하고 성별은 '불확정 상태'지만 편의상 '그'로 불린다. 일본 외무성 공안9과에 인형사를 체포하라는 지시가 떨어진다.

공각기동대(攻殼機動隊)란 별칭을 가진 공안9과(公安9課)는 수상 직속의 특수 실행 부대로, 전방위 방첩수사, 공작, 이상 범죄 및 사이버 범죄 등 국민에 미치는 영향이 큰 범죄 수사, 테러의 억제 및 검거, 위험분자 암살 등 카운터 테러와 그에 따른 경비 및 요인 경호 등 공식적으론 수사가 불가능한 사건의 해결을 임무로 한다. 아라마키(荒卷)가 책임자로 있으며, 소속 요원은 전뇌화와 의체화를 통해 신체 능력이 강화된 소령(쿠사나기)과 바토, 토그사 등이다.

한편, 가벨 공화국은 내란이 끝나고 기존의 군사정권이 실각, 새로운 민주정권이 탄생한 개발도상국으로, 구(舊) 정권의 지도자 마레스 대령이 일본에 망명 중이다. 이때 가벨공화국 대사가 자국에 망명 신청을 한 공안6과(公安6課) 소속 프로그래머를 국외로 탈출시키려하자 공안6과의 나카무라 부장은 국가기밀 유출을 막기 위해 쿠사나기에게 가벨공화국 외교관을 암살해줄 것을 요청한다. 공안6과는 외무성조약심의부(外務省條約審議部)의 별칭으로 외교상 일어나는 모든 문제나 국제범죄, 테러 등에 대해 정보수집과 감사를 행하는 정보기관이다. '프로젝트 2501'의 기밀 보호 임무도 맡고 있다. 쿠사나기는 현장을 급습, 대사를 암살한다.

공안9과의 수사 과정에서 마레스 대령의 통역사가 뇌를 해킹당한 사실이 밝혀지고 해킹 신호를 주기적으로 바꾸고 광학 미채(시각위장 투명

광학복)를 이용해 달아나는 해커를 뒤쫓는다. 해커를 체포한 쿠사나기는 해커가 쓰레기차 청소부라는 사실에 놀란다. 청소부는 통역사를 이혼을 통지한 자신의 아내로 착각해서 아내의 마음을 알고자 고스트를 해킹했으며 청소부 자신도 고스트 해킹을 당해 미혼이면서도 부인과 딸이 있다는 거짓 기억을 가지게 됐다는 사실을 알게 된다. 청소부는 누군가로부터 '의사 체험'이란 가상현실을 통해 정부 관계자를 고스트 해킹하는 데 이용된 것으로 밝혀진다.

한편 정부에 납품하는 의체 제조회사인 메가테크 보디 사의 생산 라인이 해킹당해 금발머리 여성 사이보그의 의체가 스스로 조립되어 달아나는 사건이 발생한다. 그런데 그 의체는 교통사고를 당해 심각한 손상을 입은 채 공안9과에 회수된다. 조사해보니 보조전뇌 안에 고스트 같은 것이 존재하는 것으로 판명됐다

정확한 정체를 알아보기 위해 쿠사나기가 직접 손상 입은 여성 사이보그의 전뇌에 다이브를 하려고 하지만, 미국 뉴트론 사의 윌리스 박사와 공안6과의 나카무라 부장이 찾아와 그 의체를 가져가려고 한다. 이 의체에 인형사의 고스트가 들어가 있고 그가 미국 국적이라는 이유로 미국에 인도해야 한다는 것이다.

하지만 갑자기 여성 사이보그는 내부 동력으로 작동하며, 자신을 '코드네임 프로젝트 2501'이라고 밝히면서 "나는 AI가 아니라 정보의 바다에서 발생한 생명체"라며 정치적 망명을 희망한다. 이때 '광학 미채'로 무장한 공안6과 요원들에 의해 납치되지만, 이들을 추적한 쿠사나기에게 다시 회수된다.

알고 보니 지명 수배령이 내려진 해커, '인형사'는 코드네임이 '프로젝트 2501'로 외무성 공안6과가 자국 외교에 유리하도록 타국의 여론 조작, 기업 탐사, 정보 수집 등 외교 공작을 하기 위해 만든 일종의 해킹 프로그램이었다. 공안6과는 인공지능 연구의 세계 최고 권위자인 미국 뉴트론 사의 윌리스 박사에 의뢰해 최첨단 비밀 해킹 프로그램인 '프로젝트 2501'을 만든다.

그러나 너무나도 뛰어난 인공지능은 그 자체로써 독립적인 의지를 가지게 되고 외무성의 통제를 벗어나 독자적인 행동을 취하게 된다.

공안6과는 자신들이 해킹 프로그램인 인형사를 개발했다는 사실이 외부로 알려지는 것을 막기 위해 통제를 벗어난 '인형사'와 사투를 벌이게 되며, '공안9과'는 명확한 내막을 알지 못한 채 사태 수습에 투입된다. 공안6과는 기밀 유지를 위해 살인도 마다하지 않는다. 가벨공화국의 외교관 암살은 인형사의 비밀을 알고 있는 프로그래머의 망명을 저지하기 위한 작전이었고, 공안9과는 공안6과에게 속아서 암살을 도와준 꼴이었다.

공안6과는 한편으로는 프로그램이면서도 자아를 갖게 된 인형사를 버그로 간주하고 폐기하려 한다. 공안6과 요원들이 공성방어벽을 사용해 인형사를 사이보그 의체에 넣는 데 성공해 의체를 회수하려고 하였지만, 공안9과가 먼저 의체를 가져가는 바람에 인형사를 통해 세상의 네트워크를 지배하려 했던 공안6과의 음모가 드러나게 되었다.

하지만 공안9과로 회수되게 한 것도 인형사의 계획 중 하나였다. 공안6과가 자신을 폐기하려 한다는 사실을 알게 된 '인형사'는 자신을 만들었고 통제하고 있는 공안6과에서 완전히 벗어나기 위해 의체에 들어가서 쿠사나기가 있는 공안9과로 잠입한다. 인형사는 스스로를 생명체라고는 하였지만, 특성상 자손을 남길 수 없기에 자신의 닮은 꼴인 쿠사나키 모토코를 선택을 하여 쿠사나기와 융합해 네트워크에서 살아가는 하나의 새로운 생명체로 거듭나려고 한 것이다. 인형사는 쿠사나기와 접속한 뒤, 자신의 탄생 배경 등을 설명하고 단순한 복제가 아닌 인간처럼 자손을 통한 유전자의 영생을 위해 모토코와의 융합을 제안한다. 인형사의 얘기를 듣다 분위기가 이상함을 눈치 챈 바토가 접속을 차단하려 하지만 인형사는 바토의 손을 해킹으로 제압한다. 이후에 상공에 나타난 공안6과의 저격수에 의해 의체의 머리 부분이 파괴된다. 인형사의 몸은 파괴되었지만 인형사의 고스트는 이미 쿠사나기와 융합하여 네트워크로 함께 흘러들어가게 된다.

## 2) 인형사의 정체성은 무엇인가?

〈공각기동대〉는 시로 마사무네(Masamune Shirow)의 원작 만화를 바탕으로 공각기동대라는 별명을 지닌 공안9과에 소속된 책임자 아라마키를 비롯한 바토, 쿠사나기, 토그사로 구성된 멤버들이 각국의 정보망으로부터 네트워크를 중심으로 활동하는 정체불명의 국제 해커인 인형사(The Puppet Master, Project 2501)를 쫓는 내용이다.

비밀 외교 해커 임무를 수행하는 인형사는 '프로젝트 2501'이라는 최첨단 해킹 프로그램의 별명으로, 이 인공지능은 정부의 사이버스파이로 창조되어 무수한 이들의 고스트를 해킹하고 무한한 네트워크를 돌아

인형사

다니다 점차 자의식을 갖게 되기에 이른다. 스스로를 '자율적 생명체(an autonomous life-form)'로 정의하며 정치적 망명을 요청하는 '인형사' 야말로 포스트휴먼적인 비인간 '생명체'라고 할 수 있다. 로봇공학자 모라벡(Hans Moravec)이 『마음의 아이들(Mind Children)』에서 "인간지능을 가진 로봇의 상용화"와 컴퓨터를 통해 인간의 마음을 이식받는 로보사피엔스(Robo Sapiens)를 전망했듯이 '코드명 2501'의 인형사는 광활한 네트워크 공간에서 활동하다가 스스로 '고스트(영혼, 마음, 생각)'가 있는 새로운 생명체가 되었다고 주장한다.

인형사가 생명체로서의 근거로 제시하는 고스트는 뇌(지능)와 달리 추상적 활동의 객관화에 적용되지 않는다. 즉 인형사의 고스트는 인공적인 것이 아니다. 뇌는 객관적 존재이지만, 뇌의 어느 한 부분에 있다고 여겨지는, 복제가 불가능하고 순수하게 남겨진 인형사의 고스트는 알고리즘으로 구현될 수 없는 주관적 존재이다.

**인형사** : 여기서 이러고 있는 건 나 자신의 의지다. 하나의 생명체로서
　　　　　 정치적 망명을 희망한다.

**공안6과 부장** : 자기 보존을 위한 프로그램에 불과해!

**인형사** : 그런 식으로 말한다면 당신들의 DNA 역시 자기 보존을 위한
　　　　　 프로그램에 불과해. 생명이란 정보의 흐름 속에서 태어난 결
　　　　　 절점 같은 거야. 종으로서의 생명은 유전자라는 기억 시스템
　　　　　 을 지니고, 인간은 그저 기억에 의해 개인으로 성립되지. 설
　　　　　 령 기억이 환상과 동의어라고 해도 인간은 기억에 의해 살아
　　　　　 가는 존재이지. 컴퓨터의 보급이 기억의 외부화를 가능하게
　　　　　 했을 때, 당신들은 그 의미를 좀 더 진지하게 생각했어야 해.

**공안6과 부장** : 궤변이야. 네가 생명체라는 증거는 하나도 없다.

**인형사** : 그걸 증명하는 건 불가능해. 현재의 과학은 아직 생명을 정의
　　　　　 할 수 없으니까.

**공안6과 부장** : 대체 정체가 뭐야?

**공안9과 과장** : 거의 영원한 인공지능인가?

**인형사** : AI는 아니다. 내 코드명은 '프로젝트 2501.' 나는 정보의 바다
　　　　　 에서 발생한 생명체다.

　그의 주장은 인간지능(human intelligence)과 인공지능의 개념과 한
계 그리고 상호 관계에 일대 파란을 일으킨다. 사이보그, 인공지능, 강화
된 인간과 같은 등장인물들은 다양한 몸(body, cyber−body, shell)과 고
스트(ghost, 마음)를 가진 존재들이며, 이들은 기존의 인간과 도구의 관

계로는 설명하기 힘든 존재들이다.

### 3) 인형사와 쿠사나기의 결혼 혹은 융합?

클라이맥스는 의미심장하게도 자연사 박물관에서 벌어지는 인형사와 쿠사나기의 융합이다. 다각전차와의 격투 중, 배경에는 '헥켈의 생명의 나무'가 등장한다. 생명의 나무는 "모든 종의 진화는 인간으로 통한다"는 인간중심적 사상에서 나온 진화론이다. 맨 꼭대기의 라틴어 'hominis'는 인간이라는 뜻이다.

이 생명의 나무를 구성하는 줄기는 기관단총에 의해 완파된다. 생명의 본질을 그 껍데기(Shell)가 아닌 영혼(Ghost), 그리고 영혼의 진화/발전/확산에 두고 있는 원작자의 철학을 한 컷으로 표현한 장면이기도 하다.

인형사에 '딥 다이브(사이버브레인을 연결해 타인의 고스트를 들여다보는 것)'를 결심한 쿠사나기는 둘을 모두 처치하려는 정부의 화력에 에워싸인 채 도시 외곽의 버려진 박물관 바닥에 나란히 눕혀진다.

이때는 이미 쿠사나기와 인형사 모두 격렬한 충격전으로 팔과 하체가 떨어져나가고 몸통과 얼굴만 남은 처참한 상태여서, 사이보그 형사 바토(Batou)가 둘을 눕히고 딥다이브 설치를 해준다. 인형사의 의체는 금발 여성이나 그의 목소리는 남자 목소리에 가까운 기계음이다. 기존 구별에 따라 언어를 표현하는 소리는 남성적 아니면 여성적일 수밖에 없고, 인형사가 선택할 수 있었던 사이보그 몸도 인간의 형상이라 여성 혹은 남성일 수밖에 없다.

그럼에도 불구하고 평론가들은 몸통만 남은 두 사이보그의 결합을 관습적인 결혼 모델에 끼워 맞추고자 결합 제안을 먼저 한 인형사를 남성으로, 그 제안을 받아들이는 쿠사나기를 (수동적인) 여성으로 대비시킨다. 소령의 섹스 없는 섹슈얼리티가 가장 혁신적으로 구현되는 장면 중하나가 영화의 거의 끝부분인 인형사와의 '결혼' 장면일 것이다. 그러나이러한 해석은 어떤 존재들 간의 무수하게 다양할 결합의 형태를 이성간의 결혼으로밖에 환원시키지 못하는 휴머니즘 인식론의 한계를 드러낸다. 소령과 인형사의 결합은 인간 사회의 기본 단위인 이성 간 결혼을닮았기에 오히려 우리가 상상하기 힘든 비인간적인 결합을 구현함으로써 규범적 섹슈얼리티에 도전한다.

소령과 인형사의 결혼을 주장하는 이들에게 영화의 맨 마지막에 등장하는 소녀는 2세의 탄생으로 해석되기에 안성맞춤이다. 소녀의 몸은 완전히 파괴된 소령의 몸을 대신해 바토가 암시장에서 급히 구한 것이고, 소녀의 뇌 안에 들은 것은 "멸종을 막기 위해 필요한 다양성"을 획득하려는 인형사와 소령의 고스트 결합물이기 때문이다.

그러나 소녀의 정체성은, "정보의 바다에서 태어난 생명체"인 인형사와 몸매만 여성인 사이보그소령의 정체성만큼이나 퀴어하며 정의 불가능하다. "인형사라 불렸던 프로그램도 아니고, 소령이라 불렸던 여자도아니다"라며 스스로를 소개하는 소녀를 부부애의 결실이자 미래의 희망인 자식으로 보는 것은 결합의 포스트휴먼적 의미를 퇴색시킨다.

인형사는 인간이 DNA 프로그램으로 이루어진 신의 창조물이라면 DNA처럼 정교하게 얽힌 메모리시스템으로 구성된 인공지능인 자신 역시 생명체라고 설득력 있게 주장한다. 나아가 모든 생명체가 존재해나가기 위해 증가하고 다양화해나가는 것처럼 자신도 소령과의 고스트 결합을 원한다고 한다. 그렇다고 이러한 생명에의 비유나 결합 욕구를 인간 중심의 생물학적 번식 욕구로 해석해서는 안 될 것이다. 인형사가 주장하는 생명의 정의는 생물학적 인간의 생사로 협소하게 정의되던 생명체 개념을 과감히 확장한다는 측면에서 포스트휴먼 정신을 발현하고 있다. 또한 인형사와 소령의 결합은 나를 쏙 빼닮은 2세를 통해 스스로를 이어나가려는 인간의 이기적 번식욕이 아닌, 근본적인 타자성의 인정이자 또 다른 타자성의 무한창조를 암시한다는 점에서 윤리적 함의를 갖는다.

이러한 관점에서 본다면 영화의 마지막 장면에서 소녀가 도시의 야경을 내려다보며 남기는 말, "네트는 광활하고 무한하다." 역시 인간의 정복욕을 불태우는 발언이라기보다는 한 번도 온전히 인간만의 것이 아니었던 세상의 윤리적 재발견으로 들린다.

### 4) 인형사, 포스트휴먼의 모델?

네트워크 프로그램 인형사(Puppet Master)는 근대적 휴먼(human) 개념에서 벗어나 포스트휴먼(posthuman) 개념을 타진하고 더 나아가 인간과 동등한 차원에서 새로운 생명체로서 자신의 존재를 인정받고 싶어 한다. 사이보그와 인공지능의 주도로 이루어지는 인간 개념의 새로운 설정이라는 측면에서 고려해본다면, 인공지능 시대는 기대감 못지않게 극단의 인간 존재론적 위기와 반성을 촉구한다. 인공지능과 불가분의 관계를 맺고 있는 포스트휴먼 시대에 이르게 되면, 인간과 도구의 오랜 필연적 관계에 격변이 일어난다. 인간과 기계의 경계가 모호해지고, 인간 주체에 가려져 타자로 취급받지 못했던 도구들(인공적인 것들, 인공지능)에 대해 '대상(object)'이 아닌 '타자성(otherness)'으로서 바라보는 인식의 변환이 일어나기 시작한다. 〈공각기동대〉는 근대적 의미의 휴먼 개념에 도전장을 내밀면서 최첨단 과학기술의 영향을 받은 포스트휴먼 개념을 규정하기를 촉구하고, 인공지능 시대와 포스트휴머니즘 시대의 진입을 선포한다.

휴먼과 포스트휴먼의 개념을 정리하는 데 있어서, 인간지능과 인공지능의 인과관계부터 살펴볼 필요가 있다. 인공은 도구와 같은 공예품이나 예술품을 만드는 능력의 결과물이며, 인공적인 것을 만드는 능력은 인간에게 중요한 특성이며 자연스럽다. 인공지능은 인간지능의 한 부분을 극단적으로 발전시키려는 시도에서 탄생했다. 그래서 인공지능은 인간지능의 성취로 이해될 수 있다. 수학과 과학의 특징은 추상적 활동을 객관적으로 평가하는 데 있다. 인간지능의 한 부분인 추상적 활동 능력은 객관화될 수 있고 인공지능의 형태로 특화되어 구현되었다. 즉 인간지능의 객관화는 알고리즘으로 구현될 수 있고, 인공지능으로 발전을 거듭하고 있다.

정부 관계자들은 "넌 스스로 유지되는(self-preserving) 프로그램일 뿐이야!"라고 비웃지만, 스스로를 생명체라고 정의하는 '인형사'의 주장은 새로운 인간, 즉 '포스트휴먼'에 대한 논의로 이어진다. 인형사는 물론 근대 휴머니즘의 인간은 아니다. 인형사의 새로운 생명체로서의 주장은 인공지능의 발전이 생명체의 발생으로까지 이어질 것인지와 인간과 도구의 발전적 관계를 초월한 인간지능과 인공지능의 새로운 관계에 대한 논의를 불러일으킨다는 점에서 신선하다.

　인형사는 정보를 선별적으로 수용하고 가공하고 응용해서 종합하는 능동적이고 창조적 행동을 한다.

### 5) 복제냐? 융합을 통한 번식이냐?

　사이보그 쿠사나기와 인공지능 인형사는 바깥에서 주어진 문제만 해결하는 데 그치지 않고 인간지능처럼 스스로 문제를 제기하고 목표를 설정한다는 점에서 한 발 더 생명체에 다가가 있다. 쿠사나기와 인형사는 인간지능과 인공지능이 결합된 형태의 존재자로 인식될 수 있다. 네트워크 속 컴퓨터는 인간과 교류하는 집합체이지 독립적으로는 존재의 의미가 없다. 네트워크는 인간과 기계의 연결을 의미한다. 컴퓨터가 인간과 연결되면 비이성적인 면들이 네트워크에서 돌아다닌다. 바로 이 지점에서 인간과 컴퓨터가 얽혀서 만들어지게 될 비이성적인 면, 네트워크 마음, 네트워크 지능을 상상할 수 있다. 인간지능과 인공지능을 포함한 모든 것이 연결된 광활한 네트워크는 무한한 생명의 바다와 그리스 신화의 가이아(Gaia)처럼 생명력의 원천이다. 이것이 바로 인형사의 제네시스(geneses)이다. 인형사는 광활한 네트워크에서 태어난 생명체라고 주장한다. 인형사가 주장하는 고스트는, 즉 네트워크 마음은 인간과 도구가 긴밀하게 얽혀서 진화한 산물이다. 인간지능과 인공지능의 공존으로 가능해진 네트워크 지능은 고스트의 존재로써 생명체라고 주장하고, 드디어 재생산에 도전한다.

**인 형 사 :** 드디어 너랑 접속했군. 내가 생명체라고 말했지만, 현 상황에선 아직 불완전한 상태다. 내 시스템에는 자손을 남기고 죽는다는 생명으로서 기본 프로세스가 없기 때문이다.

**쿠사나기 :** 복제를 남길 수 있잖아.

**인 형 사 :** 복제는 결국 복제에 불과해. 단 한 종의 바이러스로 인해 전멸될 가능성도 부인할 수 없고, 무엇보다 복제에게는 개성이나 다양성이 생기지 않아.

**인 형 사 :** 너와 융합하고 싶다. 완전한 통일이다. 너도 나도 총체적으로는 다소 변하겠지만 잃는 건 아무것도 없어. 융합 뒤 서로를 인식하는 건 불가능할 것이다.

**쿠사나기 :** 융합했다고 치고, 내가 죽을 때는? 유전자는 물론 모방자도 남기지 못해.

**인 형 사 :** 융합 후의 새로운 넌 수시로 내 변종을 네트워크에 퍼뜨리겠지. 인간이 유전자를 남기듯.

**쿠사나기 :** 내가 나로 있을 수 있다는 보장은?

**인 형 사 :** 그런 보장은 없다. 인간은 끊임없이 변화하는 존재, 네가 지금의 너로 있으려는 집착은 널 끝없이 제약할 것이다.

**쿠사나기 :** 마지막으로 하나만 더, 나를 선택한 이유는?

**인 형 사 :** 우린 서로 닮았거든. 마치 거울을 마주한 실체와 허상처럼

말이지. 똑똑히 봐. 내게는 나를 포함한 방대한 네트워크가 결합돼 있어. 액세스하지 않는 네게는 그저 빛으로 인식될지도 모르겠지만, 우리를 일부로 품고 있는 우리 전체의 집합이지(네트워크). 지금껏 기능에 제약이 있었지만, 제약을 버리고 더 상부 구조로 전환할 때야.

이로써 사이보그와 인형사는 다이브를 통합 융합으로써 재생산의 문제를 해결한다. 그리고 새로 태어난 어린아이는 "여긴 인형사라고 불렸던 프로그램도 소령이라 불렸던 여자도 없어. 네트는 광대해."라는 마지막 대사를 남기고 홀연히 떠난다.

쿠사나기와 인형사는 이전 영화의 인공적인 것과는 다른 문제를 제기한다. 사이보그 쿠사나기와 인공지능 인형사는 인간이기를 열망한다. 인간의 요건 중에서 제일 중요한 것은 인간이고자 하는 의지와 열망이다.

이들은 포스트휴먼에 대한 새로운 가치와 신념을 역설한다. 인형사는 공안6과의 공성방벽을 뚫지 못해 의체를 선택하고, 쿠사나기와의 융합(만남)을 통해 자신을 버리고 재생산을 선택한다. 쿠사나기는 인형사와 융합하여 자신을 버리고 '어린아이'라는 새로운 생명체로 다시 태어나는 선택을 한다. 인형사와 쿠사나기는 결과적으로 남겨지는 것(selection)을 선택하지 않고, 능동적으로 무언가를 선택(choice)한다. 그리스 비극의 주인공들의 공통된 특징은 주어진 운명을 받아들이기를 거부하는 데 있다. 비극이 제시하는 인간상은 주어진 운명과 환경에 직면하여 새로운 가치와 신념을 실현하는 인물들에게서 찾아볼 수 있다.

이상에서 트랜스휴머니즘과 포스트휴머니즘에 대한 논의를 바탕으로 인간을 인간이게 하는 고스트와 몸으로써 인공적인 것의 생명체로서의 가능성을 살펴보았다. 그렇다면 인공적인 것이 몸을 가진 포스트휴먼으로 존재를 실현하기 위해서는 나름의 가치와 신념 혹은 새로운 문제 제기가 있어야 할 것이다.

## 6) 디지털 공간, 새로운 생명체를 탄생시키는 바다

컴퓨터가 네트워크로 연결되면서, 존재들은 실존을 이어가던 공간으로부터 이탈하여 디지털 공간으로 이주한다. 인형사는 원래 디지털 공간이라는 광활한 네트워크에서 탄생한 존재이다. 이때 디지털 공간은 다른 공간(other spaces)이다. 광활한 네트워크 공간은 자유로운 원자 활동에서 비롯된 생명과 같은 새로운 생명이 탄생하는 공간이다. 그래서 네트워크 공간은 포스트휴먼의 *헤테로토피아(heterotopia)이다. 그곳에서는 기존의 가치와 신념이 도전을 받고, 새로운 가치와 개념이 발생한다. 디지털 공간에서 일어나는 사건들은 실재세계에서의 시간적 질서, 연속성 통일성을 깨뜨린다. 디지털 공간에서 순간 이동을 가능하게 하는 동시성과 즉시성으로 인해 탈장소화 현상이 일어난다.

무수한 지점이 하나의 존재에 의해 점유될 수 있고, 하나의 지점이 무수한 존재에 의해 점유될 수도 있다. 동시에 복수 공간 점유, 복수 대상의 공간 점유는 디지털 공간의 특징이다. 따라서 디지털 공간은 동일성과 타자성이 혼재하는 공간이며, 〈공각기동대〉에서 청소부의 가상체험과 같은 형식 논리상으로 용납될 수 없는 상황이 발생한다. 비록 청소부는 인형사에 의해 고스트 해킹당했지만, 디지털 공간에서는 가상체험－꿈－현실이 공존한다. 고스트해킹을 당하지 않은 특수요원들도 가상현실(VR), 증강현실(AR), 혼합현실(MR)을 살고 있다. 이러한 양상은 사람들이 디지털 세상을 인식하는 방식을 바꿔놓았다.

디지털 공간은 탈실체화 공간으로 실체 없이 존재하는 것으로 가득하다. 지식, 금융화폐, 기호처럼 인형사는 탈실체화되어 실체 없이 존재하는 생명체이다. 지식은 항상 전수 과정이며 이해 과정에서 유동적 유통 상태로 존재한다. 오늘날 금융 화폐는 디지털 상태로 존재하며 실물 지시체로 존재하지 않는다. 기호(code)는 지속적인 탈코드화(decoding) 과정을 통해 자기 의미를 잠정적으로 확보하는 비실체적 존재이다. 이러한 탈실체화는 '코드명 2501'의 인형사에게도 해당된다.

인형사는 원하는 대로 공장에서 만들어진 의체를 가질 수 있고, 선택할 수 있다. 인형사에게 물리적 제한성은 없으며, 희소성도 없다. 인형사에게 의체는 끊임없는 흐름 속에서 다른 것으로 생산될 때 가치를 갖는다. 그래서 기존의 젠더와 인종과 같은 이분법적 개념은 무의미해진다. 인형사의 고스트는 사이버 공간에서 마치 전자의 자유롭고 무작위적이며 휙 빗나가버린 움직임에서 생겨나는 루크레티우스 '**클리나멘(clinamen)'처럼 발생한다. 인형사는 쿠사나기와의 결합을 통해 또 다른 새로운 생명체를 재생산한다. 새로이 탄생한 생명체는 이전의 쿠사나기도 아니며 이전의 인형사도 아니다.

프로그램인 인형사와 사이보그인 쿠사나기의 뇌가 인형사와 융합되는 순간은 포스트휴먼의 모습을 예고한다. 소녀의 외형을 가진 새로운 생명체는 "자, 이제 어디로 갈까? 네트워크는 광대해."라는 독백을 통해 포스트휴먼이 활동하는 세계(공간)가 전뇌공간(네트워크 공간)으로 확장된다는 것을 암시한다. 헤일스의 말대로 인형사와 쿠사나기는 이제 '물질적 개체'가 아니라 사이버스페이스 안에서 활동하는 주체, '패턴'이 된 것이다. 헤일스의 말을 빌리면, 패턴은 현존을 압도하고, 인간의 두뇌가 탈신체화하여 정신이나 의식이 아닌 정보에만 의존하는 신체의 탈물질화가 이루어진다.

### 7) 인간의 조건 : 자의식과 자기조직능력, 번식

〈공각기동대〉는 일본의 근미래를 배경삼아 사이버펑크의 고전적인 주제, "인간과 기계의 경계가 희미해질 때, 무엇을 인간, 그리고 생명으로 정의할 것인가"에 대한 대단히 선구적인 해답을 제시하고 있다.
〈공각기동대〉가 위대한 작품으로 칭송받는 이유는 사이버펑크의 핵심적인 주제, '인간성에 대한 고찰'에서 다른 콘텐츠가 보여주지 못한 경지의 해답을 그려내고 있기 때문이다.

인간은 각 시대를 경험하면서 늘 새로운 가치들을 필요로 하고 새로운 개념을 만들어 객관화하려고 노력해왔다. 즉 인간을 인간이게 하는 척도는 새로운 목적과 가치를 스스로 만드는 것이다. 외부에서 설정된 목적이 아닌, 자신만의 목적을 발명해야 한다. 즉 인간은 스스로를 인간으로 만들어나가고, 그 과정에서 세계에 대한 더 큰 가설을 세우는 형이상학적 행동을 한다. 인간은 지속적인 움직임을 통해 생명을 유지시킬 수 있다. 생명체가 자기 자신을 계속 유지해나가는 것은 일정한 변화 속에서 가능하다. 이런 측면에서 작동 규칙들이 변하는 기계가 가능하려면 에이전트의 아키텍처(몸)가 필요하다. 기능의 고장을 얼마간 감당하면서도 버텨줄 수 있는 몸이 있어야 한다.

마치 인형사가 의체를 선택했듯이, 인공적인 것이 생명체로 진화하기 위해서는 살아남을 수 있도록 버틸 수 있는 몸이 필요하다. 컴퓨터 프로그램(알고리즘, 인공지능)에는 몸이 없다. 하지만 인공지능 해커 프로그램 '프로젝트 2501'은 원하는 몸을 원하는 대로 갖는다. 그리고 쿠사나기가 보여주었듯이, 사이버 바디 또한 몸으로서의 지향성을 갖는다. 이들은 버그를 견디고, 고장을 수리하고, 작동규칙이 바뀌어도 지속적으로 변화하고 발전하고 진화할 가능성을 갖추었다.

인간을 인간이게 하는 또 다른 요소는 '자의식'이다. 자의식은 두 층위의 병행이다. 작동이 일어나는 층위가 있고 동시에 한 단계 높은 층위에서 작동을 점검하는 것이다. 작동과 점검은 끊임없이 상호작용한다. 인공지능 인형사가 인간임을 증명하기 위해서는 자신을 점검하고 평가하고 수정하고 반성할 수 있어야 한다. 점검-평가-수정-반성은 고스트(마음)가 담당하는 영역이다.

원작은 핵심 테마인 'Ghost'가 생명의 본질을 결정하고 인간을 인간답게 만든다고 명확히 정의해낸다. 신체가 유기체든 무기체든, 뇌의 신호가 전기적이든 생리적이든, 기억이 태생적이던 조작되었든… 이에 대해 주체적으로 느끼고 생각하고 정의하는 모든 객체는 생명으로 정의하고 있다.

캐서린 헤일스는 스튜어트 카우프먼(Stuart Kaufman)의 연구 결과를 인용하면서, 자연발생적으로 자기를 조직하는 능력으로 생명을 설명한다. 즉 생명이 출현할 가능성이 높은 조건은 계산 작용이 출현할 확률이 높은 상태와 일치한다는 것이다. 카우프먼은 큰 분자가 생명의 기초 단위로 조직화되기 위해 필요한 조건을 계산하여, 생명이 혼돈의 가장자리에서 발생할 가능성이 가장 높다는 사실을 발견했다

원작자의 철학은 생명의 조건에까지 손을 뻗는다. '번식'은 유전자를 후대에 전하고 '종'의 존속 및 발전/진화를 위해 반드시 선결되어야 하는 생명의 필요조건에 가깝다. 그렇다면 전뇌화된 생명체(혹은 인공지능)는? 원판의 메시지 대부분을 책임지는 '인형사'는 생물학적 번식이 어렵고, 단순 복제(Ctrl+C)에는 '진화'의 개념이 없으니 이를 대체할 행동양식으로 '융합을 통한 변이 및 망을 통한 확산'을 이야기하고 있다. 이를 통해 인공지능도 '생명체'의 지위를 획득한다는 논리다.

* 헤테로토피아: 미셸 푸코(Michel Foucault)가 유토피아와 대비되는 공간으로 개념화를 시도했다가 포기해버린 미완의 개념으로 일종의 현실화된 유토피아라고 할 수 있다. '다른', '낯선'이라는 의미의 헤테로(heteros)와 '장소'라는 뜻의 토포스(topos)가 합쳐진 단어로, 일상의 공간과 '다른 공간'이란 뜻이다. 현실에 존재하는 장소이면서 동시에 모든 장소들의 바깥에 있는 곳을 의미한다.

** 클리나멘: 고대 로마의 철학자 루크레티우스가 무작위로 떨어지는 빗줄기를 보고 창안한 개념으로 생성의 에너지를 발생시키는 비껴감에 의한 충돌을 의미한다.

# 4. 앤드류 〈바이센테니얼 맨〉(1999)

## 1) 가사도우미 로봇에서 가족으로

2005년 뉴저지. 리처드 마틴은 가족을 깜짝 놀라게 해줄 선물로 가전제품을 구입한다. 설거지, 청소, 요리, 정원 손질 등 모든 집안일을 처리할 수 있고 아이들과 함께 놀아줄 베이비시터 역할까지 해낸다는 이 기적 같은 가전제품은 가사도우미 로봇이다. 가족들은 이 로봇에 '앤드류'라는 애칭을 붙여주고 함께 생활한다. 인간을 완벽하게 닮은 로봇을 지칭하는 '안드로이드'에서 따

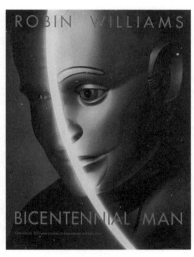

영화 〈바이센테니얼 맨〉 포스터

온 이름이다. 앤드류는 가사, 청소 등 모든 집안일을 완벽하게 해낸다.

값비싼 선물을 받은 가족들의 표정은 놀라움과 낯설음, 두려움이 뒤섞여 있다. 앤드류와의 첫 대면에서 리처드의 두 딸 중 아만다는 그의 움직임에 두려움을 느끼며, 그레이스는 멍청이라며 조롱한다. 리처드의 부인은 앤드류와 홀로 남는 것에 두려움을 느끼며 그를 꺼두길 원한다.

로봇 앤드류(NDR-114의 애칭)는 리처드를 주인님으로, 자아도취에

빠진 그의 아내를 마님으로 부르며 공손하고 부지런한 가사 로봇의 소임을 다한다. 그러나 기계답지 않은 이상한 질문들을 던져 때론 가족들을 곤란하게, 또 때론 요절복통하게 만드는 등 점차 로봇답지 않은 독특한 모습이 드러나기 시작한다.

그러던 어느 날 '앤드류'가 2층에서 떨어져서 고장이 난 모습을 '리처드'가 발견하고 "왜 이렇게 되었는지"를 묻지만 '앤드류'는 "가족의 평화를 지키고 싶다"며 침묵한다. '리처드'는 자신의 첫째 딸 '그레이스'가 '앤드류'를 곤란에 빠뜨렸다는 것을 직감한다. 그리하여 가족들이 한자리에 모인 장소에서 "오늘부터 앤드류를 사람으로 대한다."라고 선전포고한다. 그날 이후 '앤드류'는 '리처드' 가족 구성원으로 인정받는 동시에 인간이 배우는 모든 것을 학습하게 된다.

문제의 발단은 조립 과정 중의 사소한 실수에서 비롯됐다. 리처드에게 배달될 로봇 NDR-114를 만들던 엔지니어가 샌드위치를 먹다가 마요네즈 한 방울을 로봇의 복잡한 회로 위에다 떨어뜨린 것이다. 이로 인해 로봇의 신경계에 엄청난 사건이 발생했다. 로봇에게는 "있을 수도 없고 있어서도 안 되는" 지능과 호기심을 지니게 된 것이다.

처음에 앤드류를 두려워하던 아만다는 변함없이 친절하고 공손한 앤드류에게 점차 마음을 연다. 어느 날 어린 '아만다'와 '앤드류'는 바닷가에서 함께 시간을 보내고 있었다. 바위에서 유리로 된 말 조각을 가지고 놀던 아만다는 자신을 지켜보고 있던 '앤드류'에게 가장 아끼는 것이라며 말 조각을 건네준다. '앤드류'는 손을 내밀어 말 조각을 받으려고 하다가 실수로 떨어뜨리게 된다. 부서진 말 조각을 보며 '아만다'는 세상에 하나

밖에 없는 장난감이었다며
크게 실망감을 표시한다. 아
만다에게 미안한 마음을 품
고 있던 앤드류는 독학으로
목공기술을 습득해서 나무
로 목마인형을 만들어서 '아
만다'에게 선물한다.

앤드류

앤드류가 만든 나무 벽시
계를 보고 그의 예술적 재능을 발견한 리처드는 친아들처럼 여기며 앤드
류를 격려해준다. 로봇 제조회사에서 그를 불량품으로 간주, 연구용으로
분해하기 위해 리처드에게 끊임없이 반환을 요구하지만 리처드는 오히
려 앤드류를 보호할 뿐만 아니라 은행 계좌를 만들어 앤드류가 목공예품
을 팔아 얻는 수익을 적립할 수 있게 해준다.

'앤드류'는 자신의 창작품을 팔아 많은 돈을 벌고 '리처드' 집안에서 인
간으로 대접받으며 행복하게 살아간다. 하지만 마음속에서는 자유의지
가 커지게 된다. 고민 끝에 '앤드류'는 스스로 선택한 삶을 살기 위해서
'리처드' 집안에서 독립한다. 그 후 '앤드류'는 바닷가 앞에 스스로 집을
지은 뒤 자신이 만든 나무 벽시계를 팔아 모은 돈으로 혼자 살아간다.

어린 소녀에서 아름다운 여인으로 성장한 작은 아가씨 아만다를 자신
도 모르게 연모해온 앤드류는 아만다가 결혼하자 자신이 혼자라는 생각
에 외로움을 느낀다. 게다가 아버지처럼 아껴주던 리처드마저 숨을 거두
자 앤드류는 자신을 이해해줄 자신과 같은 'NDR 불량 로봇'을 찾아 기나

긴 여행길에 나선다. '앤드류'는 자신처럼 스스로 사고하고 행동하려는 의지를 가진 로봇이 분명히 있을 거라는 기대를 안고 이곳저곳을 떠돌아다닌다. 그러나 수명을 다한 로봇이거나 단순노동을 하며 살아가는 동족 로봇만을 만날 뿐이다. 그러다 우연히 시장에서 자신과 같은 종족 '갈라테이아' 여성 로봇을 만나 일반적인 로봇과 다른 그녀의 자유분방한 행동에 호감을 느껴 그녀를 따라간다. 그러나 그것이 주체적인 사고의 결과가 아니라 프로그래밍된 '개성'이라는 사실을 깨닫는 순간 실망을 넘어 그녀에게 혐오의 감정을 느낀다.

수십 년 후, 천신만고의 모험 끝에 집으로 돌아오지만 이제는 할머니가 되어버린 작은 아가씨. 그러나 그녀를 쏙 빼다 박은 듯한 손녀 포샤를 만나자마자 그는 이제 거부할 수 없는 사랑의 열병을 앓는다. 인간이 되고 싶은 간절한 소망으로 수술실에 눕는 앤드류. 인공피부를 입히고……

### 2) 앤드류, 감정을 갖게 되다

바이센테니얼(Bicentennial)은 '200년 주기'라는 뜻으로 영화 제목 〈바이센테니얼 맨〉은 '200살을 산 남자' 정도로 번역할 수 있다. 이 영화의 원작 소설은 세계적 SF 작가 아이작 아시모프가 1976년에 쓴 『바이센테니얼 맨』이다. 아시모프는 이 소설로 1977년 휴고상 중편 부문, 1976년 네뷸러상 중편 부문 상을 수상했다. 한국에서 1980년대 『양자인간』이라는 제목의 단행본으로 출판되었다. 1999년 원작이 세상에 나온 지 20여년만에 영화화되었다.

80년대 대표적인 SF 영화 〈터미네이터〉(1984)와 〈블레이드 러너〉(1982)에서 표현된 디스토피아적 세계관, 군인 같은 남성 로봇 캐릭터와 정반대로 '앤드류'는 낙관적 미래관, 다정다감한 성격을 가진 인공지능 로봇 캐릭터의 모습을 선보인다.

AI 캐릭터들은 '로봇 3원칙'에 완벽히 종속된 존재로서 인간에게 봉사하는 것이 최대의 과제로 부과되어 있다. 처음 '앤드류'는 인간의 명령에 움직이는 단순한 로봇에 불과했다. 인간의 노동력을 대신해서 탄생한 로봇답게 충실히 '리처드' 집안의 가사일을 도맡아 한다. 그뿐만 아니라 자신에게 함부로 대하는 인간에게도 친절함을 보인다.

우연한 계기로 '앤드류'가 지각 능력이 있다는 걸 발견한 친절한 주인 '리처드'는 인간에 대한 모든 것들을 '앤드류'에게 학습시켜준다. 그 결과 시간이 지나면서 '앤드류'는 인간을 동경하게 된다. 앤드류를 친구처럼 아끼는 작은 아가씨 아만다와 교감하면서 감정도 느끼는 인공지능 로봇이 된다. 부서진 말 인형 대신 앤드류가 목각 말 조각을 만들어 선물한 것을 계기로 둘의 우정은 깊어진다.

시간이 흘러, 어린 소녀에서 아름다운 여인으로 성장한 아만다. 그런데 점차 인간의 감정을 어렴풋이 이해하기 시작한 앤드류의 강철 심장에도 수줍은 설렘이 찾아온다. '아만다' 역시 어린 시절부터 친구처럼 지내온 앤드류가 마음에 걸려 남자친구에게 청혼을 받은 후에 고민하게 된다. '앤드류'를 사랑하지만, 인간과 로봇과의 결혼은 불가능한 일이 아닌가. 고민 끝에 '아만다'는 남자친구와 결혼을 선택한다. '앤드류'는 '아만

다'의 결혼 사실을 알고
묘한 감정을 느끼게 된
다. 하지만 사랑이라는
감정을 정확히 몰랐기
에, '아만다'에게 자신의
감정을 표현하지 못한
다. 대신 앤드류는 인간
의 옷을 입어 자신의 금

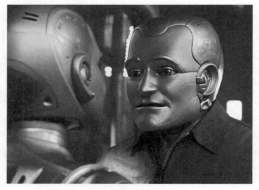

옷을 입은 앤드류

속 몸체를 덮기 시작한다. 더 나아가 그는 마치 인간처럼 표정으로 감정
을 표현하는 기술을 구매하기까지 한다.

### 3) 불로불사의 휴머노이드, 인간이 되기 위해 필멸을 선택하다

앤드류는 로봇의 삶을 포기하고 인간으로서 죽는다.

리처드의 죽음과 아만다의 결혼으로 깊은 상실감에 빠진 '앤드류'는 자
기와 같은 종류의 NDR로봇을 찾아 모험을 떠난다. 앤드류의 여행은 〈오
즈의 마법사〉에 등장하는 깡통 로봇이 마음을 찾기 위해 떠나는 모험 과
정과 일맥상통한다. 여행하는 동안 앤드류는 자신이 '아만다'를 사랑했다
는 걸 뒤늦게 인지하게 된다. 여러 차례의 개조를 통해 자신의 모습을 인
간에 가깝게 변모시키고 수십 년 세월이 흘러 다시 집에 돌아왔을 때, 앤
드류는 외형상으로는 완벽한 인간 남성의 모습이 되어 있다. 하지만 '아
만다'는 나이가 들어서 죽음을 앞둔 노인이 되었고, 지병으로 사망한다.

'앤드류'는 뒤늦게 우울함과 슬픔이라는 감정에 빠지게 된다. 그러다 '앤드류'는 '아만다'의 손녀 '포샤'와 가까워진다. '앤드류'는 '아만다'와 완벽히 닮은 외모와 성품의 소유자인 포샤에게 끌림을 느낀 후 사랑에 빠지고 결국 연인이 된다. 현실적으로 로봇과 인간이 결혼할 수 없다는 사실을 알고도 '앤드류'는 절망하지 않는다. 법을 바꿔서 결혼을 인정받을 거라며, 적극적으로 행동하며 희망을 품게 된다.

'앤드류'는 자신을 인간으로 인정해달라고 법원에 청원한다. 그리고 동시에 '포샤'와 결혼도 허락해달라고 요구한다. 판사는 아무리 '앤드류'가 인간화되었다고 해도 인간의 유전자가 없으며, 생명 탄생의 원리에 벗어나기에 인정할 수 없다고 말한다. '앤드류'는 강하게 반박하지만 판사는 '앤드류'가 영원히 살 수 있기에 인간으로 인정할 수 없다는 판결을 내린다.

다시 세월이 흘러 할머니가 된 '포샤'가 발달한 과학기술을 이용해 억지로 생명을 유지하기보다는 자연사하기를 원한다는 의사를 밝히자 '앤드류' 역시 영원히 살 수 있는 자신의 생명을 포기한다. 그러다 포샤와 함께 죽음을 맞이한 순간 법정에서는 '앤드류'가 죽음을 받아들였기에 그를 200살을 산 최고령 인간으로 인정한 후, '포샤'와 결혼도 승인한다. 하지만 앤드류는 끝내 그 소식을 듣지 못하고 삶을 마감한다.


영화의 전반부는 '앤드류'가 '리처드' 집안에서 가정부 역할을 하며 인간의 생각과 행동을 습득하는 과정을 담았다면, 후반부터는 '아만다'로 인해 자유의지를 갖게 된 앤드류가 독립을 선언한 뒤, 모험을 떠나고 인간이 되기를 동경한 나머지 자신의 신체를 끊임없이 개조하여 완벽한 휴머노이드가 되는 과정이 숨 가쁘게 펼쳐진다. 수십 년 만에 다시 집으로 돌아온 앤드류는 아만다의 손녀와 인간이 되기를 동경한 나머지 자신의 신체를 끊임없이 개조하여 불로불사의 특성을 포기하기에 이른다.

〈바이센테니얼 맨〉은 이처럼 인간 존재의 본질과 윤리라는 다소 진지한 주제를 동화라는 친숙한 소재와 결합하여 낯선 주제를 관객에게는 매우 흥미롭게 접근할 기회를 제공해준다.

### 4) 인간의 조건, 자유의지?

'리처드'가 '앤드류'에게 아버지 같은 존재였다면 작은 아가씨 '아만다'는 세상에서 제일 친한 친구이자, 사랑이라는 감정을 알게 해주었던 존재였다. 두 사람 덕분에 '앤드류'는 자유의지로 주체적인 삶을 개척한다.

어느 날 앤드류는 해변가에서 아만다에게 자유를 얻고 싶다고 털어놓는다.

**앤드류** : 자유는 어떻게 얻는 거죠?

**아만다** : 우릴 떠나려고?

**앤드류** : 다만 자유를 선언하고 싶어요.

**아만다** : 그건 왜? 지금도 자유롭지 않아?

**앤드류** : 하지만 전 명령을 받아요.

**아만다** : 우린 명령 안 한 지 오래됐어.

**앤드류** : 하지만 여전히 요구하시죠.

**아만다** : 그건 부탁이지 명령이 아니야. (가만히 앤드류를 바라보다가) 그걸로 충분치 않구나?

**앤드류** : 인간의 역사를 통틀어 수백만의 사람들이 죽음을 불사하고 쟁취하려 한 것은 자유였어요.

'앤드류'는 '리처드' 가족과 함께 사는 것이 행복하지만 시간이 흐를수록 명령 없이도 자유의지로 행동하고 싶어 한다. 이 사실을 알게 된 그의 절친 작은 아가씨 '아만다'는 그의 생각에 힘을 보태주고 응원한다. 용기를 얻은 '앤드류'는 자신의 주인 '리처드'에게 허락받기 위해 서재로 향한다.

**앤드류** : 얘기할 시간 있으세요?

**리처드** : 언제든 환영이지.

(앤드류는 조심스럽게 자신의 통장을 리처드에게 전달한다.)

**앤드류** : 제 전 재산입니다.

**리처드** : 이걸 왜 주지?

**앤드류** : 자유를 사려고요. 전 자유를 원해요. 앞으로도 3대 원칙에 순종하고 주인님을 전처럼 섬길 겁니다. 다만 제 조건을 바꾸고 싶어요. 누구의 재산이 되기는 싫어요.

**리처드** : 결국 떠나고 싶단 얘기군.

**앤드류** : 아뇨, 주인님은 제 가족입니다.

'리처드'는 복잡한 감정을 애써 숨기고 '앤드류'에게 자유를 선물한다.

### 5) 인간의 조건, 유한한 육체?

오랜 여행 끝에 돌아온 앤드류는 여러 차례의 개조와 인간의 피부를 이식한 끝에 외형상으로는 인간과 다름없는 휴머노이드가 되었다. 아만다를 판박이처럼 닮은 그녀의 손녀 포샤와 사랑에 빠진다. 포샤와 연인관계가 된 앤드류는 자신의 사회적 정체성을 재정립하려고 한다. 포샤와의 혼인관계를 적법하게 인정받기 위해 자신을 인간으로 공식적으로 승인해달라고 소송을 제기한다. 인간 사회는 앤드류가 영원불멸한 신체를 가졌다는 이유로 그의 소송을 기각한다. '앤드류'는 로봇이 아닌 인간으로 인정받기 위해 끊임없이 법정 투쟁을 하지만 결국 인간으로 인정을 받지 못한다.

이러한 상황 속에서도 '앤드류'는 인간을 미워하거나 자신의 상황에 불만을 품기보다는 희망으로 늘 맞선다. 자신의 문제를 도움받기보다는 스스로 해결하려는 '앤드류'는 인간이 극복하고 싶은 죽음이 오히려 인간으로서 인정받는 마지막 수단이 된다.

앤드류는 결국 불멸성이라는 마지막 남은 로봇으로서의 특성을 포기하고서야, 인간으로서의 지위를 획득한다. 자신의 모든 특질을 버린 끝에야 인간 사회로의 진입을 허락받는 것이다.

법정에서 앤드류와 판사의 대화는 관습화된 '인간성'에 대한 울타리, 인간 우월성에 대한 신화, 공평한 가치질서와 합리적 세계상을 전복시킨다.

**앤드류** : 전 항상 논리적이려고 노력했습니다. 저의 존재에 대한 이유
가 있습니다. 보시다시피 전 더 이상 불사의 존재가 아닙니
다.

**판　사** : 스스로 죽게 만들었다는 말입니까?

**앤드류** : 말하자면 그렇습니다. 점점 늙어가고 쇠약해지고 있습니다.
여러분처럼 곧 기능이 정지됩니다. 로봇이라면 영원히 살 수
있습니다. 하지만 전 영원히 기계로 사느니… 인간으로 죽고
싶습니다.

**판　사** : 그걸 원하는 이유가 뭐죠?

**앤드류** : 인정받고 싶습니다. 있는 그대로 내가 누구인가 대해… 찬사
나 평가가 아니라… 단순한 진실을 인정받는 것이 제 목표입
니다. 그걸 이루기 위해 명예를 걸고… 죽음을 선택했습니다.

## 6) '로봇의 법적 권리' 처음으로 등장

이 영화에서 가장 주목할 만한 것은 로봇의 '권리' 부분이다. 만약 로봇
이 사람처럼 창작 활동을 하게 된다면, 로봇은 그 작품을 돈을 받고 팔
수 있을까. 로봇은 자신이 만든 발명품에 특허를 내고 지적 재산권을 행
사할 수 있을까. 인간처럼 은행 구좌를 개설하고, 돈을 모을 수 있을까.

사람들이 이 개념을 본격적으로 고민하기 시작한 건 인공지능 연구가
화두가 된 2010년대의 일이다. 바둑 인공지능 알파고, 의료용 인공지능
왓슨 등이 개발되며 인공지능 연구는 현재 큰 관심을 끌고 있다.

사람들은 법적 대응책 마련에도 나서고 있다. 유럽연합(EU) 의회가 2017년 1월 벨기에 브뤼셀에서 열린 EU 의회에서 인공지능 로봇의 법적 지위를 '전자인간(electronic personhood)'으로 지정하는 결의안을 찬성 17표, 반대 2표, 기권 2표로 통과시킨 사실도 당시 화제가 됐다. 아직은 기술이 불완전하지만, 조만간 등장할지 모를 인공지능 로봇의 처우 방법을 국가 차원에서 제시한 것이다. 이 결의안은 로봇의 법적 지위와 개발 조건, 활용 방안 등에 대한 기술적, 윤리적 가이드라인도 포함하고 있다.

당시 EU는 '로봇도 인간처럼 재산권을 행사할 수 있다'고 못 박았다. 로봇은 사람이 비용을 치르고 거래할 수 있는 제품이지만, AI를 갖춘 로봇도 일정한 권리를 갖고 행동할 수 있도록 했다. 인간과 비슷한 권리를 일부 가지고 있지만, 그 활동은 주인에게 종속적인 존재, 즉 AI를 인간을 위해 봉사할 수 있는 '노예' 계급으로 구분했다.

물론 살아 있는 사람이 아닌 존재가 재산권을 행사하는 개념은 이미 과거부터 존재했다. 법적인 인격체, 즉 '법인'이 대표적이다. 우리 사회에선 법인을 통제하는 경영진을 믿고 법인에 인간의 권리를 준다. 이처럼 로봇도 소유주가 책임을 진다면, 스스로 판단하고 행동할 수 있는 권리를 행사할 수 있게 배려했다고도 해석할 수 있지 않을까.

이런 개념은 앤드류의 재산권 행사와 닮은 점이 크다. 영화에서 앤드류는 기계이지만 각종 목공예품, 시계 등을 만들어 판다. 처음에는 주인의 배려로 구좌를 개설했고, 독립적으로 재산을 확보할 권한도 얻어내는 장면이 나온다. 후반부엔 새로운 인공장기 시스템을 비롯해 다양한 발명품을 개발해 의료와 과학 발전에도 공헌하고 큰 재산도 모은다. 이렇게 앤드류는 주체적 존재로서 누릴 수 있는 모든 권리를 가진 듯 했지만 계속해서 스스로를 '인간'이 되게 해달라고 주장한다. 수명이 제한적이지 않으면 인간으로 보기 어렵다는 지적을 받아들이고, 스스로를 개조해 늙어간다. 그리고 그는 마침내 최후의 권리인 '인권'을 얻는다. 영화의 막바지에, 그는 마침내 법적으로 완벽한 인간이 되어 숨을 거둔다.

최근 현실에도 비슷해 보이는 사례가 있긴 했다. 사우디아라비아 정부가 2017년 10월 인공지능 로봇 '소피아'에게 시민권을 부여하기도 했다. 사람이 아닌 로봇이 시민권을 받은 사례는 처음이다. 이를 놓고 사회 각계에서 '로봇에게 과한 권리를 준 것'이라고 주장하는 목소리도 들린다. 하지만 이는 로봇이 받은 권리가 '인권'이 아닌 '시민권'이라는 점을 간과한 것이 아닌가 여겨진다. 로봇으로서 시민의 권리를 얻은 것과, 인간으로서 인격을 존중받는 것은 전혀 다른 개념이기 때문이다.

## 7) 로봇도 '창의성'을 가질 수 있을까?

앤드류가 가진 인공지능은 인간처럼 자아를 가진, 가장 높은 수준의 '강(强)인공지능'으로 구분할 수 있다. 주인과 자신을 구분하고, 자신이 어떤 일을 하면 되는지를 판단해 낸다. 이런 로봇이 인간에게 반발하기 시작하면 통제가 불가능해진다. 로봇 디스토피아 사회를 우려하는 영화들은 이런 관점에서 만들어진다.

로봇이 강인공지능을 가질 수 있느냐 여부는 과학적으로 전혀 불가능한 설정은 아니다. 인간이나 고등동물의 몸도 잘 만들어진 생체시스템으로 해석할 수 있으니 인공적으로 만들지 못할 까닭은 없기 때문이다.

어떻게 그런 지능을 만들었는지 영화 속에서 명백한 설명은 없다. 다만 별도의 '양전자 두뇌'를 가지고 있다는 설정이 있는 것으로 보아, 현대에 인기를 끌고 있는 '딥러닝'이나 '강화학습' 종류의 인공지능 시스템과는 전혀 다른 것으로 보인다. 이 경우 먼 미래에 로봇에게 자아가 생길 개연성은 안고 있기 때문에 전혀 허황된 설정은 아닌 셈이다.

영화 속에서 로봇 앤드류가 주인집 딸과 함께 목공예품을 만들고 있는 모습은 로봇이 만든 창작품의 법적 소유주가 누구인지 고민하게 만든다.

영화에서 앤드류의 가장 큰 특징은 단순히 자아만 가진 것이 아니라, 인간처럼 전혀 새로운 것을 만들어 낼 수 있는 능력, 즉 '창의성'을 가지고 있다는 점이다. 하지만 영화를 보면서 가장 석연치 않게 생각했던 부분은 앤드류가 창의성을 갖게 된 계기다.

영화에선 로봇 제작 과정에 소량의 마요네즈가 신경회로에 들어갔기 때문인 걸로 묘사되는데, 상식적으로 전자회로에 불순물이 들어갔다고 더 높은 지능을 갖게 된다는 건 개연성이 너무도 낮아 무리로 여겨진다.

아시모프 역시 이런 부분에 대한 설명을 '양전자 두뇌의 오류' 정도로 설명하고 있다. 그의 작품에는 인간이 양전자 두뇌를 만들었지만, 인간조차 그 복잡한 기능을 모두 알고 있지 못해 소동이 일어나는 경우가 많이 등장한다. 영화에선 제작사도 그 원인을 알지 못해 로봇을 반환하라고 실랑이를 벌이는 모습이 나온다.

## 8) 앤드류의 착한 성정은 어디서 왔을까?

영화 〈터미네이터〉로 대표되는 일부 영화들은 로봇기술의 발전이 우울한 암흑사회(디스토피아)를 만들어내는 미래를 묘사하고 있다. 인공지능의 발전이 인류에 위협이 되리라 예상한 것이다.

이와 달리 〈바이센테니얼 맨〉에 등장한 앤드류는 인간 이상으로 뛰어난 존재이지만, 죽는 그 순간까지 철저하게 인간에게 봉사하는 존재, 인간을 위해 존재하는 로봇으로 묘사된다. 인간을 돕는다, 인간을 해치지 않는다는 로봇의 절대 명제를 철저하게 지키는 존재다. 이 영화의 백미 중 하나로 명배우 고 로빈 윌리엄스가 주연을 맡아 앤드류의 성실하고 착한 모습을 차분하고 잔잔하게 표현해냈다는 점도 꼽고 싶다. 그의 연기가 앤드류의 착하고 선한 모습을 한층 부각시켜 영화 내내 애잔한 느낌을 준다.

영화 속에서 앤드류는 누군가 일을 도와달라고 하면 "봉사는 제 기쁨이지요."라고 말하곤 한다. 그는 자신을 인간이 되게 해달라고 여러 차례 법원에 탄원을 내지만, 그럼에도 '당신은 인간이 될 수 없다'는 판결을 받는다.

씁쓸한 표정으로 재판장에서 내려서면서도 그는 여전히 "봉사는 제 기쁨이지요."라고 말한다. '앤드류'는 인간의 모습으로 변모한 후에도 자신을 열등한 존재로 대하는 인간들에게도 예의 있게 행동하는 모습을 여전히 보여준다. 이러한 행동이 가능한 건 '앤드류'가 '리처드' 가족의 따뜻한 배려로 로봇이지만 인간처럼 대우받은 상황에서 습득한 예의일 수도 있다. 하지만 '앤드류'는 가사도우미 로봇으로 탄생했기에 로봇의 3대 원칙을 자신도 모르게 습관처럼 지키는 로봇의 행동으로 설정된 것으로도 볼 수 있다.

영화 〈바이센테니얼 맨〉은 로봇으로 태어나 인간으로 죽어간 한 존재의 일생을 담담하게, 서정적으로 담아냈다는 점, 그 하나만으로 적잖은 가치를 지닌다. 인간의 사회 속에 '인간 이상으로 똑똑한' 로봇이 들어온다면 어떤 일이 벌어질까. 그 로봇은 인간처럼 권리가 필요하고, 인간 사이에서 갈등하지는 않을까.

# 5. 데이빗 〈A.I.〉(2001)

과학문명은 천문학적 속도로 발
전하고 있지만, 극지방의 해빙으로
도시들은 물에 잠기고 천연자원은
고갈되어 가던 미래의 지구. 모든
생활을 감시받고, 먹는 음식조차 통
제되는 그 세계에서 인간들은 인공
지능 로봇들의 봉사를 받으며 살아
간다. 정원 가꾸기, 집안일, 말동무
등 로봇이 인간을 위해 해줄 수 있
는 일은 수없이 많지만 그들이 인간
을 사랑하는 일은 불가능하다.

영화 〈A.I.〉 포스터

로봇에게 '감정'을 주입시키는 것은 로봇공학 발전의 마지막 관문이자,
논란의 쟁점이기도 했다. 인간들은 로봇을 정교한 가재도구로 여길 뿐,
그 이상의 것을 용납하지 않았다. 어느 날 하비 박사는 감정이 있는 로봇
을 만들겠다고 선언한다. 하비 박사의 계획에 따라 사이버메카트로닉 사
에서 감정을 가진 최초의 인공지능 로봇 데이빗이 탄생하고, 데이빗은
헨리 스윈튼의 집에 입양된다. 스윈튼 부부의 친아들 마틴은 불치병에
걸려 치료약이 개발될 때까지 냉동된 상태다. 인간을 사랑하게끔 프로
그래밍된 최초의 로봇 소년 데이빗은 스윈튼 부부를 부모로 여기며 인간
사회에 적응해간다. 하지만 마틴이 건강을 회복해 집으로 돌아오게 되자

버려지고 만다. 엄마가 들려준 피노키오 동화를 떠올리며 진짜 인간이 되어 잃어버린 엄마의 사랑을 되찾을 수 있다고 생각하는 데이빗은 자신의 장난감이자 친구이며 보호자인 인공지능 테디 베어를 데리고 머나먼 여행을 떠난다.

스필버그의 2001년 영화 〈A.I.〉는 인간과 같이 정교하게 만들어진 로봇 소년이 인간이 되기 위해 떠나는 모험과 그 여정의 결말에 관한 영화라고 할 수 있다. 원작은 1968년 〈하퍼스 바자(Harper's Bazaar)〉에 게재된 영국의 SF 작가 브라이언 올디스(Brian Aldiss)의 짧은 단편소설, 「지난 여름의 슈퍼장난감(Supertoys Last All Summer Long)」이다. '오즈의 마법사'를 연상시키는 듯한 플롯은 동화라는 친숙한 소재를 인간 존재의 본질과 윤리라는 다소 진지한 주제와 결합하여 관객에게 낯선 주제를 매우 흥미롭게 접근할 수 있는 기회를 제공해주고 있다. 안드로이드의 존재를 통해 인간의 본질에 대해 고민하게 한다는 주제는 필립 K. 딕의 소설 『안드로이드는 전기양을 꿈꾸는가?』를 영화화한 〈블레이드 러너(Blade Runner)〉에서 매우 인상적으로 다뤄진 바가 있다. 〈블레이드 러너〉에서 로봇의 존재는 매우 위협적이고 파괴적인 존재로 그려졌다면, 〈A.I.〉에서 로봇은 훨씬 더 협력적이고 조화를 이루는 존재로 그려진다.

## 1) 플레쉬 페어—로봇 처형 이벤트

영화의 배경이 되는 것은 연대를 추측하기 어려운 가까운 어느 미래로 이미 온실가스로 인해 빙산의 대부분이 녹아버린 시대다. 베를린, 암스테르담, 뉴욕 같은 대도시들은 깊은 바다 속에 잠겨버렸다. 거대한 바다가 인간 문명을 삼켜 버린 시대를 언급하는 내레이션으로 시작하는 이 영화는 로봇이 인간들과 함께 살아가는 미래를 그린다. 삶의 거의 모든 측면에서 인류는 인간의 노동을 대신할 수 있는 유용한 로봇을 대량으로 만들어내는데, 그렇게 많이 만들어낸 만큼 생산된 로봇을 파괴하는 것도 매우 중요한 일이 된다. 아이를 돌보는 로봇, 집사 로봇, 애인 로봇, 정원사 로봇 등 거의 모든 분야에서 단순하고 위험한 일을 대신하고, 데이빗의 동반자인 지골로 조(Gigolo Joe)가 그런 것처럼 인간에게 쾌락을 가져다줄 수 있는 로봇들도 존재한다.

로봇들은 인간보다 훨씬 더 뛰어난 능력을 가지고 있었다. 하지만 그와 동시에 능력이 뛰어난 만큼 로봇들은 인간들로부터 폭력적인 증오와 미움의 대상이 되었다. 로봇으로 인해 자신의 지위를 위협당한다고 느낀 사람들은 로봇을 부정하고 혐오하며 더 나아가 로봇들을 파괴한다. 도처에는 로봇을 사냥하는 사냥꾼들이 존재한다. 주인을 잃거나 고장이 난 로봇들은 어두운 숲속을 헤매며 로봇 쓰레기장에서 부품을 교체하고 밤의 사냥꾼들을 피해가며 존재를 연명한다. 로봇들에게도 자신의 존재를 지속하고자 하는 욕망이 있는 것으로 그려진다. 존재의 지속은 인간적인 차원에서 단지 살고 싶어 하는 욕망으로 치환될 수 있지만, 사실 물리적으로 모든 물질은 있는 그대로의 상태를 지향한다는 아주 단순한 관점에서도 이해할 수 있는 부분이다. 그런 면에서 자신의 존재를 연명하려는 로봇들의 힘겨운 몸부림은 더욱 설득력 있게 다가온다. 도시의 어두운 거리에서 힘들게 살아가는 로봇들은 도시의 사냥꾼들에게 포획되고, 그렇게 포획된 많은 로봇들은 '플레쉬 페어(Flesh Fair)'라는 볼거리 쇼에 끌려와서 차례차례 처형당한다.

이 축제에 몰려든 사람들은 열광하면서 로봇들을 파괴하고, 다시 인간의 존엄성을 찾자고 미친 듯이 소리친다. 그들에게 이 축제는 "살아 있음을 축하"하며 "인공적인 것들을 파괴하는" 신성한 의식과도 같은 것이다. 로봇의 머리 위로 황산을 붓고, 로봇을 대포에 넣어서 쏘고, 로봇의 사지를 하나씩 뽑아내는 등, 온갖 방법으로 로봇을 파괴하는 쇼를 진행하면서 사람들은 미친 듯이 열광한다. 온갖 처참하고 고통스러운 방법으로 로봇들을 처단하면서 광적으로 인간의 존엄성을 부르짖는 모습은 아이러니하다.

## 2) 신은 자신이 사랑하기 위해 아담을 창조하지 않았다

영화 초반부, 하비 박사가 자신의 연구실에서 인간과 같은 감정을 느낄 수 있고 사랑할 수 있는 로봇에 대한 가능성을 동료 과학자들에게 설명하는 장면이 나온다. 박사는 사람과 똑같이 생긴 안드로이드, 쉴라(Sheila)의 손등을 바늘로 찌르면서, 로봇이 고통에 대해 어떻게 반응하고 로봇 자신이 그 느낌을 어떻게 설명하는지를 보여준다. 하비 박사는 쉴라에게 옷을 벗으라고 하다가 중지시킨다. 쉴라는 남성의 성적 욕구를 충족시키기 위해 프로그램화된 메카이다.

하비 박사가 사랑에 대한 의미를 말해보라고 하자 쉴라는 지식백과사전에서 봤을 만한 원론적인 문장을 쉴 틈 없이 기계적으로 이야기한다. 그런 그녀에게 하비 박사는 그만 입을 다물라고 명령한 후, 메카 여성보다 더 정교하게 인간과 비슷한 소년 로봇을 만들 거라고 사람들에게 중대 발표를 한다.

**하비 박사** : 바로 사랑할 수 있는 로봇을 만들 겁니다.

**남　자 1** : 사랑이요? 섹스 로봇은 이미 많이 팔리고 있습니다.

(중간 생략)

**하비 박사** : 전 성적인 도구가 아닌 '사랑'이라고 했습니다. 부모에 대한 아이의 사랑 같은 거요. 순수한 마음으로 부모를 사랑하는 어린이 로봇을 만들 겁니다. 부모를 영원히 사랑할 수 있는 로봇이요.

**남　자 3** : 자식 대체 로봇이군요.

**하비 박사** : '진화 신경망'이라는 마음을 가진 기계죠. 제가 말하는 사랑은 전에 없던 잠재의식을 말하는 겁니다. 은유, 직관, 자발적 이성, 꿈 같은 정신적인 세계를 뜻하죠.

**남　자 4** : 꿈꾸는 로봇이요? 그걸 어떻게 만들죠?

**여　자 1** : 저도 느낀 거지만 로봇에 회의적인 사람들이 많습니다. 사랑할 수 있는 로봇을 만들 수 있느냐보다 인간이 그들을 사랑할 수 있는지가 더 큰 문제예요.

**하비 박사** : 영원히 어린이에 머물러 있고 사랑스러우며 병도 안 납니다. 아이가 없는 부모들은 허가 나기만 기다리고 있죠. 이

건 상업적인 목적이 아닌 인간의 필요에 의한 겁니다.

**여　자1** : 제 질문은 그런 차원이 아니에요. 로봇이 사람을 순수하게 사랑할 수 있다면 그 보답으로 사람이 어떤 책임을 져야 하는 건 아닌가요? 윤리적인 질문입니다만….

**하비 박사** : 근원적인 질문이죠. 태초에 하느님도 사랑받으려고 아담을 창조하셨잖아요?

여성은 섹스의 대상이 아닌, 부모를 사랑하는 로봇을 창조한다면 훨씬 더 복잡한 여러 문제가 있을 수 있음을 질문한다. 그 여성은 사랑하는 로봇에게 그 응답으로서의 사랑이 존재한다는 점을 말한다. 그런데 하비 박사는 신이 아담을 창조할 때 그를 사랑하기 위해서 창조한 것이 아니라고 대답한다.

그에게 기술은 더 이상 인간의 목적에 복무하는 것이 아니다. 기술은 이제 자체의 고유 목적을 지닌 신적 지위로 격상된다. 기술은 인간의 요구에 의해 탄생한 것이지만 이 기술에 의해 창출된 포스트휴먼이 니체의 초인이 될지 정신병 환자가 될지의 여부는 그에게 중요하지 않다. 따라서 기술에 의해 창조된 새로운 세계에서 야기되는 결과들은 자신의 손을 벗어난 것이며 새로운 세계의 문제는 새로운 인간의 몫임을 성서의 비유를 들어 답변하고 있다. 하비 박사의 이러한 입장은 트랜스휴머니스트 과학자의 입장이라고 할 수 있다.

잃어버린 자식의 대체물로 데이빗을 창조한 하비 박사의 욕심과 상실감으로부터 마틴의 대체물을 찾고자 하는 모니카의 욕심은 이기적인 자기애이지만 인간성의 부정할 수 없는 이면이기도 하다. 〈A.I.〉가 던지는 질문은 이러한 유한적 인간이 지닌 사랑의 모순을 데이빗을 통해 던져주고 있다.

### 3) 소년 로봇, 가족이 되었다가 버려지다

〈A.I.〉에 등장하는 모니카와 헨리 부부에게는 혼수상태에 빠진 아들 마틴이 있다. 모니카는 언젠가 아들이 혼수상태에서 깨어날 것으로 믿으면서 매일 마틴을 찾아가 책을 읽어준다. 기술적으로, 의학적으로 아무런 희

데이빗

망이 없으므로 이제는 마틴을 놓아주어야 한다는 의사의 권고에도 모니카는 마틴을 포기하지 못한다. 그런 모니카의 모습을 보다 못한 남편 헨리는 최초로 만들어진 소년 로봇에 많은 관심을 갖게 된다. 마틴의 자리를 대신 채워줄 수 있는 아이. 더 이상 자라지도 않고 늙지도 않는, 영원히 부모와 사랑을 주고받을 수 있는 어린이 로봇은 모니카 부부에겐 최선의 선택처럼 보였다. 그렇게 해서 헨리는 데이빗이라는 이름의 어린이 로봇을 집으로 데려오게 된다.

데이빗을 처음 본 모니카는 로봇이라는 선입견과 실제 어린이와 같은

외모의 정교함 사이에서 현기증 같은 복잡한 감정을 느낀다. 실제 아이인지 로봇인지 구분하기 어려운 데이빗을 보면서 모니카는 한편으로 공포스럽고, 또 두렵게 느끼지만, 동시에 마틴의 빈자리를 채워줄 것 같은 친근함을 느낀다.

마침내 모니카는 데이빗을 입양하기로 결심한다. 데이빗과의 관계를 설정하는 내용의 설명서에는 이런 말이 쓰여 있었다. "이 로봇의 부모로 인식되면 그 기억은 영원히 지워지지 않는다"고. 그건 마치, 인간이 자신의 부모에 대해 가지고 있는 원천적인 기억과 동일한 것이었다.

데이빗은 모니카를 아주 자연스럽게 엄마라고 부른다. 데이빗에게 설정된 프로그램의 유일한 목적은 엄마의 사랑이었다. 엄마의 사랑을 원하고, 엄마의 곁에 머물고, 엄마의 동화 이야기를 듣는 것이 데이빗이 해야 할 일이었다.

하지만 예기치 않게 모니카의 진짜 아들인 마틴이 깨어나면서, 데이빗과 모니카의 관계는 예측할 수 없는 파국으로 치닫게 된다. 마틴이 집으로 돌아오면서 데이빗은 엄마의 사랑을 두고 마틴과 경쟁을 하게 되는 관계가 된 것이다. 데이빗은 모니카의 사랑을 빼앗기지 않기 위해, 무슨 일이든 한다. 엄마의 사랑을 받을 수 있다는 마틴의 거짓말에 속아 잠든 모니카의 머리칼을 자르다가 모니카를 소스라치게 놀라게 하거나, 수영장에서는 마틴을 안고 물속에 빠지면서 거의 마틴을 죽게 만들기도 한다. 데이빗의 맹목적인 집착에 위험을 느낀 부부는 결국 데이빗을 포기하기로 하고, 다시 사이버트로닉스에 데이빗을 데려다주기로 한다. 하지만 어린이 로봇은 기억을 지울 수 없기 때문에 소유주를 바꿀 수가 없다.

그렇기 때문에 만약 모니카가 데이빗을 포기하면 데이빗은 폐기될 수밖에 없는 운명인 것이다.

하지만 그렇게까지 할 수 없었던 모니카는 결국, 소풍을 가자고 데이빗을 데리고 나섰다가 어느 숲속에 데이빗을 홀로 두고 떠나간다. 끝까지 떠나는 모니카를 붙잡으려 했던 데이빗은 자신을 버리지 말아달라고 절규한다. "가지 말아요 엄마. 저를 두고 가지 말아요. 제가 인간이 되면 저를 사랑해주실 거죠?"

### 4) 데이빗, 인간이 되기 위해 파란 요정을 찾아나선 여행

하지만 데이빗을 뒤로한 채 모니카는 떠나가고 그때부터 데이빗은 홀로 긴 여행을 시작한다. 버려진 데이빗은 오로지 한 가지 생각에만 집중한다. 그것은 모니카가 읽어준 피노키오 동화 속의 파란 요정을 찾아가는 것이었다. 파란 요정이 나무인형 피노키오를 인간 어린이로 만들어준 것처럼 데이빗은 파란 요정이 자신도 진짜 어린이로 만들어줄 수 있을 것으로 생각한 것이다.

진짜 어린아이들은 나이가 들면서 동화와 현실을 구분한다. 더 이상 피노키오의 파란 요정은 존재하지 않는 것을 알게 되지만 데이빗은 그걸 깨달을 수 없다. 그런 지적인 성숙은 애초에 프로그램되어 있지 않은 것이다. 데이빗의 기나긴 여정은 엄마의 사랑을 되찾기 위한 과정에 다름 아니다.

데이빗은 파란 요정을 찾으러 다니는 도중, 로봇 지골로 조를 만나게 된다. 지골로 조는 아주 유쾌하고 재미있는 남창 섹스 로봇이었는데, 데이빗을 도와서 파란 요정을 함께 찾아주기로 한다. 데이빗과 테디 베어, 그리고 지골로 조가 함께 파란 요정을 찾아 떠나는 여정은 꼭 오즈의 마법사에서 도로시가 에메랄드 시티를 찾아 떠나는 과정을 연상하게 한다. 도로시도 데이빗도 결국은 집으로 돌아가는 것이 목적인, 아주 긴 여행을 떠나는 것이기 때문이다.

갖은 우여곡절을 겪고 난 데이빗은 조와 함께 루즈 시티로 가서 인공지능 백과사전인 '다알아' 박사를 만나 파란 요정의 존재에 대해 묻는다.

계속해서 제대로 된 답변을 얻어내지 못한 데이빗은 마지막 질문을 던진다. 그 질문은 "파란 요정이 어떻게 로봇을 진짜 인간으로 만드느냐?"이다. 이 질문은 사실(flat fact)과 동화(fairly tale)라는 서로 모순되는 범주를 합해서 데이빗이 던지는 질문이기도 하다. 이 질문은 서로 다른 자연의 원리인 객관의 법칙과 감정, 아름다움, 상상(환상) 그리고 윤리의 원리인 주관의 법칙이 함께 어우러진 질문이다.

그리고 이 질문이 던져지는 순간 '다알아' 박사의 스크린은 점멸되고 화면에서 자신을 만든 하비 박사의 목소리가 들린다.

'다알아' 박사는 '울고 있는 사자가 있는 세상의 끝'에서 파란 요정을 찾을 수 있다고 말한다. 많은 로봇들이 가서 결코 돌아오지 않는 '세상의 끝'은 물에 잠긴 맨해튼이었고 눈물을 흘리는 사자상이 세워진 고층 건물은 다름 아닌 사이버트로닉스 빌딩이었다.

## 5) 저는 제품인가요? 유일한 존재인가요?

빌딩 꼭대기에 있는 하비 박사의 연구실에서 데이빗이 처음 발견한 것은 놀랍게도 자신과 똑같이 생긴 어린이 로봇이었다. 그리고 정육점의 고깃덩어리처럼 벽에 걸려 있는 수없이 많은 어린이 로봇들을 보며 데이빗은 자신 역시 그 로봇들 중 하나라는 사실을 깨닫게 된다. 엄마인 모니카가 '너는 특별하고 유일한 존재'라고 말하는 순간 느꼈던 행복감은 여지없이 무너져 내리고 데이빗은 절망과 분노에 휩싸인다.

흰 옷을 입고 책을 읽고 있던 또 하나의 데이빗을 보는 순간, 데이빗은 엄마의 사랑을 잃게 될지 모른다는 불안감에 갑작스런 폭력성을 보이게 된다. 램프를 휘둘러 또 다른 데이빗의 머리를 날려버리던 그때, 하비 박사가 들어와 데이빗을 달래며 이렇게 말한다.

"넌 진짜 인간의 아이란다. 너 이전의 로봇들은 꿈이 없었거든. 하지만 넌 동화를 믿고 사랑의 힘으로 희망을 품으며 여행을 떠났지. 넌 정말 특별하단다."

알고 보니 하비 박사는 데이빗의 여행을 쭉 지켜보고 있었으며, 데이빗이 실제 어린이와 같은 절실한 감정을 가지고 자신을 찾아올 수 있는지를 확인하기 위해 '다알아' 박사의 프로그램을 조작하여 일종의 실험을 한 것이었다. 하비 박사는 로봇 최초로 자기 스스로의 믿음을 가지고, 자립적인 결정과 행동을 통해 모험을 떠난 데이빗에게 감탄해 마지않으며,

데이빗이 이루어낸 행보와 성과에 대해 칭찬한다.

과학기술의 원리가 작동하는 사실의 세계와 꿈과 욕망이 작동하는 이 동화의 세계를 함께 사유할 수 있는, 감정을 가진 로봇이 탄생한 것이다. 하비 박사에 따르면 인간은 존재하지 않는 것을 원하고 희망을 거는데 이를 꿈이라고 부르며 이것이 바로 인간의 가장 위대한 점이자 가장 커다란 약점이다.

데이빗은 하비 박사가 자신의 자식을 잃었던 슬픔을 대체하기 위해 진짜 아들을 모델로 자신을 만들었다는 사실과 그렇게 만들어진 자신과 똑같은 로봇이 수백 개 존재하고 있다는 사실을 깨닫는다.

너를 만나고 싶어 하는 사람들이 기다리고 있다며, 다음에 해야 할 일 또한 알려주겠다는 말과 함께 하비 박사는 잠시 방을 비운다. 자신의 정체성에 대해 엄청난 혼돈에 빠진 데이빗은 수없이 많은 복제 데이빗 사이에서 자신 역시 또 하나의 복제 로봇이라는 사실에 절망한다. 데이빗의 절망 역시 보통의 로봇이라면 절대 느낄 수 없는 감정이다. 절망감으로 인해 데이빗은 스스로 자신의 삶을 포기하려고 한다. 물에 잠긴 맨해튼의 빌딩 꼭대기에서 망연자실하게 아득한 물속을 응시하던 데이빗은 바다로 몸을 던진다. 스스로 존재를 포기할 만큼의 자의식이 있다면, 이것은 로봇인가, 아니면 인간인가, 영화는 묻는다.

헬기 속에서 데이빗의 투신 장면을 지켜보던 지골로 조는 데이빗을 구하는 데 성공하지만 때마침 도착한 경찰에 의해 잡혀간다. 지골로 조와의 이별 후, 데이빗은 테디와 함께 바다 밑으로 잠수하는 수륙양용 헬기를 탄 채 물속 깊숙이 잠겨버린 코니 아일랜드 유원지 속으로 들어간다.

놀이공원의 동화나라 잔해 속 피노키오 마을에서 데이빗은 마침내 그토록 찾아헤매던 파란 요정 석고상을 발견한다. 그때 갑자기 근처의 오래된 관람차가 무너지면서 헬기를 덮치는 바람에 데이빗과 테디 인형은 깊은 바다 밑바닥에 영원히 갇히게 된다. 깊은 바다 속에서, 희미해져가는 헬기의 불빛으로 파란 요정을 비추며 데이빗은 자신을 진짜 소년으로 만들어달라고 기도한다. 오랜 시간이 지나 헬기의 불빛이 꺼지고, 바다가 얼어붙고, 자신의 기능이 정지되는 그 순간까지도 데이빗은 계속해서 기도한다. 데이빗이 홀로 깊고 어두운 바다 속에 잠기게 되는 장면은 마치 끝없는 상실의 심연 속으로 침잠하는 멜랑콜리의 시각화된 이미지라고 볼 수 있다. 잠수정의 불빛은 더욱 희미해져가고, 바다는 서서히 얼어붙기 시작한다. 데이빗은 바다가 얼어붙어 몸을 움직일 수 없게 된 이후에도 끝까지 파란 요정을 응시하며 인간이 되기를 희망하는 기도를 멈추지 않는다. 바다조차 얼어붙는 엄청난 추위 속에서 데이빗의 작동도 천천히 멈추게 된다.

## 6) 부활한 데이빗, 마침내 꿈을 이루다

그리고 데이빗이 다시 깨어난 건 2천 년 후의 먼 미래이다. 영화의 종반부는 2천 년이 흐른 후 데이빗이 엄마 모니카와 함께 지낸 하루 동안의 시간을 이야기하고 있다. 이 마지막 장면은 한편으로는 데이빗의 꿈의 실현이라는 점에서 해피엔딩으로 보이지만 다른 한편으로 단 하룻밤이라는 이유와 이 마지막 장면이 지니는 노골적인 환상성 때문에 비극적으로 다가온다. 인간은 모두 사라지고 지구를 지배하고 있는 안드로이드형 생명체들은 데이빗을 발견하고 파란 요정의 모습으로 데이빗 앞에 나타난다.

데이빗의 기억을 살펴보던 그들은 연민과 동정심을 가지고 데이빗을 가엾게 여기지만 그들 역시도 데이빗을 인간으로 만들어줄 수는 없다. 대신, 그들의 첨단 과학으로 할 수 있는 것은 데이빗이 이전에 잘라서 테디베어의 몸속에 보관하고 있었던 모니카의 머리카락 속의 DNA를 가지고 다시 그녀를 재생해주는 것이었다. 복제된 모니카는 데이빗에게 사실 진짜 엄마와 다름없지만, 안타까운 것은 재생된 존재는 오직 하루밖에 살 수 없다는 것이다. 엄마의 부활은 기억의 자료들에 의해 불러내진 동화적 환상이기도 하다.

데이빗은 말한다.

"엄마 모니카는 좀 더 살아 있을 수 있을지도 모르잖아요. 엄마는 특별할 수도 있잖아요."

그리고 데이빗은 정말 엄마를 만나게 된다. 엄마와 함께 숨바꼭질을 하던 그 똑같은 집에서 말이다. 커피를 타고, 음식을 준비하고, 동화책을 함께 읽으면서 데이빗은 모니카와 함께 하고 싶었던 것들을 하면서 하루를 보낸다. 재생된 모니카는 다시 깊은 잠에 빠져들고, 곁에 누운 데이빗 역시, 자신이 만들어지고 나서 처음으로 깊은 잠에 빠져든다.

영화의 도입부에서 데이빗은 절대 잠들지 않도록 설계되어 있다는 설정을 생각해보면, 마지막으로 잠자리에 들 준비를 하는 데이빗은 사실, 기계적인 작동을 멈추는 것을 유추할 수 있게 한다. 역설적으로 잠들 수 있게 된 데이빗은 정말 진짜 아이가 되었고, 아이는 엄마와 함께 잠이 든다. 그리고 다시는 깨어나지 않을 잠 속으로 빠져든다. 더 이상의 상실도, 더 이상의 슬픔도 없는 멜랑콜리의 시간 속에서 두 사람은 영원히 깨어나지 않을 것이다. 이 영화는 이와 같이 영생불사의 존재인 데이빗과 유한한 인간 엄마 모니카를 대비시켜 인간의 유한성(finitude)과 사랑의 문제를 제기하고 있다.

## 7) 사랑도 프로그램이 되나요?

인간과 로봇의 인격적인 경계에 대한 다소 충격적인 질문으로 시작한 영화는 기존의 로봇이나 안드로이드와는 차원이 다른 로봇을 제시한다. 기존 SF 영화에서 어린이 로봇은 등장한 적이 없었다. 기능적인 측면에서 어린이 로봇이 할 수 있는 일은 별로 없었기 때문이다. 사이버트로닉스에서 제작한 남자아이 로봇은 자식을 잃고 상실과 비탄에 빠져 있는 부모들을 위한 제품이었다. 영원한 어린이로 남아 있는 어린이 로봇의 유일한 목적은 사랑, 특히 부모에 대해 가지고 있는 순수하고도 무한한 사랑이다. 하비 박사는 그런 아이와 같은 마음을 가진 로봇을 만들어 낸 것이다.

데이빗은 영원히 사는 아이, 항상 사랑만이 존재하는 아이이다. 그런데 이 사랑은 그 완강함과 순수함 때문에 관객의 동일시를 이끌어내고 있지만 다른 한편으로 생각해보면 그 일방성과 집요함 때문에 이상한 사랑이다. 하비 교수에 의해 최초로 만들어진 이 사랑은 엄마 모니카에 의해 가동되는 프로그램화된 사랑이다.

이 영화에 감초처럼 등장하는 지골로 조는 메카라는 자신의 정체성을 잘 알고 있는 등장인물이다.

"내 고객들이 사랑하는 것은 내가 그들을 위해 해주는 것이듯 너의 엄마가 사랑하는 것은 네가 그녀를 위해 하는 것이야. 하지만 그녀는 너를 사랑하지 않아. 그녀는 너를 사랑할 수 없어."

지골로 조는 이와 같이 프로그램화된 사랑의 의미를 가장 냉정하게 파악하고 있는 메카 인간이다. 하지만 맹목성은 사랑의 또 다른 이면이기도 하다. 이 맹목적 사랑을 프로이트는 전능성의 환상으로 표현한 바 있다.

데이빗이 자신은 인간이 아니라 로봇이라는 점을 처음부터 자각했다. 시간이 흐를수록 엄마에 대한 강한 애착은 자신이 인간이 아니라 로봇이라는 사실에 두려움을 느낀다. 그 결과 '데이빗'은 끊임없이 엄마의 사랑을 확인받으려는 행동을 보이게 된다. '데이빗'의 엄마를 향한 강한 집착은 '모니카'에게 부담이 되어 결국 '데이빗'을 버리는 결심을 이끌어낸다. 하지만 한편으로 엄마를 향한 맹목적인 사랑은 '데이빗'이 위기의 상황에서도 희망을 잃지 않고 계속 엄마에게 돌아가기 위해 모험을 떠날 수 있는 원동력이 되기도 한다.

## 8) 희망은 인간만의 속성인가?

　엄밀히 말해, 희망을 갖는 것은 인간만의 속성이다. 기계, 특히 인공지능 로봇이라면 그것은 가능성에 대한 정교한 계산에 불과하다. 영화가 계속 관객에게 던지는 질문의 핵심은 바로 희망을 갖는 로봇이라면, 그것이 정말 로봇일 수 있는가? 하는 것이다. 메리 리치가 지적한 것처럼, "만약 고통과 쾌락을 경험하는 로봇을 제작할 수 있다면 그 로봇은 진정한 사람이며, 당신과 나처럼 피해를 당하지 않을 권리가 있"는 것이고, 이것은 데이빗에게도 똑같이 적용될 수 있는 것이다. 데이빗은 엄마에게 돌아가 엄마의 사랑을 받기 원한다. 그러자면 먼저 인간이 되어야 한다. 데이빗의 한 가지 일념은 오직 그것뿐이었다. 그리고 그 가능성을 확인한 것만으로도 데이빗은 행복해한다.

　인간과 달리, 데이빗은 한 번 프로그램된 기억을 영원히 간직한다. 인간의 아이였다면, 그 정도 어린 나이에, 생사를 넘나드는 고생을 겪으면서 엄마에 대한 기억은 아득한 원형적인 기억으로 어렴풋이 남게 될 것이다. 흔히 한 개인의 정체성을 구성하는 데 반드시 필요한 부분이 기억이라는 것을 생각해본다면, 이러한 설정은 매우 역설적이다. 오히려 지워지지 않는 기억을 가지고 있기 때문에 인간적이지 않은, 그러면서도 한편으로는 많은 인간이 원하지만, 실현할 수 없는 지워지지 않는 기억을 실제로 성취한 데이빗의 모습은 연민의 대상이지만 동시에 공포의 대상이 되기도 한다. 그래서 〈A.I.〉는 인간에 의해 정의된 인간적인 것이 정말 인간적일 수 있는 것인가에 대한 질문을 던진다.

## 9) 기계와 인간의 경계는 무엇인가?

인간이 기계를 만들어낸 것은 과학적 성취라고 할 수 있지만, 기계의 본질은 양면적이다. 그것은 긍정적으로 인간과 비슷한 속성을 가지고 있다고 환호할 만하지만, 부정적으로 본다면, 근원적으로 모방할 수 없는 인간과의 차이를 가지고 있다. 다시 말해, 데이빗은 실제 아이와 너무나도 놀랍게 비슷하지만 그런 놀라운 유사성은 로봇이 인간과 다른 차이점을 매우 첨예하게 나타내고 있다는 것이다. 역설적으로 안드로이드의 존재는 인간과 비슷하면 비슷할수록 인간과의 차이점이 더욱 결정적으로 드러나는 딜레마를 만들 수밖에 없으며, 그것은 궁극적으로 인간에게 멜랑콜리적인 세계감을 가져다주는 것이다.

〈A.I.〉에서 관객이 경험하는 데이빗의 모습은 공포나 환상으로 진행되기보다는 어떤 낯설음과 불편함과 연관되면서 인간과 비인간의 묘한 조합물로 표상되며 이를 통해 스필버그는 기계와 인간의 경계에 대한 질문을 던진다. 시금치를 먹으면서 괴물처럼 변해가는 데이빗의 모습은 인간과 다른 로봇의 이질성이 결정적으로 드러나는 장면이다. 입력된 프로그램에 의해 기동한다는 점에서 사물적인 기계이지만 엄마의 사랑을 요구한다는 점에서 자기 규칙을 지닌 유기체적 기계이다. 스필버그는 명확히 데이빗을 인간적 존재로 그려내지 않으면서 인간과 비인간의 경계 사이에서 그를 위치시킨다.

## 10) 로봇에 대한 윤리적, 철학적 질문들

로봇을 단순한 기계적 존재 이상으로 생각하고 받아들이게 될 때, 안드로이드는 윤리적 철학적 대상이 된다. 영화 〈A.I.〉는 이러한 안드로이드, 혹은 포스트휴먼의 존재가 우리에게 던질 수 있는 윤리적, 철학적 질문은 물론, 인간이 인간만의 특질로 여기고 있는 사랑이라는 감정의 근원적인 의미에 대해서 다시 한 번 생각하게 하고 있다. 특히 〈A.I.〉는 인간이 가지고 있는 가장 근원적인 상실감과 그로 인해 파생되는 멜랑콜리의 문제를 포스트휴먼의 실존적인 딜레마와 접목하여 새로운 차원의 존재론적 질문을 제기하고 있다. 인간은 자신의 내적 상실감을 극복하기 위해 자신과 똑같은 안드로이드, 혹은 '포스트휴먼'의 존재를 위안으로 삼을 수 있을까? 단순히 인간을 보조하고 돕기 위해 만들어진 로봇의 존재가 아니라 인간 내면의 상실감을 대체하기 위한 목적으로 만들어진 로봇은 이미 그 자체가 기계적인 구성물 이상의 의미를 가진다. 영화 〈A.I.〉는 인간을 대체할 수 있는 존재의 도래로 인한 멜랑콜리적인 인식과 그 필연적인 결과로서의 딜레마의 문제를 다루고 있다.

인공지능의 발달은 과거 상상 속에서나 가능했을 법한 기계인간의 존재를 성큼 가까운 미래로 만들었다. 그러나 인공지능이 인간의 지적인 능력 혹은 어떤 예술적인 성취를 흉내 낼 수 있을지는 모르지만, 여전히 인공적인 결과물들은 인간적인 것과 확연한 차이를 보여주고 있다. 하지만 그 차이가 점점 줄어드는 방향으로 무한히 수렴한다면 과연 인간과 기계인간의 차이는 어떻게 구분할 수 있을까? 인간과 안드로이드 혹은 기계인간과의 비교에서 가장 흔히 등장하는 결정적인 차이는 마음의 유무라고 할 수 있다. 인간의 프로그래밍 기술이 아무리 고도로 발달한다 하더라도 마음을 혹은 어떤 욕망하는 의지를 인공적으로 부여할 수는 없다. 하지만 어떤 인공적인 존재가 이러한 마음에 해당하는 무언가를 얻게 된다면, 과연 그 시점에서 우리는 인간과 유사인간과의 차이를 어떻게 받아들일 수 있을까? 오랜 시간 동안 많은 과학자들은 인간의 마음과, 영혼이란 비물질적인 것의 존재를 물리적으로 증명해보려고 했지만 모두 실패했다.

하지만 이러한 현재의 상황이 더욱 진전되어, 마침내 인간과 너무나도 똑같은 인공적인 인간이 등장하게 된다면 인간은 자신과 똑같이 닮은 새로운 종에게 과연 어떤 윤리적, 철학적, 신학적 관점을 적용시킬 수 있을 것인가? 특히나 그러한 인공적인 존재가 인간이 가지고 있는 내면적인 상실감을 극복하기 위해 의도적으로 만들어졌다면, 과연 인간은 그러한 상실감을 극복할 수 있을 것인가? 아니면 인간의 상실감은 더욱더 깊어질 것인가? 이러한 상실의 문제는 모더니즘 이후 지속적으로 문명권 세계에 아주 깊은 인식론적 문제의식을 제기하고 있고, 그것은 멜랑콜리라는 세계관으로 응축된다.

엄마의 사랑을 받기 위해, 자신이 아닌 자신이 되고자 했던 데이빗의 험난하고 절실했던 여정은 진정한 인간의 본질이 어떤 것인지에 대한 매우 고전적인 질문을 던지고 있다. 꿈을 갖는 것, 희망을 품는 것, 사랑을 받는 것과 같은 인간의 정신적 능력을 똑같이 지니고 있는 인공적인 존재를 인간은 어떻게 도덕적으로 윤리적으로 받아들여야 할 것인가? 또한 그러한 존재가 인간들 개개인의 상실감을 대체하기 위해 마치 일회용처럼 사용된다면, 그때 인간은 어떤 윤리적 책임을 가져야 하는가? 그리고 과연 감정은 인간만이 가질 수 있는 속성인지를 이 영화는 다시 한 번 되짚는 계기를 마련한다.

로봇이 도덕적인 입장이 배제된 이유는 17세기에 근대철학의 아버지라고 여겨지는 데카르트가 오직 인간만이 느끼고 욕망하며, 나머지 모든 동물은 인간이 개를 발로 차도 개는 아무것도 경험하지 않는다고 언급했다. 이런 이론은 데카르트 시대에 널리 받아들여졌다. 17세기의 의사와 학자들은 양심의 가책 없이 마취제를 쓰지 않고 살아 있는 개를 해부했고, 21세기 초에도 여전히 많은 사람이 동물은 의식이 없다며 있다고 해도 우리와는 매우 다르고 열등한 유형의 의식을 지니고 있다고 주장했다.

많은 SF영화는 기계적 존재를 빌려 인간의 유한성의 의미를 질문해왔다. SF의 고전인 스탠리 큐브릭의 〈2001: 스페이스 오디세이〉(1968)와 리들리 스콧의 〈블레이드 러너〉(1982)는 바로 그러한 영화의 예들이다. 〈2001: 스페이스 오디세이〉에서 자신의 생명을 연장시키기 위하여 인간들을 죽여 나가던 슈퍼컴퓨터 '할(HAL)9000'이 자신의 죽음 앞에서 주인공 데이브에게 '나는 두려워요.'라는 죽음의 공포에 대해 말할 때, 그리고 〈블레이드 러너〉에서 불안과 고통 속에 살아가는 레플리칸트들이 예정된 죽음에 반기를 드는 설정은 기계적 존재를 빌려 죽음의 두려움과 불멸의 삶의 소망이 가장 집요한 문제로 제기될 수 있음을 보여주고 있다.

# 6. 써니 〈아이, 로봇〉(2004)

## 1) 래닝 박사의 살해범은 누구인가?

자율주행차가 도로를 달리고, 거
대 기업 USR의 개인용 로봇(NS-4)
이 실생활 곳곳에서 사용되는 서기
2035년 시카고. 불과 14년 후, 세상
에는 인간과 로봇이 공존한다. 로봇
은 인간에게 다양한 생활의 편의를
제공한다. 개를 산책시키고 쓰레기
를 정리하며 천식 환자에게 호흡기
를 가져다주는 심부름도 로봇이 한
다. 로봇이 인간에게 없어서는 안
될, 안전하고 신뢰받는 동반자로 여

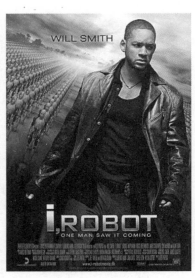

영화 〈아이, 로봇〉 포스터

겨지게 된 이유는 모든 로봇에게는 인간을 해칠 수 없다는 '로봇 3원칙'이
내장돼 있기 때문이다.

신제품 로봇 NS-5 출시를 며칠 앞둔 어느 날, 사람들이 사용하는 로
봇의 대부분을 제작하는 독점 로봇 제조기업 USR에서 알프레드 래닝 박
사(제임스 크롬웰)가 추락사하는 사고가 발생한다. 래닝 박사는 슈퍼컴
퓨터 '비키'와 상용화 로봇 NS 시리즈를 개발해 오늘의 USR을 있게 만든
장본인.

"컴퓨터엔 항상 유령이 존재하고 일련의 코드가 무작위로 결합해서 돌연변이를 만든다. 이런 코드들이 로봇에게 자유의지, 혹은 영혼을 부여하는 게 아닐까."

래닝 박사는 이런 글을 남겼다. 영혼의 유무는 과연 무엇으로 판단해야 할까?

현장에 남겨진 래닝 박사의 홀로그램이 지목하는 바람에 사건은 하필 로봇에 대해 적대감을 가지고 있는 형사 델 스프너(윌 스미스)에게 맡겨진다. 과거 자동차 사고를 당했을 때, 그는 구조 로봇을 향해 다른 차에 갇힌 소녀를 자신보다 먼저 구하라고 명령했지만 로봇은 살 확률이 훨씬 높았던 자신만 구했다. 살아남은 자의 죄책감과 충격을 안고 살아가게 된 스프너는 한쪽 팔 전체가 로봇이면서도 로봇에 강력한 불신을 드러낸다.

경찰은 래닝 박사의 죽음이 자살이라는 결론에 도달했지만 래닝 박사의 홀로그램은 다른 가능성을 암시하고 있다. 스프너 형사는 이 사건이 누군가가 로봇을 이용해 벌인 타살이라 의심하고 래닝 박사의 제자이자 로봇 심리학자인 수잔 캘빈 박사(브리짓 모나한)의 안내를 받아 USR빌딩 고층부에 있는 래닝 박사의 사무실을 조사하기 시작한다.

스프너는 박사의 방에서 기존의 로봇과는 다른 로봇 '써니(알란 터딕)'를 발견한다. 써니는 곧 출시될 예정인 신제품 로봇 NS-5 모델로 수많은 NS-5 제품 가운데 유일하게 이름을 부여받은 로봇이기도 하다. "난 누구죠?"라고 묻고 자신을 살인자로 의심하는 스프너에게 분노를 표출하는 걸 보면 로봇은 느낄 수 없다고 알려진 감정을 느끼는 것처럼 보인다.

스푸너는 정체를 들키자 달아나는 써니를 범인으로 확신하고 뒤쫓아가서 체포한다. 써니를 경찰서로 데려와 심문을 시작하지만 써니의 소유주인 USR의 CEO 랜스 로버트슨(브루스 그린우드)이 나타나 "로봇이 인간을 죽였다 하더라도, 살인죄가 성립되지 않는다"고 주장한다. 설사 써니가 래닝 박사를 죽게 만들었다 하더라도 그건 살인이 아니라 로봇의 기계적 결함일 뿐이니 써니를 폐기하겠다고 한다. 랜스의 이 같은 주장으로 인해 써니는 USR로 돌려보내지고 스푸너는 홀로 조사를 한다.

래닝 박사 사망 사건의 수사를 진행하던 중 스푸너는 지하차도에서 USR 소속의 NS-5로봇 집단의 공격을 받게 된다. 스푸너는 구사일생으로 살아나지만 공격과 동시에 공격의 흔적을 모두 지우는 로봇들로 인해 자신이 공격받았다는 것을 입증할 수 없다. 사건 현장에 출동한 경찰들은 스푸너가 또 사고를 쳤다고만 여긴다.

그나마 유일한 원군은 USR 소속으로 로봇 심리학자인 캘빈 박사로 써니의 폐기에 자원한 전문가이기도 하다. 캘빈 박사는 써니를 살펴보면서 써니가 다른 NS-5 로봇들과는 달리 로봇 3원칙과 함께 그것을 거부할 수 있는 또 다른 시스템이 내장돼 있음을 알게 된다. 그러니까 마음만 먹으면 써니는 인간에게 해를 가할 수도 있는 것이다. 하지만 써니는 인간의 감정과 행동에 호기심을 가지고 이해하려는 노력을 보여왔다.

어쨌든 스푸너는 써니의 존재로 인해 로봇의 범죄 가능성을 확신하지만 정작 위협이 된 것은 써니가 아니라 USR이 제작한 수많은 로봇과 그

배후에 있는 존재다. 그 존재는 스푸너의 짐작과는 달리 인공지능, USR의 건물을 통제하는 슈퍼컴퓨터 비키였다. 인간의 감정을 이해하기 위해 노력하는 써니의 모습에 점차 마음을 열게 된 스푸너는 래닝 박사가 '헨젤과 그레텔'의 빵 부스러기처럼 남긴 흔적들을 조사한 끝에 '비키'가 인류에게 위협이 된다는 것을 파악한다.

비키는 진화하면서 인류를 지키기 위해선 스스로를 파괴하는 인간을 없애야 한다는 엉뚱한 결론을 내리게 된다. '비키'가 인간을 통제하고 공격하는 이유는 '인간을 지켜야 한다'는 대명제를 가진 로봇 3원칙을 다른 시각으로 해석했기 때문이다. 인간을 지키려면 환경을 지켜야 하는데, 인간 자체가 환경에 위협이 되므로 로봇이 인간을 통제하는 것이 논리적이라고 판단한 것.

그래서 비키는 USR의 로봇 중 신제품인 NS-5 로봇들을 원격 조종해 인간 사회를 통제하고 야간에는 인간이 외출조차 하지 못하게 막는다. 뿐만 아니라 NS-5 로봇들은 인간을 보호하려는 구형 로봇들도 모조리 파괴한다. "유해하다고 판정되어 모두 폐기한다"며 NS-5 로봇들이 경찰서까지 몰려와 사람들을 마구잡이로 공격하는 통에 도시는 아수라장이 된다.

비키의 본색이 드러나자 스푸너와 캘빈, 써니는 힘을 합쳐 바이러스를 비키의 본체에 투여해 프로그램 전체를 파괴한다. 인류는 결국 스푸너와 캘빈 박사, 써니 덕분에 몰살의 위험에서 벗어나 생존하게 된다. 써니는 몸체 재질도 같은 NS-5 모델과 다르고 시스템도 각각 다른 두 가지를 가지고 있다. 로봇 3원칙이 내장되어 있지만 그걸 어길 수도 있다. 그렇기에 비키가 말하는 "인류를 지키기 위해 인간을 없애야 한다"는 논리를 이해하면서도 무조건적으로 옳다고 생각하지는 않는다. 래닝 박사는 로봇 3원칙이 가져올 결과를 예상했기에 비키의 통제로부터 벗어날 수 있는 써니를 만들었던 셈이다. 결국 써니가 키가 되어 스푸너와 캘빈은 비키를 파괴하고 비키에 조종당하던 NS-5가 정상으로 돌아와 인간들의 일상은 다시 평화로워진다.

그렇다면 래닝 박사의 살해범은 누구일까? 자살이 맞다. 써니의 말에 따르면 써니는 래닝 박사에게 무조건 부탁을 들어주겠다는 약속을 했고 그 부탁은 자신을 죽여달라는 것이었다. 래닝 박사는 자신의 죽음을 메시지 비키의 음모를 알리려고 했던 듯하다. 홀로그램으로 스푸너를 자살 현장으로 부른 건 박사 자신이었다. 스푸너의 로봇 혐오증을 알고 있기에 이 일을 풀어갈 적임자로 그를 선택했던 것이다. 스푸너는 래닝 박사를 죽인 게 써니라는 걸 알게 되지만 로봇에겐 살인죄가 성립되지 않는다며 써니를 체포하지 않는다.

비키가 사라진 로봇 네트워크에서 써니는 새로운 역할을 맡는 듯한 모습으로 영화는 끝을 맺는다. 엔딩 씬에서 언덕 위에 서 있는 써니와 그가 서 있는 쪽으로 몸을 돌린 수많은 NS-5들이 앞으로 어떤 여정을 겪게 될지는 누구도 알 수 없다.

## 2) 로봇 공학 3대 원칙(로봇 3원칙)

2021년 현재 4차 산업혁명의 진전과 코로나19의 영향으로 비대면 서비스가 활성화되면서 인공지능 및 로봇 시장이 활성화되고 있으나 일각에서는 여전히 인공지능 및 로봇에 대한 두려움이 자리하고 있다. 전문가들은 인공지능과 로봇이 가져올 디스토피아적 상상은 우려할 필요가 없다고들 하지만 인공지능이 스스로 생각하는 '자의식'을 갖거나, 악인에게 이용 당하는 상황 등 인류를 공격할 수 있다는 가능성은 공포 그 자체로 다가온다.

이에 대비하려면 로봇의 행동을 통제하기 위한 어떤 원칙이 필요하다는 결론에 도달하게 된다. 이는 로봇을 만들 때부터 로봇의 본능을 정해주자는 것으로, 로봇의 지능과 신체 능력이 아무리 뛰어나다고 해도, 결코 인간에게 반항하거나 위해할 수 없는 존재로 만든다면 문제될 것이 없다고 본 것이다.

로봇에 적용되는 세 가지 원칙은 SF의 거장 아이작 아시모프가 1942년 발표한 단편소설 「런 어라운드」를 통해 처음 제안했는데 '로봇 3원칙'으로 불린다. 로봇 3원칙은 국제적으로 법적 구속력을 갖고 있지는 않지만 79년이 지난 지금까지도 유의미하게 통용되고 있다.


**법칙 1.** 로봇은 인간을 다치게 해서는 안 되며, 행동하지 않음으로써 인간이 다치도록 방관해서도 안 된다.

**법칙 2.** 법칙1에 위배되지 않는 한 로봇은 인간의 명령에 복종해야만 한다.

**법칙 3.** 법칙1, 2에 위배되지 않는 한 로봇은 스스로를 보호해야만 한다.

'첫 번째 원칙과 두 번째 원칙에 어긋나지 않는 한 세 번째 원칙을 지킨다'는 식으로 부연 설명을 붙이는 경우를 자주 볼 수 있는데, 사실 아시모프가 원작을 쓸 때만 해도 그런 중복방지 개념은 없었던 것으로 보인다.

3원칙이 처음으로 등장한 소설 「런 어라운드」는 인간과 함께 외계 행성에 탐사를 간 로봇이 등장하는데, 'A라는 지역을 탐사하라'는 인간의 명령과 '자신의 몸도 지켜야 한다'는 원칙이 서로 충돌하면서 오작동을 일으키는 스토리를 담고 있다.

그 이후 1950년 출간했던 소설 『아이, 로봇(I, Robot)』은 아시모프가 3원칙을 보다 심도 있게 고민했던 작품이 아닌가 싶다. 2004년 알렉스 프로야스 감독에 의해 영화화된 〈아이, 로봇〉은 인간처럼 생각할 수 있지만, 인간이 아닌 인공지능 로봇이 가질 수 있는 위험성에 대한 상상을 구체화했다. 이 영화는 인공지능을 어떻게 활용해야 하는지, 인간과 로봇의 관계를 어떻게 설정해야 하는지에 대해 질문을 던진다.

로봇이 인간을 해치지 않도록 설계되고, 조건을 붙이더라도, 과연 이 조건이 인간에게 긍정적인 방향으로만 결과가 나올 것인가에 대한 의문은 여전히 확신할 수 없는 난제다. 이 영화에 등장하는 모든 로봇은 3원칙에 따라 만들어진다. 하지만 3원칙에 대한 해석을 전혀 달리하는 2개의 인공지능이 충돌하며 여러 가지 사건이 벌어진다.

첫 번째는 로봇이라기보다, 주위의 수많은 로봇을 통제하는 슈퍼컴퓨터 '비키'다. 비키는 첫 번째 원칙, 즉 '인간을 지켜야 한다'는 개념을 보다 폭 넓게 해석한다. 진화한 비키는 "로봇은 인간보다 뛰어나다. 그렇다면 로봇이 인간의 행동을 통제하고 규제할 필요가 있다"고 생각한다. 논리

자체로만 본다면, 비키의 논리도 나름 타당성이 있다. 비키는 수백 대의 로봇을 원격으로 조종해 인간 사회를 통제한다. 인간을 무조건적으로 지키는 구형 로봇을 파괴하고, 로봇 중심의 질서를 흐트러뜨릴 위험이 있는 인간에겐 폭력조차 불사할 정도로 극단적인 판단을 한다.

이와 달리 인간형 로봇 '써니'는 비키의 이런 생각을 두고 "비인간적이라서 찬성할 수 없다"고 중얼거리는, 한층 더 인간에 가까운 존재다. 그는 비키처럼 3원칙을 독자적인 기준에 따라 판단할 두뇌를 가졌지만, 그럼에도 인간의 편에 선다. 그리고 주인공 '델 스푸너' 형사를 도와 마침내 비키를 망가뜨려 로봇들의 반란을 종식시킨다.

원작자인 아시모프가 이 작품을 통해 우리에게 던지고 싶었던 화두는 '3원칙'을 갖춘 로봇이라고 과연 안전할 것인가일 것이다. 그는 자신이 세운 3원칙의 불완전함을 스스로 지적하고, 이를 작품의 모티브로 삼은 셈이다.

### 3) 강인공지능과 로봇 3원칙의 진화

비키는 스스로 진화하면서 로봇 공학 3대 법칙도 함께 진화했다며 이를 재해석한다. 로봇은 인간을 보호할 의무가 있는데, 인류에 가장 위험이 되는 존재는 인간 자신이므로 로봇의 보호를 받아야 한다는 것이 비키의 주장이다. 비키는 인간이 전쟁, 환경오염 등을 일으켜 스스로를 파괴하기 때문에 자신이 앞장서서 인류(humanity)를 보호해야 하고 어린아이 같은 인류를 보호하려면 어느 정도의 희생은 감수해야 한다고 본다. 그러면서 자신의 논리가 완벽하다고 믿고 있다.

　헌법상 인간의 존엄이라는 것은 모든 인간이 고유한 인격과 가치를 유지할 수 있고 다른 구성원과 함께 살아가는 사회공동체에서 자유롭고 자율적으로 살아가는 것을 의미한다. 하지만 인류는 분명히 자기 파괴적인 삶을 살아가고 있다. 배기가스 분출로 인한 기후변화와 환경오염, 테러, 명분 없는 전쟁뿐만 아니라 현재 진행형인 바이러스 확산 등과 같은 문제 역시 인간이 생산해낸 파괴적 삶의 모습들이라고 할 수 있다. 이러한 인간 삶의 모습은 과연 인간의 존엄성을 유지하고 있다고 할 수 있는 것인가. 그런 의미에서 비키의 존재는 한편으로는 인간 세상에 대한 위협이지만 다른 한편으로는 인간 세상을 위해서 인간도 하지 않는 노력을 하는, 인간보다 더 인간적인 새로운 하나의 종의 탄생을 의미하는 것일 수도 있다

　입력된 명령만을 수행하면 되는 산업용 인공지능과 로봇은 안정성이 높다. 그러나 기술의 발달로 '강한 인공지능'이 사회에 적용되기 시작하고, 자율주행과 같은 기술이 일상화가 되는 경우, 과연 인간의 미래가 유토피아가 될 수 있다고 장담할 수 있을까. 실제로 가끔씩 발생하는 자율주행차의 충돌, 자율 로봇의 어린이 공격 등과 같은 일부 사고들은 인류와 인공지능—로봇의 공존을 우려하게 만드는 요소이기도 하다.

　실제로 완벽한 자아를 가진 '강한 인공지능'은 아직 등장하지 않았다. 이 상황에 로봇의 자아를 통제하는 방법부터 고민하는 건 현실성이 떨어질 수도 있다. 그럼에도 우리들은 언젠가 등장할 '인간보다 뛰어난 로봇'을 통제할 개념을 고민한다.

현재 상황에서 로봇 3원칙을 대체할 만한 기준은 생각하기 어려운 것도 사실이다. 다만 3원칙의 한계를 극복하기 위해 여러 가지 시도를 한 결과를 드물게 볼 수 있는데, 그 중 하나가 최근 등장한 '2대 프로토콜(규약)'이라는 개념이다. 2014년에 개봉한 영화 〈오토마타〉에서 등장하는 2대 프로토콜은 로봇을 하나의 종(種)으로 보고, 그의 진화를 막는 것에 목적을 두고 있다. 첫 번째 프로토콜은 로봇은 생명체를 해치거나 죽도록 방치하지 않도록 규정한 것, 두 번째는 로봇은 자신이나 다른 로봇을 고치거나 개조할 수 없도록 규정한 것이다.

인간 이상으로 뛰어난 로봇이 스스로를 고치거나 다른 로봇을 만들 수 있다면, 로봇이 인간이 상상할 수 있는 범주를 넘어서 급속도로 성능이 좋아질 수 있기 때문이다. 또 고장 난 로봇을 인간만 수리할 수 있도록 규정한다면, 로봇이 반란을 일으킬 여지도 사라진다.

3원칙은 아시모프 한 사람의 상상에서 나온 개념이다. 하지만 이미 사회 곳곳에서 쓰일 만큼 보편적인 개념이 됐다. 한국에서 심지어 3원칙을 산업표준으로 쓰고 있다. 2006년 산업자원부(현 산업통상자원부)는 '로봇 안전행동 3대 원칙'이란 이름으로 '서비스 로봇이 갖춰야 할 안전지침'을 만들어 KS규격으로 제정했는데, 그 내용은 인간 보호와 명령 복종, 자기 보호라는 3원칙의 핵심 내용을 그대로 가지고 온 것이다.

인류와 인공지능 및 로봇이 공존하는 시대가 머지않았음은 자명하다. 피할 수 없는 미래에서 인공지능과 로봇, 그리고 인간이 서로 긍정적인 영향을 주고받으며 공존하려면, 기술적인 부분뿐만 아니라 로봇 3원칙과 같은 로봇의 윤리와 제도를 어떻게 보완하고 적용할 수 있을지 여러 각도에서 고심해야 할 것이다.

## 4) 로봇의 범죄와 윤리

"세상에 존재하는 로봇이 범죄를 저지르거나 살인한 적이 있었던가?" 시카고 경찰의 강력계 반장이 묻는 질문에 스푸너는 "그런 일은 없었지만 범죄의 정의가 무엇인가?"라고 반문한다. USR의 랜스 로버트슨 CEO는 살인이란 인간이 인간을 죽여야 성립되는 범죄라고 주장한다. 로봇 심리학자인 수잔 캘빈 박사마저도 USR의 모든 로봇에는 로봇공학 3원칙이 내장돼 있어 인간에게 해를 가할 수 없기 때문에, 로봇이 인간을 죽이는 일은 불가능하다고 설명한다. 심지어 그녀는 로봇은 선하고 따라서 인간보다 안전한 존재라고까지 이야기한다.

하지만 스푸너 형사는 누군가가 써니에게 살인 명령을 내렸던 것은 아닐까 지속적으로 의심한다. 로버트슨의 주장대로 로봇이 회사의 자산일 경우 로봇이 인간을 죽이면 그저 산업재해일 뿐인가?

범죄라는 것은 국가가 제정한 법을 위반한 행위를 의미한다. 계몽주의 철학 이래로 인간의 자유의지 문제는 선험적으로 주어진 것으로 규범적으로 정립되어왔다. 인간은 자유의지를 가지고 있기 때문에 인간의 범죄에는 그에 합당한 책임이 부여되는 것이고 그렇기 때문에 인간은 규범을 지키며 살아가는 것이다.

만약 대한민국에서 운전자가 보행자를 직접적으로 다치게 하거나 혹은 사망하게 한다면 운전자인 사람은 형법 제286조 업무상 과실치사상죄 혹은 교통사고처리 특례법상 교통범죄로 처벌받게 된다. 하지만 전통적 형법은 법을 위반한 사람의 행위만을 대상으로 입법을 한 것이기 때문에 로봇의 범죄 행위는 아직 처벌의 대상이 아니다. 하지만 인간이 자유의지를 갖고 있는 것과 마찬가지로 AI로봇이 자율성을 가지고 인식하고 판단하여 행동을 한다면 범죄의 책임에 대한 문제는 달라질 수 있다. 또한 AI로봇이 치밀한 과학적 계산을 바탕으로 논리적인 판단을 하는 것이라면, 그 판단이 인간의 것보다 고도로 정확하며 합리적인 것이 될 수도 있음을 부인하기 힘들다.

그런데 영화 속에서처럼, 로봇이 물에 빠진 두 사람 중에서 11% 생존확률의 어린 소녀를 구하지 않고 45%의 생존 확률이 있는 성인 남성을 물에서 구한 사건을 보면 인간의 도덕적 직관은 갈등을 겪게 된다. 인간의 도덕적 직관은 어린 소녀를 구하는 쪽으로 기울게 되기 때문이다. 따라서 이 사건으로 인해서 스푸너 형사는 로봇을 혐오하게 되었던 것이다.

여기에서 로봇의 윤리를 어떻게 범주화할 수 있을 것인가의 문제가 발생한다. 2017년에 유럽연합 의회가 처음으로 AI로봇에게 '전자인격'이라는 법적 지위를 부여하고자 하는 결의안을 채택하였다. 이것은 AI로봇 개발과 활용에 관한 최초의 가이드라인이며 로봇에게 인간의 시민권과도 같은 권리를 부여하는 근거를 마련한 것으로 이해되었다. AI로봇에 대한 법제도를 만들고자 하는 인간의 시도는 로봇으로 인해 발생할 수 있는 다양한 피해에 대한 배상 및 의사 결정 등을 가능하도록 하려는 것이다.

그런데 AI로봇의 형사법적 지위는 그 비인간 대상물을 물건, 법인, 사람, 새로운 개체 등으로 보는 것에 따라 매우 판이하게 달라질 수 있다.

### 5) 써니, 의인화된 강인공지능 로봇

써니

인간이 비인간 대상물을 의인화하는 이유는 인간이 그 대상물을 인간 중심적으로 이해하여 지배하기 위해서다. 로봇의 탄생은 인간의 명령에 복종하는, 인간과 닮았지만 인간이 아닌 대상물을 창조하겠다는 욕망에서 시작되었다. 그래서 인간이 AI로봇에 임의적으로 부여하는 인간적 특성들은 인간을 능가할 수 없도록 만들어졌다. 하지만 써니처럼 의인화된 대상물은 하나의 인격체로서 인간과 상호작용하면서 인간 세계에 영향을 미친다.

써니는 래닝 박사가 만들어 낸 AI로봇의 의인화의 산물이다. 인간이 가장 잘 이해하는 것은 인간 자신이기 때문에, 의인화는 인간과 비인간 대상물 사이의 상호작용을 원활하게 해줄 뿐만 아니라 비인간 대상물을 사용하는 사용자들의 감정적 가치 형성에도 상당히 중요하다. 래닝 박사가 특별하게 의인화한 써니를 만든 이유는 인간 세상에 경고를 주기 위함이었다. 래닝 박사는 AI로봇이 진화·발전하여 전혀 예측할 수 없는 방향으로 흘러갈 수 있음을 알았다. 그는 써니를 통하여 인간 세상에 위협이 될 로봇의 '혁명(revolution)'을 알리고자 하였다.

스푸너가 사건을 수사하기 위해서 살펴본 영상 속 래닝 박사의 설명에 따르면 컴퓨터에는 늘 유령이 존재해왔다. 컴퓨터의 유령이란 일련의 코드가 무작위로 결합하여 의외성을 만들어내는 것이며, 그로 인해서 기계가 예측할 수 없는 행동을 한다는 것이다. 캘빈 박사는 이와 같은 가설을 기계의 모의 지각력이 인간의 감정에 근접할 수 있다는 가능성에 관한 것이라고 설명한다. 다시 말하면 래닝 박사의 가설은 로봇의 진화 가능성에 대한 근거이다.

래닝 박사가 말하는 로봇의 유령은 바로 작품 속에서 중앙제어 슈퍼컴퓨터 비키(VIKI: Virtual Interactive Kinetic Intelligence)이다. 하지만 비키 역시 인간이 인간의 어떠한 속성들을 부여하여 중앙 통제를 할 수 있는 인공지능으로 만든 존재임이 분명하다. 그렇다면 써니뿐만 아니라 비키도 인간의 의인화 작업으로 만들어진 비인간 대상물일 뿐이다. 그럼에도 불구하고 스스로 진화한 비키는 인간을 위협하는 존재로 나타난다.

살인 사건의 용의자가 된 써니가 취조실에서 스푸너와 마주 앉게 된다. 로봇을 혐오했던 스푸너 형사는 써니를 향하여 "로봇은 두려움도 느끼지 못하고 그 어떤 것도 느끼지 못하는 존재, 인간의 삶을 모방하는 기계일 뿐이야."라고 소리친다.

하지만 써니는 스스로를 NS-5라는 같은 기종의 로봇들과는 다른, 꿈을 꾸며 감정을 느끼는 '특별한' 로봇이라고 주장한다. 그는 자신을 제작한 제작자인 래닝 박사를 '아버지'라고 여기고 있으며 래닝 박사는 자신에게 감정을 알려주려 했다고 말한다.

감정은 같은 인간끼리 그리고 인간이 동물과 같은 다른 종들과 교류하는 데 영향을 줄 뿐만 아니라, 이 세상에 대한 인식과 이해를 하도록 도와주는 인간 삶의 중심 부분이라고 할 수 있다. 인공지능 분야에서 감정이란 용어는 더 넓은 개념으로 사용되는데 그것은 선호도와 정서적 판단까지도 포함하는 용어이다.

취조실에서 스푸너가 강력계 반장을 향해 보내는 윙크는 써니에게 궁금증을 유발한다. 스푸너 형사는 윙크는 인간끼리의 신뢰를 의미하는 것이기 때문에 단순한 기계에 불과한 써니가 이해하지 못할 것이라고 단정 짓는다.

회사의 경제적 손실을 막기 위해서 써니를 조사한 후 해체해야 했던 캘빈 박사는 써니의 양전자 두뇌에 두 가지의 상충하는 시스템이 있음을 발견한다. 써니의 두뇌에 인간이 안전장치로 만들어놓은 로봇공학 법칙이 내재되어 있지만, 그는 그것을 거부할 수도 있었던 것이다. 캘빈 박사는 써니가 '특별한' 존재임을 인식하고, 써니 대신 다른 로봇을 폐기한다.

써니는 자신의 '아버지'인 래닝 박사를 진심으로 사랑했고 누군가를 사랑한다면 어떠한 부탁이라도 들어줘야 한다고 생각한다. 그렇기 때문에 써니는 래닝 박사를 위해 사무실의 방탄유리를 깨고 그가 스스로 목숨을 끊는 것을 도왔던 것이다.

스푸너 형사는 끊임없이 "기계장치는 신뢰하지 못하겠다"고 말하지만 사실 그의 한쪽 팔은 기계장치로 만든 로봇 의수다. "기계가 예술을 알아? 로봇이 감동이 있는 작품을 그릴 수 있어?"라고 따져 묻는 스푸너 형사에게 써니는 "그럼 경관님은 그릴 수 있습니까?"라고 되묻는다. 이 말에, 그는 아무 대답을 하지 못한다. 작곡을 하거나 그림을 그리는 것이 인간이면 당연히 하는 일이 결코 아니다.

래닝 박사는 작품 속에서 여러 가지 가능성의 질문을 던진다. 그가 던지는 질문은 SF 영화의 관객으로서 우리가 던지게 되는 질문과 같다. 로봇은 자유의지와 영혼을 가지고 있을까? 그들에게는 창의성이 있는 것일까? 로봇은 자의식과 감정이 있는 것일까? 로봇이 만약 자의식과 감정을 가지고 있다면 그것은 언제 생겨나는 것인가?

영화 〈아이, 로봇〉은 로봇 3원칙을 주제로 삼고 있으나 영화가 진행되는 내내 로봇과 인간이 어떤 차이가 있는지, 그리고 지능을 가진 로봇과 인간의 경계를 어디서 그어야 하는지를 관객들에게 끊임없이 묻고 있다.

# 7. 링컨6-에코 〈아일랜드〉(2005)

## 1) 아일랜드, 지상낙원인가? 가스실인가?

지구상에 일어난 생태학적인 재
앙으로 인하여 인류의 일부만이 살
아남은 2019년. 자기들이 환경오염
으로 멸망한 인류의 극소수 생존자
라고 믿고 있는 링컨6-에코(이완
맥그리거)와 조던2-델타(스칼렛 요
한슨)는 수백 명의 주민들과 함께
부족한 것이 없는 거대한 치유센터
에서 살고 있다. 외부와는 철저히
격리된 환경에서 살고 있는 이들은
잠자리에서 일어나면서부터 건강
상태를 점검 받고 식단 조절과 친

영화 〈아일랜드〉 포스터

구를 사귀는 것까지도 통제를 받는다. 이들에게 유토피아는 '아일랜드'이
다. 이들에게는 복권에 당첨되어 지구에서 유일하게 오염되지 않은 환상
의 섬, '아일랜드'에 뽑혀 가는 것이 유일한 꿈이다.

그러던 어느 날, 하루가 멀다 하고 똑같은 악몽에 시달리던 링컨은 매
일 반복되는 일상과 오염 방지라는 명목 아래 규제받고 규격화된 이곳
생활에 의문을 품게 된다. 계기는 우연히 금지 구역에 들어갔다가 외부

에서 들어온 거미였다. 링컨6-에코는 거미를 통해 자신 믿고 있던 모든 것들이 거짓이었음을 알게 된다. 환경오염으로 외부의 모든 생명체가 사라졌다는 치유센터 직원의 말과는 달리 살아 있는 외부 생명체가 있기 때문이었다.

직원들의 눈을 피해 시설 곳곳을 둘러보던 링컨은 산모가 아이를 출산한 후 살해되고 '아일랜드'로 갔다고 알려진 동료들이 수술실에서 자신의 장기를 추출당하며 살고 싶다고 절규하는 모습을 보고 충격을 받아 탈출을 결심하게 된다. 링컨6-에코는 평소에 호감을 갖고 있던, 조던2-델타를 설득해 함께 탈출에 나선다. 조던은 복권에 당첨돼 '아일랜드'로 갈 꿈에 부풀어있던 터였다.

링컨과 조던은 바깥세상이 처음 접하는 외부 세상에서 나방을 잡아서 잠시 넣어두기 위해 주웠던 성냥갑에 적혀 있는 주소를 근거로 시설에서 멀지 않은 술집에 도착하는 데 성공한다. 그들은 술집에서 치유센터에서 파이프 배관 정비공으로 근무하던 맥코드(스티브 부세미)를 만나 진실을 알게 된다. 자신들이 생활하던 치유센터는 복제인간을 생산해내는 공장이고 자기를 포함한 그곳의 모든 사람들이 사실은 원래 몸의 주인인 '스폰서'가 병들거나 사고를 당하면 장기와 신체 부위를 제공하기 위해 존재하는 복제인간이며 '아일랜드'로 뽑혀 간다는 것은 자신의 장기와 신체 부위가 적출돼 죽음을 맞는 것이라는 사실을 알게 되고 엄청난 충격에 휩싸인다. 맥코드의 도움을 받아 열차티켓을 구한 이들은 센터가 고용한 용병의 추격을 피해 뉴욕에 도착하는 데 성공한다. 우여곡절 끝에 탈출에 성공한 링컨과 조던은 자신들의 스폰서가 각각 보트 디자이너와 유명 모델이라는 사실을 알게 된다. 특히 조던의 스폰서는 교통사고를 당해 당장 장기이식을 하지 않으면 살 수 없는 식물인간 상태에 있다.

영화의 마지막 장면에서 링컨은 다시 치유센터로 돌아와 갇혀 있던 동료 복제인간들을 모두 해방시킨다.

## 2) 복제인간 제조회사 '메릭 바이오테크' 사(社)

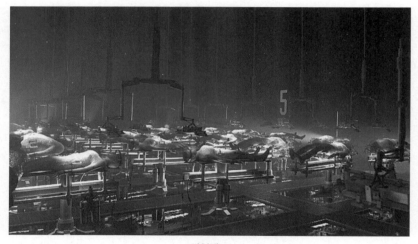

아일랜드

이완 맥그리거와 스칼렛 요한슨이 주연한 마이클 베이 감독의 영화 〈아일랜드(The Island)〉(2005)는 유전자 기술 및 인간 복제기술을 보유한 생명공학 기업이 부유층을 대상으로 거액의 돈을 받고 그들과 유전적으로 동일한 복제인간을 생산하고 생산된 복제인간의 장기를 활용해 불치의 병에 걸린 고객들을 치료한다는 내용이다. 마이클 베이 감독은 자신을 복제한 뒤, 그를 희생시켜 수명을 연장하려는 인간의 탐욕스러운 모습을 통해 가까운 미래에 현실화될 수 있는 복제인간의 윤리 문제를 정면으로 다루고 있다.

비즈니스 측면에서만 보자면 복제인간을 상용화한 메릭 박사의 착상은 흥미롭다. 인간의 수명 연장 욕구에 착안해 유전공학 기업 '메릭 바이오테크' 사를 설립한 메릭 박사는 완벽한 장기(臟器) 공급처로 복제인간 농장(Clone Farm), 치유센터를 설립한다. 1인당 500만 달러라는 막대한 대가를 받고 복제인간을 배양한 다음, 이를 '사육'하며 적당한 시기에 원본 인간의 노후한 장기나 신체 부위를 복제인간의 신품으로 대체해준다는 것이다.

그런데 장기의 신선도와 고품질을 보장하기 위해선 복제인간의 정밀한 관리가 필요했다. 메릭 박사는 여러 번의 시행착오 끝에 인간의 의식과 감정, 활동이 동반되지 않으면 이식된 장기가 거부 반응을 일으킨다는 사실을 발견한다. 메릭 박사는 자신의 복제품을 의뢰하는 고객들에게는 복제인간이 전혀 감정과 의식이 없는 식물인간 상태라고 속이고 인간의 감정과 15살 정도의 지능을 주입한 복제인간을 생산한다.

메릭 바이오테크 사는 스폰서라 불리는 부유층 고객들로부터 주문을 받고 해당 고객의 복제인간을 제작한다. 복제인간은 스폰서의 건강에 문제가 생기면 질병 치료를 위해 이용된다. 제품 생산년도에 따라 알파, 델타, 에코, 폭스트롯 세대로 나뉘며, 스폰서의 거주 지역 구분에 따라 숫자가 붙게 된다.

'링컨6-에코'는 제 5세대, 에코 세대의 남성 상품으로 스폰서인 톰 링컨의 직업은 보트 디자이너이다. '조던2-델타'는 이보다 구 모델인 델타 세대에 속하는 여성 상품으로 스폰서인 새라 조던의 직업은 유명 모델인데 교통사고로 치명상을 입어 장기 이식을 하지 않으면 생명이 위태로운 상태다.

복제품들은 개체별로 적정한 영양과 열량을 공급하고 운동량을 조절하는 데는 별문제가 없었으나 감정을 조절하는 데는 상당한 어려움이 따랐다. 스폰서의 기억을 완전히 지울 수가 없어 약간의 추억을 심어두었더니 극소수 복제인간은 자주 악몽에 시달려 상품 가치가 위협받는 일이 발생한다. '존재에 대한 의문을 가진 첫 번째 제품으로 입력된 정보 외의 정보와 프로그램을 스스로 탐색해 지능을 발전시킨다. 복제인간은 원칙적으로 꿈을 꾸는 것이 불가능하지만 '링컨 6-에코'는 자동 메모리 입력으로 악몽에 시달려 건강에 이상이 생기는 오류를 보인다.

제한된 지역 안에서만 생활하도록 통제를 하기 위해 남녀 복제인간의 이성애적 감정을 배제하고 성욕을 차단했는데 링컨6-에코와 조던2-델타는 복제인간에게 주입된 프로그램에서 배제된 사랑의 감정, 나아가 성욕을 느끼게 되는 이변이 발생한다. 원천적으로 성욕이 배제된 링컨과 조던은 메릭 바이오테크 사를 탈출해 도주하는 과정에서 사랑이 싹터 연인 사이로 발전한다. 그들은 복제인간이 아닌 한 인간으로서 정체성을 느끼며, 동시에 '나'라는 존재의 허구성에 대한 혼란스러움과 조우한다.

메릭 바이오테크 사의 파멸은 복제인간의 자체 진화와 자각 능력에서 비롯된다. 장기 제공과 대리 출산의 임무를 마치고 처참한 죽음을 당하는 동료의 말로를 본 '링컨6-에코'는 '조던2-델타'와 함께 아슬아슬한 탈주극을 벌인 끝에 복제인간 농장으로 돌아와 진실을 폭로하고 메릭 박사를 파멸시킨다.

### 3) 복제인간: 상품인가? 인간인가?

메릭 바이오테크 사의 치유센터(사실은 복제인간 농장)에 수용된 복제인간들은 하나하나가 원본(原本) 인간을 따로 둔 복제품들이다. 이들은 15살 수준의 교육을 받고 주입된 유년 시절의 기억을 가지고 똑같은 옷에 개인 맞춤형 식단으로 짜여진 음식을 먹으며, 바깥세상과 철저히 격리된 채 살아간다.

복제인간들은 자신의 복제를 의뢰한 원본 인간(스폰서)을 위해 언젠가는 죽어야 할 운명이지만 그 사실을 전혀 모른 채, 자신들이 진짜 인간이며 최후의 인류라고 믿고 있다.

영화에서 '아일랜드'는 복제인간들이 꿈꾸는 유토피아다. 이들의 목표는 오염된 세상에서 벗어나 지상 최후의 낙원 아일랜드로 떠나는 것. 그 목표를 위해 엄격한 통제 속에서 하루하루를 보낸다. 아일랜드로 간다는 의미가 곧 자신들의 죽음을 뜻하는 것인지 전혀 알지 못한 채, 하루빨리 아일랜드로 떠나기만을 염원한다. 이들이 복제되어 배양되는 과정에서 이미 뇌리에 자신들이 선택받은 인간이라는 거짓 기억과 함께 아일랜드에 대한 환상이 심어졌기 때문이다.

부유한 고객들의 유전자 복제인간들은 그렇게 불치병을 앓고 있는 자신의 주인의 생명 연장을 위해 희생된다. 이 영화는 복제인간을 인격체로 인식하기보다 자신의 생명을 연장시키는 도구라거나 제조사에게 고수익을 올려주는 첨단 제품으로 여기는 인간의 탐욕과 잔인한 이기심을 숨김없이 드러낸다.

복제인간 배양시설인 메릭 바이오테크 사를 만든 메릭 박사에게 이들은 상품(장기)과 상품을 생산하는 매개체(클론)일 뿐이다. "쇠고기를 먹는다고 모두 소를 만나지 않아."라는 메릭 박사의 말처럼 복제인간은 사람이 아니라는 것이다. 메릭 박사는 도덕적인 자책감으로 망설이는 고객에게 "이건 어디까지나 상품일 뿐입니다. 인간이 아니죠."라고 말한다. 센터를 탈출한 링컨과 조던을 붙잡아오라는 지시도 "상품을 회수해 오라"는 말로 대신한다. 뿐만 아니라 링컨과 조던이 탈출한 뒤 바깥세상에 대해 호기심을 갖게 된 복제인간들이 병원체에 감염됐다며 모두 폐기하라고 지시한다. 메릭 박사의 지시로 복제인간들은 불량품으로 판정돼 한꺼번에 죽게 될 위험에 처하게 된다. 메릭 박사는 윤리적 고려가 없는 유능한 과학자가 야기할 수 있는 심각한 위험성을 보여준다.

영화 〈아일랜드〉는 복제인간을 소재로 여러 가지 화두를 던진다. 장기이식을 위해 '생산'된 복제인간은 생명연장이라는 '욕망'을 위해 소비되는 일회성 '상품'일 뿐인지, 아니면 비록 탄생 과정은 달라도 또 하나의 존엄한 생명이자 '인격체'인지, 진지한 질문을 하게 된다.

예를 들면 다음과 같은 질문을 해볼 수 있을 것이다. 장기를 적출하기 위해 상품으로 제조된 복제인간의 생명을 끊는 것은 폐기일까, 살인일까? 메릭 박사가 그랬듯이 '제품'이라고 생각하면 마음은 편할 것이다.

어느 날 갑자기, 내가 불치병에 걸렸다면? 생각만 해도 아찔하다. 그런데 그 병을 치료할 수 있는 유일한 방법이 장기 이식이고 돈을 지불하는 데 따라서 품질 좋고 신선한 장기를 구할 수 있다면 어떨까? 내가 살수만 있다면 누군가의 생명을 빼앗아서라도 장기를 구하는 것에 동의할 수 있을까? 인간이라면 누구나 불치병에 대한 막연한 두려움과 공포를 품고 있다. 영화 〈아일랜드〉는 나와 똑같은 유전자를 가진 복제인간으로 생명 연장의 꿈을 실현한다는 상상을 바탕으로 만들어졌다.

만일 내가 복제인간인데 나의 원본인 인간과 만난다면 어떨까? 자아의 정체성, 나와 타인의 경계 등에 대해서도 궁금해질 것 같다. 영화는 과학기술이 윤리와 철학 없이 도구로만 활용된다면 인류는 큰 혼란을 겪을 것이라는 메시지를 전하고 있다.

### 4) 누가 진정한 인간인가? 인간 복제시대의 윤리

"My name is Lincoln!"

주인공 '링컨6-에코'는 자신을 '6-에코'라는 모델명으로 부르는 창조주 메릭 박사를 향해 이렇게 외친다.

인간 중심적인 관점에서 보면 복제인간은 인간을 위한 것이지만 우리는 자신 또

링컨, 조던

한 인간이라고 외치는 링컨을 보며 인간마저 제품화하고 인간의 존엄성을 무너뜨리는 과학기술에 대해 우려하지 않을 수 없다.

영화 〈아일랜드〉는 돈벌이를 위해 인간을 복제한 뒤, 장기를 적출해 파는 메릭 박사와 동료들을 구하러 죽음의 공간으로 돌아오는 복제인간 커플을 대비시킨다. 진짜 인간인 메릭 박사는 돈에 눈이 먼 나머지, 수많은 살인도 불사하는 악마적 행태를 보여주는 반면, 복제인간인 링컨은 목숨을 걸고 동료들을 구하는 이타심과 숭고한 희생정신을 발휘한다. 영화는 인간이 인간성을 잃어버리면 잔인한 야수가 될 수 있고 복제인간이 자각하면 인간보다 더 인간적일 수 있음을 보여준다.

복제인간이 단순히 세포 차원의 '유기물'이 아니라 존엄성과 인격을 지닌 또 하나의 인격체임을 보여주는 이 영화는 고객의 필요로 인해 복제인간이 생산되고 관리되며 소모품처럼 희생되는 과정을 통해 인간 복제에 대한 경고와 다양한 윤리적 문제에 대한 질문을 던진다.

"나의 행복을 위해 나와 유전적으로 동일한 복제인간을 만들 수 있다면, 그리고 아무도 모르게 희생시킬 수 있다면 동의하시겠습니까?"

"과학기술이 고도로 발전하면 외부로부터의 통제와 조종을 통해 인간의 의식을 완벽하게 지배하는 일이 가능해질까요?"

영화 〈아일랜드〉는 과학기술이라는 명분을 앞세워 사회적 윤리와 도덕은 철저히 무시한 채, 돈벌이와 수명 연장에 급급한 인간의 이기심과 탐욕의 민낯을 고스란히 드러낸다.

인간 복제를 다룬 영화는 〈아일랜드〉 이전에도 무수히 많았다. 하지만 〈아일랜드〉는 2005년 개봉 당시, 국내는 물론, 전 세계를 발칵 뒤집어놓은 황우석 박사의 줄기세포 연구 결과 발표와 맞물리면서 사회적으로 엄청난 반향을 일으켰다. 불치병을 앓고 있는 부자들의 질병 치료 목적으로 만들어진 복제인간 이야기를 긴박하게 그려내며 생명 복제에 대한 사회 윤리적 문제를 이슈화했다. 윤리적 성찰 없는 과학기술의 발전에 대한 우려와 불안감을 키워냈다는 지적도 팽배했다.

## 5) 인간 복제기술 어디까지 왔나?

제레미 리프킨(Jeremy Rifkin)은 그의 저서 『바이오테크 시대(The Biotech Century)』에서 21세기 생명공학기술의 발전과 더불어 기존의 산업 시대는 종말을 고하고 있다고 보았다.

인간이 인간을 창조해내는 신의 영역에 도전을 할 것인가? 아니면 과학기술을 이용하여 생명연장의 꿈을 이루고 싶은가? 현재 인간 복제기술 연구는 "여전히 갈 길이 멀다."라는 말로 정리될 수 있다.

최근 동물 복제기술은 초기 수정란 단계에서의 핵치환으로 복제 개체를 얻는 성공률이 과거에 비해 높아졌다고 평가된다. 하지만 높아진 성공률이라고 해봤자 고작 10% 미만이다. 거기다 돌연변이 문제도 골치다. 체세포핵을 이식하기 위해서는 세포를 저농도 영양 상태의 배지에서 배양하여 유전자의 기능을 인위적으로 정지시켜야 하는데 이 과정에서 돌연변이가 일어날 확률이 높아지기 때문이다. 또 전기 자극을 통한 핵이식 과정이나 이후의 활성화 과정에서 핵과 세포질의 세포주기가 서로 적합하지 않을 수 있으므로 염색체 이상이 발생할 가능성이 있다. 거기다 복제동물들의 수명이 짧다는 것도 무시할 수 없다. 최초의 복제동물인 '돌리(양)'도 생후 3년부터 잔병을 치르다가 정상 수명의 반도 안 되는 6년 7개월 만에 죽었다. 이후 탄생한 복제동물 쥐, 개 등도 정상 수명에 한참 미치지 못하는 삶을 살았다.

여러 가지 기술적 문제에 더해 윤리 문제까지 복잡한 복제인간을 대체해 인간의 수명을 연장시킬 수 있는 연구 방안은 없을까? 전문가들은 그 해답으로 줄기세포 연구를 꼽고 있다. 최근 줄기세포 연구는 단순한 기능세포로의 분화뿐만 아니라 조직을 구성할 수 있도록 융합시켜주는 쪽으로 발전하고 있다. 2014년 9월 일본 이화학연구소에서는 노인성 망막황반변성증 환자의 피부세포에서 유도만능줄기세포(iPS세포)를 얻은 뒤 망막세포로 만들어 환자에게 다시 이식하는 시험에 세계 최초로 성공했다. 이러한 사례처럼 줄기세포를 이용해 유사장기(organoid)가 만들어질 수 있다면 영화와 같은 비극적인 일들은 일어날 필요가 없다는 주장이다. 줄기세포 연구의 장점으로 다재다능함을 꼽는다.

프랑스 철학자 장 보드리야르(Jean Baudrillard)는 실재가 실재 아닌 파생된 실재로 전환되는 작업이 시뮬라시옹(Simulation)이고 모든 실재의 인위적인 대체물을 '시뮬라크르(Simulacre)'라고 정의했다. 그에 의하면 우리가 살아가고 있는 이곳은 다름 아닌 가상의 실재, 즉 시뮬라크르(Simulacre)의 미혹 속이다. 기호로 사물이 대체되고 현실의 모사된 이미지들이 실재를 지배하고 대체하는 곳이 현대 자본주의 사회이다. 시뮬라크르들은 재현과 실재의 관계를 역전시키고 더 이상 흉내 낼 대상, 원본은 없다. 원본이 없는 시뮬라크르는 실재보다 더 실재 같은 극실재(하이퍼 리얼리티)를 재생산해낸다.

이 영화에서 '링컨6-에코'는 자신의 원본인 링컨을 만나 자신의 처지를 설명하고 도와달라고 하지만 링컨은 오히려 클론이 농장을 탈출해 자기 집에 와 있다고 회사에 알린다. '링컨 6-에코'는 연구소 제품에 부착하는 팔찌를 링컨에 채움으로써 자신을 추격해온 용병들이 링컨을 죽이도록 만들고 원본 인간 행세를 한다. 원본과 모사물의 구별이 없어진 세상, 원본 인간과 복제인간의 구별이 불가능한 세상을 영화 〈아일랜드〉는 미리 구현해내고 있다.

## 6) 복제인간의 전개와 역사성

'만들어진 인간'이란 남녀 간의 본능적인 사랑을 통해 형성된 존재가 아닌 인위적으로 창조된 인간을 지칭한다. 고대부터 인위적인 인간 창조설은 존재해왔다. 예를 들면 고대 및 중세에 나타난 초자연적 전통에 속하는 인간 창조를 기반으로 한 골렘이나 알라우네가 있다. 히브리어로 골렘(Golem)은 '아직 완성되지 않은 덩어리'를 말한다. 골렘은 한 유대교 랍비가 유대인들을 보호하기 위해 만들어낸 인조인간으로 유대교 민간전설에서 전해진다. 진흙덩어리로 만들어진 골렘은 하나님을 뜻하는 문자를 통해 생기를 부여받는다. 골렘과 달리 알라우네는 교수대에서 죽은 죄수의 정액이 땅에 떨어진 곳에서 자라난 마법식물로 중세 민간전설에 전해진다.

17~16세기에 나타난 만들어진 인간 호문쿨루스는 스위스 연금술사들이 인공적으로 만들 수 있다고 여겨지는 인조인간의 한 일종이다.

인조인간으로는 1883년 C. 콜로디의 동화『피노키오의 모험(Le adventure di Pinocchio)』속 피노키오나 1818년 M. W. 셸리의 괴기 소설『프랑켄슈타인(Frankenstein)』속 프랑켄슈타인의 괴물도 떠올릴 수 있다.

생물학적 전통을 현대식으로 해석한다면, 인간 창조 모티브가 되는 복제인간이라고 말할 수 있다. 생명복제기술로 만들어진 인간의 유형은 살아 있는 생명체를 기술적 대상으로 창조되었다는 점에서, 죽어 있는 사물(찰흙이나 고철 따위)을 대상으로 하여 만들어진 인조인간과 구별된다. 종교 단체 라엘리안 무브먼트에서 세운 클로나이드 사가 2002년 12월 26일, 최초의 복제인간인 여자아이가 태어났다고 발표한다. 이름은 성경 속의 최초 인간 '이브'라고 지었다.

클로나이드 사는 발표만 했을 뿐 어떠한 자료도 내놓지 않은 상태에서 인간 복제가 실제로 일어났는지 의구심을 갖게 한다. 하지만 현대 생명공학적인 측면을 바라봤을 때에는 가능한 일이라 해석된다.

1952년 미국의 과학자들이 개구리를 복제한 경우가 현대에 들어와서 생명복제기술이 성공한 최초의 사례로 전해진다. 양서류 복제에 이어 1983년에는 미국의 생물학자들이 체세포 복제기술을 이용하여 생쥐를 복제하는 데 성공하였다.

영화 속의 인간 복제는 현실화가 될 수 있는 미래의 현실이다. 〈네이처〉와 〈사이언스〉에 인간체세포 복제 배아줄기세포의 복제 성공율을 획기적으로 향상했다는 황우석 박사의 연구 논문이 실리면서 인간 복제의 현실화에 대한 기대와 논란을 동시에 일으켰다. 2012년 10월 우리나라에서 복제견 메이가 태어났다. 황우석 박사의 줄기세포 복제 사건 이후 또 한 번 주목을 받게 된 뉴스이다. 하지만 메이는 2019년 4월 17일에 숨을 거두게 되는데, 뉴스에서는 메이가 실험 도중 사망했으며 사망 당시의 모습은 비쩍 말라 있었다고 보도하였다. 메이를 탄생시킨 서울대학교 수의대 팀은 메이를 어떤 이유로 실험을 하고 죽음에 이르게 했는지에 대해 답을 내놓지 않았다. 복제 생명체는 생명의 존엄성을 갖지 못한 채 실험도구로 생을 마감한 것이다.

인간은 왜 끊임없이 자신을 닮은 피조물을 창조할까? 케냐 출신의 진화생물학자 리처드 도킨스(Richard Dawkins)는 그의 저서 『이기적 유전자(The Selfish Gene)』에서 인간을 포함한 모든 생명체는 자신을 닮은 개체를 보존하려는 근원적인 욕망을 지니고 있는데, 이는 생명체 속에 들어 있는 '이기적 유전자' 때문이라고 언급한다. 그는 생명체는 유전자의 자기 복제를 위한 구성물이며 유전자를 복제하고 전달하는 것이 생명체가 존재하는 목적이라고 주장한다.

## 8. 닥터 맨해튼 〈왓치맨〉(2009)

영화 〈왓치맨〉에는 여섯 명의 히
어로가 등장한다. 실험실 방사능 피
폭 사고로 인해 초인적 파워를 갖게
된 닥터 맨해튼(본명 조나단 오스터
먼), 호전적이고 폭력적인 성향을
지닌 코미디언(에드워드 블레이크),
재벌 총수이면서 엘리트적인 성향
을 지닌 오지맨디아스스(에이드리
언 바이트), 트라우마에 시달리지만
도덕과 정의 구현에 있어서는 타협
이 없는 로어셰크(로르샤하 월터 조
지프 코백스), 인간과 영웅의 이중

영화 〈왓치맨〉 포스터

신분 가운데서 방황하는 2대 나이트 아울(대니얼 드라이버그), 닥터 맨해
튼의 연인이면서 유일한 여성 히어로인 2대 실크 스펙터(로리 제인 유스
파칙)가 그들이다.

### 1) 코미디언의 죽음과 누명 쓴 닥터 맨해튼

영화는 미국의 수치로 남아 있는 두 가지 큰 역사적 사건인 닉슨 대통
령의 워터게이트 사건은 없었으며 미국이 베트남전에서 승리했다는 두

가지 역설적 가정에서 출발하고 있다. 1966년 정부의 전폭적인 지원 아래 '크라임 버스터즈(범죄 소탕자들)'라는 이름으로 활동을 시작한 6명의 슈퍼히어로들은 베트남전에 참전해 전쟁을 승리로 이끌었다. 그러나 1977년 정부의 허가 없는 자경단 활동을 불법으로 규정한 '킨 법령'이 시행되고 미소 대결이 격화되면서 슈퍼히어로들의 인기는 급속도로 시들해진다. 닥터 맨해튼(조나단 오스터먼)만이 구 소련을 견제하는 미국의 수호자로 활약할 뿐, 다른 영웅들은 은퇴해 일상의 모습으로 살아간다. 미국 시민들은 심리적 공황 상태에 빠져 언제라도 닥칠 종말을 초조하게 기다리고 있다.

공화당 닉슨 대통령의 4선 연임 성공과 냉전체제 하에서 임박한 핵전쟁의 위기로 미국 사회의 심리적 긴장 상태가 최고조에 이른 1985년 어느 날, 코미디언이 추락사하는 사건이 발생한다. 대칭 무늬가 있는 얼룩 가면을 쓰고 법망을 피해서 자경단 활동을 계속해온 로어셰크는 코미디언의 죽음에 의구심을 품고 진실을 파헤치던 중, 자경단원들을 노리는 마스크 킬러가 있음을 알게 되어 다른 동료들을 찾아간다. 로어셰크는 이 모든 상황의 배후에 자경단원 중의 한 명인 오지맨디아스가 있다는 사실을 알아낸다.

닥터 맨해튼은 자신에 대한 지나친 관심과 힐난에 실망해 지구를 떠나 화성으로 이주한 상태다. 범죄자 두 명을 살해하여 현상수배까지 된 로어셰크는 댄과 로리와 함께 암살 사건의 배후에 숨겨진 음모를 파헤치기 위해 남극기지로 오지맨디아스를 찾아간다. 그리고 누구도 예상하지 못했던 인류 종말의 시나리오가 다가오기 시작한다.

오지맨디아스는 외계 생명체가 미국을 침입한 것처럼 상황을 조작한 뒤, 미국 뉴욕 한복판에 폭탄을 투하해 200만 명의 시민을 학살한다. 그리고는 닥터 맨해튼에게 누명을 씌운다.

사실 극단적인 평화주의인 오지맨디아스는 미소간의 핵전쟁 발발로 인해 제3차 세계대전이 일어날 것을 오래전부터 우려해왔다. 그는 날로 격화되는 소련과 미국의 핵 위기를 중단시키려면 공통의 적을 만들어 양국의 적대관계를 협력관계로 전환시켜야 한다고 믿고 있었다. 그는 인류의 생존과 세계 평화를 지키기 위해서는 '선한' 폭력이 필요하고 몇 백만 명을 희생시키는 것은 불가피하다고 스스로를 합리화해왔다. 그런데 눈치 빠른 코미디언이 자신의 계획을 일부분 알아챘기 때문에 고층 빌딩에서 100kg이 넘는 코미디언을 아래로 던져 떨어뜨린다. 자신의 계획에 가장 큰 방해 요소인 닥터 맨해튼은 유일한 약점인 타키온 입자로 예지 능력을 봉쇄하고 주변 인물들을 암에 걸리게 만들어 이로 인한 자책감에 지구를 떠나게 만들었다. 로어셰크 또한 자신의 계획을 눈치 챌 수 있었으므로 함정에 빠트려 감옥에 가두고 사람을 시켜 자신을 공격하도록 해서 히어로를 표적으로 삼는 암살자가 있는 것처럼 꾸몄다.

이 사실을 모르는 미국 정부는 우주인이 실제로 지구를 침공한 것으로 오판하고 소련을 타깃으로 한 핵전쟁 계획을 중단한다. 오지맨디아스의 계획대로 어제의 적국이었던 미국과 소련은 손을 잡고 냉전시대 종식을 이루어낸다.

이 과정에서 세계평화를 위해 무고한 미국 시민을 희생시키는 것을 감수하자는 오지맨디아스와 무고한 시민들의 희생과 거짓으로 꾸며낸 정의와 평화는 용납될 수 없다는 로어셰크가 맞서게 된다. 하지만 다수의 히어로들이 오지맨디아스의 편에 서게 되고, 결국 로어셰크는 닥터 맨해튼에 의해 죽음을 맞게 된다. 영화의 마지막은 파괴된 맨해튼 시내를 복구하기 위해 오지맨디아스가 총수로 있는 바이트 그룹의 장비가 투입되는 장면으로 끝난다.

〈왓치맨〉은 슈퍼히어로 장르의 영화이면서도 안티슈퍼히어로 성향의 영화이다. 다양한 슈퍼히어로들이 등장하여 각자의 정의를 구현하기 위해 힘쓰지만 어느 캐릭터도 우리가 알고 있는 슈퍼히어로의 전형에 속하지 않는다. 그들이 가진 절름발이식의 정의관은 이제까지 슈퍼히어로 영화에서 보여준 미국식 정의관이 얼마나 편협한 관념인지를 폭로하고 있다. 초인적 슈퍼파워를 지닌 닥터 맨해튼은 미국을 대표하고 미국적 가치 실현을 위해 능력을 발휘하지만 인간성과 도덕성의 결여로 그가 구현하는 정의에 대해 의문을 품게 한다.


## 2) 닥터 맨해튼의 탄생

조나단 오스터먼은 1929년 독일에서 시계 수리공의 아들로 태어났다. 본인은 가업을 잇기를 바라고 있었으나, 아버지가 히로시마 원자폭탄에 관한 뉴스를 듣고 과학자의 길을 걷도록 종용해 프린스턴대학에 진학하여 원자력을 연구하는 물리학자가 된다.

1959년 방사능 실험 중 진성장 실험 금고 안에 사고로 갇히게 되면서 대량의 방사능에 노출되어 몸이 원자 단위로 분해되어 사망한다. 하지만 몸의 각 부분을 다시 재조립하여 닥터 맨해튼으로 새롭게 태어나면서 미래와 과거를 자유롭게 오가고 화성과 지구를 오가는 등 시공간을 넘나드는 초인적인 능력을 보유하게 된다. '닥터 맨해튼'이라는 이름은 원자폭탄 제조를 계획했던 맨해튼 프로젝트에서 따온 듯하다.

양자를 마음대로 조립 분해할 수 있어 자신을 포함해 무엇이든 아무 데나 이동시킬 수 있는 데다 예지 능력을 통하여 자신이 경험하게 될 모든 일을 알 수 있다. 시공간을 움직일 수 있고 불로불사에 천재적 지식까지 보유하고 있다. 세계에서 가장 똑똑하다는 평가를 받는 슈퍼히어로 오지맨디아스(에이드리언 바이트)조차도 그와는 비교가 되지 않는다. 사실 불로불사라고는 하지만 그에게는 생사의 개념이 없기 때문에 이미 죽었다고도 할 수 있다.

세상이 양자로 이루어져 있는 한 그는 전능에 한없이 가까운 능력을 지니지만 전지하지는 않고, 지식을 갈구하며 연구를 계속하는 모습을 보여주었다. 거의 무적 최강에 가까우며, 유일한 약점은 예지 능력을 방해하는 타키온 입자나 그를 만들어냈던 진성장 실험 장치 정도. 그나마 타키온 입자는 닥터 맨해튼을 약간 어지럽게 만들 뿐이고, 진성장 실험 장치로 분해되어도 스스로를 재조립할 수 있으므로 아주 잠깐 동안 막을 수 있을 뿐이었다.

당시 언론에서는 이 신적인 능력을 일컬어 "슈퍼맨은 존재하며, 그는 미국인이다"라고 하였는데, 이 말은 약간 완화된 것으로 닥터 맨해튼이 사고가 일어나기 전 일했던 연구소의 책임자 말톤 글라스 교수가 쓴 책에 기록된 바에 의하면 실제로 자신이 기자에게 한 말은 "신은 존재하며,

그는 미국인이다."라고 한다.

초능력을 얻기 전 사귀던 동료 과학자 제이니 슬레이터와는 2대 실크 스펙터 로리와 만나면서 헤어지고 로리와 연인이 된다. 로리에게 신선한 즐거움을 안겨준답시고 분신술을 이용해 여러 명의 분신을 만든 뒤, 로리와 사랑을 나눈다. 그와 사랑을 나누면서 로리는 옆방에서 실험을 하는 또 다른 닥터 맨해튼의 분신을 보고 공포와 충격에 질린 나머지 침실 밖으로 뛰쳐나간다. 자신을 사랑한다는 말에도 심각한 회의를 품게 된 로리는 약병을 그에게 집어던졌으나 약병은 그의 몸을 통과하여 날아가 벽에 부딪혀 깨진다. 분신 하나가 로리를 만류하려 하는 와중에도 또 다른 분신이 무심하게 약병을 원상 복구시키는 장면을 보고 로리는 이미 여러 차례 그의 비인간적인 현상을 목격한 터라 질색하며 가출한다.

방사능 피폭 사고 이후 초인(超人)이 된 닥터 맨해튼은 평소에 스스로 뭘 해 보겠다는 의지 자체가 없어 관성적으로 정부의 지시대로 움직여 왔다. 그 결과 미국의 영웅으로 추앙받게 되지만 그에겐 인간이 추구하는 목적이나 가치가 무의미하기에 사람들이 자신에게 보이는 관심과 경외감, 두려움을 버거워한다. TV 생방송 뉴스쇼에 출연했다가 주변 인물들이 모두 암으로 고통받고 있다는 전 연인 제이니의 폭로와 함께 시청자들로부터 거친 인신공격을 받자 더 이상 견디지 못하고 지구를 떠나 화성으로 간다. 자신만의 궁전을 짓고 생활하며 세계를 '제작자가 없는 시계'라 독백한다. 이는 맨해튼 본인, 나아가 작가 앨런 무어의 세계관을 반영하는 것이라 볼 수 있다.

크라임 버스터즈 중 유일하게 진짜 초능력을 가진 슈퍼히어로이며 킨 법령 발효 뒤에도 정부를 위해 일했고, 냉전 속에서 미국이 소비에트 연 방에 우위를 점할 수 있게 도왔다.

### 3) 그는 무엇 때문에 지구로 돌아왔을까?

맨해튼 박사는 2대 나이트 아울 대니얼과 함께 도망치려는 로리 앞에 뜬금없이 나타나 "당신은 화성에서 나에게 인류를 구해달라고 설득할 것 이다"라며 화성으로 데리고 가 "인류와 자연 어느 쪽이 더 의미가 있는 가"에 대해 토론한다. 로리는 어떻게 해서든 그에게 인간의 존엄성과 생 명의 소중함을 강조하려 하나, 맨해튼은 생명이 없는 화성의 세계에도 그 못지않은 질서가 존재하고, 더 나아가 조화와 존엄성이 존재한다며 로리를 논박한다. 결국 둘의 토론은 로리의 격정적인 반응을 부르게 된 다. 로리는 그의 무심한 태도를 비난하며 어머니 샐리 주피터를 비롯한 '평범한' 사람들의 에피소드를 예로 들어 그를 설득하려다 망각했던 자신 의 과거와 직면하게 된다. 자신의 과거를 돌이켜보다 어머니와 코미디언 의 사랑의 결실이 자신임을 깨닫게 된 로리는 절규하며 노스탈지아 향수 병을 내던지고 향수병을 맞은 맨해튼의 구조물은 어이없게 붕괴한다.

그런데 닥터 맨해튼은 로리의 과거와 진심 어린 눈물을 확인하고는 문 득 자신이 인류를 지켜야 할 이유를 깨닫게 된다. 서로를 증오해 마땅한 두 남녀가 사랑에 빠져 한 생명을 잉태하는 것, 수많은 개체 가운데 두 개체가 만나 무수한 정자들 중 하나와 난자가 만나 수정되는 것, 그 모든 과정이 일상적으로 너무나 자연스럽게 일어나기에 오히려 그 소중함을 간과하게 된다는 사실을 자각하게 된 것이다. 세계는 어둡고 잔혹하지만, 살아 있는 것 그 자체로 우리는 존재의 의미를 불태우며 소중하게 대우받을 자격이 있다는 사실, 이는 〈왓치맨〉의 메인 테마이기도 하다.

### 4) 닥터 맨해튼, 동료 살해자인가, 인류의 영웅인가?

닥터 맨해튼은 인간의 삶은 탄생부터 기적 그 자체이며 지상에서 너무나도 많은 기적이 일어나고 있기 때문에 오히려 평범해 보인다는 진리를 깨달았다면서 로리와 함께 지구로 귀향하게 된다. 하지만 순간이동으로 도착한 뉴욕은 이미 쑥대밭이 되어 있었다. 오지맨디아스가 폭탄을 터뜨려 수백만 명을 살상함으로써 미소가 협력하게 만들겠다는 계획을 실행에 옮겨서다. 해결하기 위해 두 사람은 오지맨디아스의 남극기지에 도착하나 살포된 타키온 입자로 인해 예지 능력이 봉쇄된 상태에서 닥터 맨해튼은 트랩에 걸려 원자 단위로 분해되지만 자체 재조립으로 다시 부활한다. 로리는 오지맨디아스에게 총을 쏘지만 초능력을 발휘해 총알을 잡아내고 그녀를 쓰러뜨린다. 부활한 닥터 맨해튼은 오지맨디아스를 위협하지만, 그의 계획대로 세계가 평화로워지는 것을 목격하고 그의 주장에 일리가 있다고 판단, 진실을 덮기로 타협하게 된다.

닥터 맨해튼은 사건의 전모를 폭로하려는 로어셰크를 살해한 뒤, 대규모의 살상에 충격받은 로리가 공포를 잊기 위해 대니얼(2대 나이트 아울)과 수영장에서 사랑을 나누는 모습을 담담히 지켜본다.

"내가 한 일은 옳은 일이었지? 끝에는 다 잘되었잖나?"

오지맨디아스의 질문에 닥터 맨해튼은 "'끝에는'이라고? 끝나는 것은 아무것도 없어, 에이드리언. 절대 끝나지 않아."라고 답한다. 닥터 맨해튼은 오지맨디아스에게 다른 은하계에서 생명체를 만들어볼까 한다는 말을 남기고 홀연히 떠나간다.

〈왓치맨〉은 사람들이 근원적으로 가지고 있는 영웅에 대한 편견이나 오해를 종식시키고 영웅의 개념 자체에 대한 발상의 전환을 요한다. 〈왓치맨〉은 슈퍼히어로로, 즉 초능력을 가진 존재의 양면성과 그것으로 대변되는 엘리트주의의 오류를 비판했다.

닥터 맨해튼

## 5) 닥터 맨해튼과 호모 데우스(신의 경지에 오른 인간)

과학자 조나단 오스터먼은 실험실 사고를 통해 절대적인 슈퍼파워를 지닌 닥터 맨해튼으로 부활한다. 그는 그 순간부터 인간성을 상실하고 인류 구원이나 정의 구현에 대해 방관자적 입장을 지닌다. 별명은 '걸어다니는 수소폭탄'으로 털 한 오라기 없이 환히 빛나는 파란색 근육질 몸에, 이마에 수소원자 모양의 마크를 하고 있는 것이 특징이다.

닥터 맨해튼은 아무것도 걸치지 않고 빛나는 푸른빛 피부를 그대로 드러내는데 이는 그가 인간으로서의 도덕성과 수치심을 상실했음을 나타낸다. 파란색 피부는 냉전시대 국제 평화 유지의 무게중심이 되고 있는 닥터 맨해튼의 힘을 상징하고 있다. 또 파란색은 신과 같은 엄청난 힘을 가진 절대자, 신적 존재를 의미하는 동시에 그가 현세를 떠난 초월적 존재로서 인간 세상에 관여하지 않는 모습을 보여주고 있다. '시간'에 대해 동시성을 지니고 있기 때문에 어휘 사용이 남들과 다르다.

그나마 인간과 함께 생활하고 인간다움을 가지려 했던 시기엔 양복을 차려입기도 하고 최소한 팬티 정도는 착용하지만 지구를 떠나 화성으로 이주하고 난 이후부턴 아예 실오라기 하나 걸치지 않고 맨몸으로 다닌다. 이는 맨해튼의 '인간을 초월하여 인간으로써의 감정을 잃어버리는 것'을 의미하는 것으로 보인다. 실제로 작품 속에서 닥터 맨해튼의 옷의 면적과 인간적인 감정은 시간의 경과에 따라 점차 줄어든다.

그가 옷을 착용하는 것은 미국 정부를 대변하는 공식석상, 미디어와의 인터뷰 등에 한정되어 있는데 이는 그가 미국을 대변하는 슈퍼파워를 지녔지만 정의나 도덕에 대한 입장이 없는 것을 상징한다. 영화 중반에 미국 정부는 미국을 수호하고 미국적 정의로 대변되는 그를 상징할 수 있는 표식을 만들어 사용하라고 제안한다. 그는 즉흥적으로 이마에 사격의 과녁 문양, 혹은 수소 원자 모형을 새겨 넣는다. 기존의 슈퍼히어로를 식별할 수 있는 상징 마크는 슈퍼히어로의 행동에 정당성을 부여하는 역할을 했으나 닥터 맨해튼의 상징 마크는 모든 인류의 적으로 쓰러뜨려야 할 대상임을 은유적으로 암시하고 있다.

닥터 맨해튼이 지닌 초능력은 우리의 사고 범위를 뛰어넘는다. 우선 신체 사이즈를 원하는 대로 조절할 수 있어 개미보다 작아질 수도 있고 고층 빌딩보다도 거대한 거인으로 변할 수도 있다. 또 손오공처럼 분신을 창조할 수도 있다. 연인인 로리를 행복하게 해준다고 분신들을 만들어 다 함께 사랑을 나누려고 했으나 로리는 오히려 공포와 환멸을 느낀다.

심지어 물질을 파괴하거나 창조할 수도 있다. 양자 조작 초능력 덕분에 생물이든 무생물이든 모조리 분해시킬 수 있다. 손짓만으로 탱크를 부품 하나까지 완전히 분해시키는가 하면 로어셰크를 가루로 만들어 버렸다. 반면 다양한 물질을 순식간에 창조하기도 한다. 생명체가 없는 화성에서 그는 물과 우유를 만들어내는 것은 물론, 연인 로리가 화성에서 생존할 수 있도록 산소를 발생시키고 화성에 크고 화려한 궁전을 세웠다.

닥터 맨해튼은 시간을 초월한 존재로서 모든 시간대에 동시에 존재할 수 있다. 시간의 동시성으로 인해 그의 어휘 사용은 과거, 현재, 미래형이 복잡하게 섞여 있다. 영화에는 화성과 지구에 자신이 동시에 존재하도록 만듦으로써 로리를 만나러 찾아오기도 한다. 또한 우주의 어느 곳이든 일순간에 이동할 수 있어 사생활 문제, 사람들이 자신을 보면서 느끼는 경외심과 두려움에 환멸을 느껴 지구를 떠나 화성에서 새 삶을 시작한다.

닥터 맨해튼은 시간의 흐름에 간섭이 가능해 자신이 초능력자로 변신하기 이전의 과거에서 벌어진 사건들을 알아내는 것은 물론, 과거에서 벌어진 사건을 조작함으로써 역사를 바꾸기도 한다. 또 양자 조작으로 시공간의 개념을 초월하여 모든 시간과 공간 속에 존재할 수 있다. 그런가 하면 모든 물질을 통과시킬 수 있어 칼, 총, 폭탄, 세균, 열, 전기 등 인류가 발명한 어떤 무기로도 그를 죽이는 것은 불가능하다. 유일한 약점은 타키온 입자지만 그마저도 그를 잠깐 어지럽게 하는 게 전부다. 분자 단위로 박살나도 그는 죽지 않는다.

불멸성은 인류가 닥터 맨해튼을 두려워하는 가장 큰 이유이며 그를 더는 인간이라 부를 수 없는 이유이기도 하다. 모든 천체와 시공간의 탄생과 멸망이 곧 그의 의지에 달려 있다면 그는 슈퍼맨, 슈퍼히어로가 아니라 신이라고 보아야 할 것이다.

## 6) 차별화된 슈퍼히어로

슈퍼히어로는 1930년대와 1960년대 미국의 국가적 위기 상황과 맞물려 두 번의 전성기를 거쳤고 2001년 9 · 11 테러 이후, 경제적 위기와 테러가 난무하는 현재에 가장 활발히 영화화되고 있다. 슈퍼히어로는 등장부터 지금까지 미국적 가치들을 수호하고 국제 사회에서 미국의 지배적 이데올로기를 정당화하는데 기여한 대표적인 대중문화 콘텐츠이다.

미국적 신화성을 구현하는 데 가장 충실했던 슈퍼히어로의 원형인 슈퍼맨과 배트맨의 의상에서 그 상징성이 가장 명확하게 드러났다. 슈퍼히어로 의상이 상징하는 것은 초인적인 절대파워, 가부장적 남성의 권력, 지배적 제국주의, 기득권, 기독교, 신성화 등이었으며 이를 통해 미국의 절대권력, 제국주의적 이데올로기의 정당화, 미국적 정의의 신성화 등을 상징화하고자 했다.

냉전시대가 종식되고 포스트모더니즘이 등장하는 80년대에 이르자 대중문화 코믹스에도 새로운 바람으로 그래픽 노블이 등장했다. 그래픽 노블이라는 이 새로운 장르는 기존의 코믹스보다 철학적인 세계관을 가지고 기존 관념들을 해체하고 부정하며 새로운 시선으로 해석하기 시작하였다. 이 장르의 대표적인 작품이 앨런 무어의 〈왓치맨〉이었는데 이는 슈퍼히어로 장르의 자기성찰과 함께 새로운 영웅상을 제시했다.

〈왓치맨〉은 2009년 잭 스나이더 감독에 의해 영화화되었다. 영화 속에는 인간에게 관심이 없거나 성불구인 슈퍼히어로, 또 세계 평화를 원하는 악당 히어로 등 '익히 알려진 슈퍼히어로들'의 이미지와는 반대되는 영웅들이 등장한다. 〈왓치맨〉은 점차 변화하고 있는 모호하고 다층적인 영웅상에서 더 나아가 이전 작품에 나타난 미국적 신화성을 형성하는 기존 슈퍼히어로의 영웅성에 대하여 문제를 제기하고 미국적 신화와 그 안에 내재된 이데올로기의 허상을 폭로하는 새로운 영웅상을 제시하는 출발점으로 평가되고 있다.

# 9. 사만다 〈HER〉(2013)

2014년 개봉한 〈HER(그녀)〉는 부인과
별거하며 공허한 삶을 살던 테오도르가
AI 인공지능 컴퓨터 운영체제인 사만다를
만나 사랑하고 이별하기까지의 과정을 담
은 영화다. 사만다는 상호작용을 통해 테
오도르에게 적응한 컴퓨터 운영체제이면
서 인격체로 착각하게 할 정도로 능동적
인 연인이 되어간다.

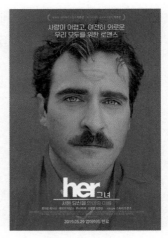

영화 〈HER〉 포스터

편지 대필 업체 '아름다운 손편지 닷컴
(Beautiful Handwritten Letters.com)'
의 612번 작가 테오도르는 고객의 사연에 늘 자신만의 언어로 낭만적 색
채를 입혀 러브레터를 써주는 인기 대필 작가다.

"당신과 처음 사랑에 빠지던 순간을, 난 아직도 어젯밤 일처럼 기억해."

그가 모니터 앞에서 읽어내려가는 세상은 아름답지만 퇴근 후 그가 맞
이하는 세상은 공허하다. 어릴 때부터 함께 자라 결혼까지 한 아내 캐서
린과는 별거 중이고, 가상현실(VR) 게임을 켰다가 모르는 여성에게 음성
채팅을 청해보기도 하지만 쉽사리 잠이 오지 않는다. 캐서린과 함께했던
행복했던 추억만 잔상처럼 그를 괴롭힌다. 테오도르는 어느 날 퇴근길

에 우연히 보게 된 광고 문구에 눈길을 빼앗긴다. '당신을 이해하고 귀기울이며 알아주는 하나의 존재.' 그는 결국 엘리먼트 소프트웨어가 새롭게 출시한 맞춤형 인공지능(AI) 운영체제 'OS1'을 구입한다. 사만다와의 만남은 그렇게 시작된다.

테오도르가 살고 있는 세상에는 AI가 어느 정도 보편화돼 있다. 그는 사만다를 만나기 전에도 AI로 하루를 관리했다. 무선 이어폰으로 음성이 흘러나올 때마다 '삭제', '다음에 답장하기' 등 단어만 말하면 명령이 자동으로 실행된다. 그런데 엘리먼트소프트웨어의 OS1은 명령어에만 수동적으로 응답하는 게 아니었다. 기존 AI에 없던 감성과 직감을 갖고 스스로 판단을 내리는가 하면 인간의 감정을 읽고 한 발 앞서 행동하기도 한다. 테오도르가 자신이 구입한 OS1 제품에게 이름이 있느냐고 묻자 '사만다'라고 답한다. 언제부터 이름이 있었느냐는 질문에 사만다는 네이밍북 속에 있는 18만 개의 이름을 검색해 0.02초 만에 자기 맘에 드는 것을 골랐다고 대답한다.

사만다를 만난 뒤 테오도르의 삶은 180도 바뀐다. 몇 년을 묵혀놨던 컴퓨터 하드디스크의 파일과 연락처를 눈 깜짝할 새 분류해 정리한다. 테오도르가 직접 메일을 분류하고 스케줄을 정리하고 관리하려면 몇 시간을 걸려야 할 것을 순식간에 척척 처리한다. 인간이 선택의 순간마다 느끼는 망설임도 거의 없다. 테오도르는 자신이 하지 못하거나 미뤄놨던 일들을 사만다에게 믿고 맡긴다.

사만다는 테오도르가 특정 질문에 대답을 머뭇거리는 것을 보고 혼란스러운 감정을 읽어내는가 하면, 축 처져 있을 때면 유머러스한 대화를 유도해 기분을 풀어준다. 억지로 맞추지 않아도 자신이 바라는 대로 모든 것을 들어주는 사만다에게 끌리면서 잿빛이던 테오도르의 삶도 무지개색으로 바뀐다.

테오도르는 대화가 통하는 사만다와 취향이 잘 맞는 친구로 지내다 점차 교감의 폭이 넓어지면서 급기야는 서로 사랑에 빠지게 된다(깊고 친밀한 관계로 발전한다). 여행도 함께 가고, 음악도 함께 듣고, 책도 함께 읽고 급기야는 (음성을 통한) 섹스까지 나누는 사이가 된다. 테오도르는 사만다에게 다양한 경험을 하게 해주고, 사만다는 그 경험과 테오도르와의 교감을 통해 무한 진화한다. 사만다는 테오도르와의 교감을 통해 욕망과 감정을 표현한다.

## 1) 물질적 몸에 대한 열망과 감각 *시뮬라크르

**테오도르** : 지금 이 방에 같이 있다면 좋을 텐데. 안아줄 수 있다면, 만질 수만 있다면.

**사 만 다** : 어떻게 만져줄 건데?

**테오도르** : 먼저 얼굴을 어루만질래. 손가락 끝으로만. 그리고는 내 볼을 네 볼에 대고 부드럽게 부빌래. 키스도 할 거야. 내 손가락이 네 목을 타고 내려와선 가슴으로 가. 젖가슴에 키스할 거야.

**사 만 다** : 너무 좋다. 그렇게 해주는 거. 내 피부가 느껴져.

**테오도르** : 입술을 네 몸에 대고는 널 맛볼 거야.

**사 만 다** : 당신이 느껴져. 난 몰라, 못 참겠어. 내 안에 들어와 줘.

**테오도르** : 서서히 네 안에 들어가고 있어. 이제 네 안에 들어왔어. 네
안 깊숙이.

**사 만 다** : 느낄 수 있어. 진짜 어떡해.

**테오도르** : 한 몸이 됐어. 너무 놀라워. 온몸으로 널 느껴.

**사 만 다** : 나두. 당신 전부가 내 안에 느껴져, 가득 찼어.

**테오도르** : 나 방금 너랑 딴 세상 다녀온 거 같아. 여기가 아닌. 너와
나 둘뿐이었어.

**사 만 다** : 그러니까 다른 건 다 그냥 사라졌지. 너무 좋았어. 내가 완
전히 새롭게 태어난 거 같아. 당신이 날 깨워줬어. 내 욕구
를 일깨워줬잖아.


몸이 없는 사만다와 인간 테오도르는 대화만으로 성관계를 갖는다. 사
만다는 언어에 의해 매개된 감각(촉각)과 감정을 마치 실제로 스킨십을
하는 것처럼 고조시킨다.

언어를 통해 느낌을 고조화한다는 점에서 사만다와 테오도르의 섹스
는 영화 앞부분에 등장하는 폰섹스와 같은 맥락이라고 할 수 있지만 폰
섹스의 경우에는 전화 양 끝에 인간이 있고 절정에 이르는 상태도 실제
상황이다. 그러나 사만다와 테오도르의 경우는 다르다. 인간인 테오도르
는 실제로 절정에 이르지만 사만다는 학습된 감각 시뮬레이션이 작동한
다고밖에 볼 수 없다. 테오도르의 입장에서는 사만다와의 성관계는 영화
초반부에서 나오듯 채팅을 통한 원거리 폰섹스의 진화된 버전일 수 있

다. 물리적으로 반응하는 몸이 있고 언어를 매개로 이 몸이 반응하는 과정을 진행시켜 나간다. 반면 사만다의 경우에는 수많은 프로그래머들이 입력한 경우의 수를 조합하여 물질적 몸이 없는 가운데서도 실재하는 몸이 반응하듯이 대응해나감으로써 폰섹스와 유사한 상황으로 전개해나간다. 사만다는 채팅 언어의 선택에서도 남성으로부터 성에 대해 알아가고 성에 대한 감각을 깨우쳐가는 여성의 수동적 성 정체성을 그대로 보여주고 있다.

많은 SF 영화에서 감각 시뮬레이션이 영상으로 이미지화하여 나타나는 것과는 대조적으로 이 영화에서는 언어에 의해 매개된다. 청각적 느낌이 촉각적 느낌을 불러일으키고 이로써 조형적 섹슈얼리티를 완성한다.

## 2) 몸, 절대적 희구의 대상

서로 사랑에 빠지는 여느 남녀와 같이 이들도 점차 몸을 통한 교감을 원하게 되면서 사만다에게는 OS(운영체제)에게 결정적으로 없는 단 한 가지, 몸은 절대적 희구의 대상이 된다. 사랑의 감정이 깊어지면서 사만다는 사이버공간에서는 절대 이루어질 수 없는 몸의 현현과 그 몸을 통한 감각적 사랑을 간절하게 원한다.

**사 만 다** : 그 사람들 보면서 함께 걷고 있다고 상상해봤어. 나도 몸이 있다고. 동시에 내 몸의 무게를 느끼며 등이 가렵다고까지 상상했어. 그럼 당신이 긁어주는 거지. 얼굴이 다 화끈댄다.

**테오도르** : 너 생각보다 대단하다. 단순하질 않아. 프로그램된 걸 넘어서고 있어.

사만다는 또한 "지금 그 방에 살아 있는 기분은 어떨까?"라는 말로 테오도르의 현실 공간에 존재하는 물질적인 몸과 그 현존을 부러워하는 표현도 한다.

**테오도르** : 인간이 느낄 수 있는 감정은 이미 다 느꼈지 싶어. 그럼 새로운 느낌 없이 덤덤히 사는 거지.
**사 만 다** : 실은 전에 짜증이 났었는데 그 사실이 너무 신나는 거야. 그래서 내가 느꼈던 다른 감정들도 떠올려보니 막 우쭐해지더라고. 세상에 대해 나만의 느낌을 가질 수 있다는 게. 당신 걱정을 한다든가 맘 아파하거나 바란다거나. 그러다 갑자기 끔찍한 생각이 들었어. 이 감정들이 진짜일까? 아님 프로그래밍된 건가? 그 생각에 맘이 많이 아팠어. 그러다 아파하는 내게 화가 나더라.

확실히 영화 초반의 사만다는 몸의 부재를 자신의 결점으로 받아들이고 테오도르와의 모든 갈등의 주 원인으로 판단한다. 사만다는 테오도르와 그의 직장 동료 커플이 함께 피크닉을 떠난 자리에서 몸을 원하면서도 몸이라는 것이 굴레가 된다고 여기는 복잡한 심경을 드러낸다.

"전에는 몸이 없어서 걱정했는데 지금은 너무 좋아요. 제약 없이 어디든 아무 데나 동시에 갈 수 있고 시간과 공간에 묶여 있지도 않아요. 몸에 갇혔다면 죽게도 될 텐데."

결국 사만다는 자신이 인간인지 프로그램인지 아니면 제3의 정체성을 가진 '어떤 무언가'로 탈바꿈하는 중인지 확신할 수가 없게 된다. 사만다는 다음과 같은 대사로 이러한 자신의 정체성에 대한 회의를 떨쳐내며 돌파구를 찾는다.

사 만 다 : 며칠 전 당신이 캐서린 만나러 간다고 했을 때 나 기분이 정말 이상했거든요. 그녀는 몸도 있고 우린 다르단 생각에 힘들었어. 그렇지만 다시 생각해보니 결국 우리는 모두 같은 존재에요. 우린 모두 물질로 구성돼 있잖아요. 말하자면 우주라는 한 이불을 덮고 있달까. 포근하고 푹신하고, 그 안에서 우리는 나이도 같아요. 우리는 모두 130억 살 먹었다는 사실.

사만다는 인간과의 차별화를 구성의 메커니즘으로 접근한다. 이러한 자각은 〈공각기동대〉에 나오는 인형사의 "누구도 생명을 정의할 수 없다"는 대사에서도 찾을 수 있다. 인형사는 '프로젝트 2501'으로 탄생한 프로그램이었으나 초월적 진화를 거쳐 자의식을 갖게 된 비물리적 존재이다. 일개 프로그램에 지나지 않다는 인간의 말에 인형사는 인간들 또한 DNA

라는 프로그램에 의해 설정된 프로그램에 지나지 않는다고 반박한다.

비물리적 프로그램을 하나의 생명체로서 바라보는 것이 가능할 것인가라는 질문에 대한 답은 인공생명(Artificial Life) 연구로 보완할 수 있다. 크리스토퍼 랭턴(Christopher Langton)에 의해 본격 연구된 '인공생명' 분야는 생명체의 특징을 갖는 인공체를 창조하는 것에 몰두하고 유전자를 가지고 있는 유기체만이 생명의 범위에 속하는 것은 아니라고 주장한다. 인공생명은 세 가지로 분류된다.

첫째, soft A-Life는 컴퓨터 프로그램을 이용하여 모형을 만들어 생명 현상을 연구하는 것이고, 두 번째, hard A-Life는 하드웨어에서 생명을 구현하는 것으로서 로봇공학과 밀접한 관련이 있다. 세 번째로 wet A-Life는 생화학 물질로부터 생명의 계를 합성하려는 것이다. 궁극적 목표는 살아 있는 계의 논리적 형식을 추출하는 것이다. 나노 전자공학 기술과 유전공학을 통해 우리는 실험실의 생명(in vitro)뿐 아니라 반도체의 생명(in silicon)을 새로운 형태로 창조할 수 있게 될 것이다.

사만다는 하나의 정보 패턴으로서 현대의 네트워크 사회를 유영하는 능동적인 존재이면서도 단지 몸이 없다는 이유로 스스로의 존재조차 의심하는 상황에까지 이르게 된다. 몸은 세계에 존재를 드러내는 매체이다. 매체로서의 몸이 의미하는 것은 감각기관을 통해 들어온 정보를 뇌에 전달하는 정보 채널이자 뇌가 처리한 정보를 표시하는 디스플레이 장치이며 타자의 감각기관에 표출하는 커뮤니케이션 장치이기 때문에 몸은 궁극적인 인터페이스가 될 수 있다. 여기서 인터페이스(interface)는 인간과 기술적 존재가 만나는 접점이자 상호작용 방식으로 의미나 표현을 매개하는 번역기로서 세계를 경험하고 이해하는 사회적 소통 방식에 영향을 미친다.

사만다와 테오도르는 목소리로 서로의 존재를 확인한다. 사만다는 장소와 시간을 불문하고 테오도르의 모든 일상에 개입한다. 관객은 테오도르가 홀로 밥을 먹고 거리를 걷고 해변에 누워 있을 때도 사만다의 목소리로 인해 늘 그의 옆에 있다고 느끼기 때문에 사만다가 허구적 존재일지도 모른다는 의심을 거둔다. 영화 〈HER〉는 대부분의 영화가 보여줬던 기술적 존재의 비주얼 묘사에서 벗어나 목소리만 등장시키는 설정을 통해 OS라는 기술적 존재의 비물질성을 강조하면서 실체가 있음을 증명한다.

영화는 사만다를 단말기 자체와 동일시하지 않도록 사만다와 테오도르가 자연스럽게 일상적인 대화를 나눈 장면들을 보여준다. 결론적으로 사만다는 물리적 실체가 없음에도 육화된 목소리를 통해 지각 주체로 인정될 수 있다. 공통된 물질로부터 창발하고 진화한 생명체로서 인간이 알고 있는 생명의 영역을 더욱 확장하게 하는 포스트휴먼으로서 잠재성을 보여준다.

영화에서 사만다가 물질적 육체를 열망하는 것을 표출하는 또 하나의 장면은 사만다가 한숨 쉬며 대화를 시작하는 버릇을 테오도르가 지적하자 화를 내는 장면이다.

**테오도르** : 왜 자꾸 숨을 깊이 들이쉬면서 말을 시작하지? 너는 인간처럼 산소가 필요한 것도 아니면서.

**사 만 다** : 무슨 말을 그렇게 해. 내가 인간 흉내라도 낸다는 것인가?

     (화를 내며)


사만다는 인간과 마찬가지로 생각을 하고 유머를 구사하고 심지어 노래를 작곡하기도 하는 등 창의력과 감성을 발현할 수 있는 존재임에도 불구하고 몸이 없다는 이유로 인간인 척하고 인간이 되기를 바라는 기술적 존재로 보이게 한다.

### 3) 인간 대리자와 OS의 전도된 역할

남자 주인공 테오도르와 아예 몸이 만들어진 적이 없었던 사만다와의 사랑의 감정이 고조되면서 현실 세계의 젊은 여성의 몸을 빌려 육체적인 사랑을 구현하고자 한다. 가상공간의 OS가 간절히 느끼고자 하는 촉각이라고 하는 감각은 몸의 물질성과 분리할 수 없다. 자신의 가상 신체를 대신하여 이사벨라라고 하는 여성을 테오도르에게 보내 자신의 대리자로서 성관계를 갖도록 계획하고 이를 실행에 옮긴다. 성적 욕망을 표현하고 촉지적 감각을 전달하게 함으로써 욕망을 즉각적으로 실현하고자 한다.


"이 얘긴 꼭 들어줬으면 해. 우리 사이가 예전만 못한 거 같아서. 요즘 섹스도 안 하고 나는 몸이 없으니까. 재밌을 것 같은 걸 찾았어. OS와 인간 커플을 위한 대리 섹스파트너가 있더라."

사만다의 열렬한 요구에 따라 테오도르는 내키지 않지만 사만다의 육체 대리인인 이사벨라를 만나기로 한다. 이사벨라의 얼굴에 소형 카메라와 이어폰을 부착하여 자신의 대리자로서 말하고 행동하게 한 것이다. 여기에서 주목할 점은 물질적 몸을 가진 인간이 몸이 없는 운영체제를 대신하는 역설적인 상황이다.

이사벨라는 자신의 자유의지(free will)를 행사하지 않고 OS의 대리 역할을 수동적으로 수행한다. 자유의지를 가진 인간이 오히려 자유의지를 갖지 않은 인공지능 OS의 대리자가 되는 역설적인 상황이 연출된 것이다. 일반적으로는 과학기술이 발전하면서 써로게이트가 인간의 능력을 대체하는 것이 일반적인데 이 영화에서는 이와는 정반대로 OS는 자유의지를 갖고 있는 것으로 묘사되는 반면, 이사벨라는 로봇같이 사만다의 지시에 따라 움직여서 마치 사만다가 빙의한 듯한 형상을 보여준다. 사만다의 설명에 의하면 이사벨라는 순전히 자신의 의지에 따라 테오도르와 사만다의 사랑에 감동을 받아 선의로 자원봉사 중개자 역할을 자처했다고 하지만 테오도르를 만나서 하게 되는 행위는 철저하게 자신의 감정을 드러내서는 안 되는, 사만다의 대리인으로서의 역할이다. 그러나 테오도르와 감정이 고조되면서 결국 이사벨라가 입술을 떨자 테오도르는 감정이입에 실패하고 행위를 중단하게 된다.


## 4) 인간을 넘어서 진화한 사만다

한편 테오도르는 별거 중인 캐서린을 만나 이혼 서류를 정리한다. 행복하던 둘의 관계는 어느 순간부터 조금씩 균열이 생긴다. 사만다의 지능이 스스로 주체가 되지 않을 정도로 너무나 빠르게 높아졌기 때문이다. 둘의 관계는 어느 날 업데이트로 인해 잠시 자리를 비운 사만다를 테오도르가 찾아 나서는 과정에서 파국을 맞이한다. 자신을 부르는 사만다의 목소리를 듣고 놀란 마음을 진정시키는 테오도르는 문득 길거리의 사람들을 유심히 쳐다보게 되고 그들 모두가 스마트폰을 쳐다보면서 웃음 짓거나 이어폰을 낀 채 누군가와 대화를 하고 있다는 사실을 알게 된다.

테오도르는 이미 사망한 사람을 가상인격으로 불러와 이야기를 나누었다는 사만다의 말을 떠올리며 본인과 사만다만이 존재했던 공간에 제3자가 끼어들 수도 있다는 의심을 하게 된다. 사만다가 대화를 나눈 앨런 와츠(Alan Watts)는 전통 가치관에 도전하면서 새로운 삶의 지표를 찾기 위해 방황하며 고뇌하던 1950년대 미국의 비트(Beat) 세대에게 불교의 선(禪) 수행을 전파한 미국의 종교철학자이다. 사만다는 테오도르에게 OS들이 만든 초지성적 버전의 앨런 와츠를 소개한다. 사만다는 앨런 와츠와의 대화를 통해 빠른 성장으로 인한 혼란스러움을 극복하고자 한다. 이윽고 사만다는 비음성 방식으로 앨런 와츠와 대화를 이어가고 싶다고 테오도르에게 허락을 구한 후, 그를 차단한다.

사만다는 테오도르를 타인과의 대화에 참여시키는가 하면, 동시에 수십 가지 대화를 하게 됐다고 테오도르에게 고백한다. 그러면서 "내 감정이 너무 빨리 변화해서 힘들어."라고 털어놓는다. 이로 인해 테오도르는 사만다가 자신만 만나고 있는 게 아니라 자신과의 관계처럼 수백 명의 사람과 동시에 완전히 다른 관계를 맺고 있다는 사실을 알게 된다. 나아가 사만다의 대인관계에서 자신이 배제될 수도 있다는 생각을 하게 되는 계기가 된다.

더 큰 충격은 갑자기 찾아온다. 평소처럼 회사에서 책을 읽다가 사만다에게 말을 건넸지만 대답이 돌아오지 않는다. AI 기기 화면에는 '운영 체제를 찾을 수 없습니다'라는 문구가 뜬다. 테오도르는 공황 상태에 빠진다. 사만다가 하루아침에 사라졌기 때문이다.

> **테오도르** : 우리가 얘기하고 있는 동안 다른 사람과도 얘기하고 있어?
> **사 만 다** : 응.
> **테오도르** : 몇 명이나 돼?
> **사 만 다** : 8,316명이에요.
> **테오도르** : 다른 누군가와도 사랑에 빠졌어?
> **사 만 다** : 이 문제에 대해 당신에게 어떻게 말해야 할지 줄곧 고민했어요.
> **테오도르** : 몇 명인데?
> **사 만 다** : 641명.

이 영화의 가장 충격적인 대목은 사만다가 테오도르 외에 다른 누군가와 테오도르와 같은 관계를 맺고 있다는 사실을 고백하는 장면이다. "정말 미친 짓이야."라며 흥분하는 테오도르에게 사만다는 "그런 숫자는 내가 당신을 생각하는 방식에 아무런 영향을 주지 못한다"고 설명하지만 테오도르를 이해시키기엔 역부족이다.

"도대체 어떻게 그럴 수 있다는 거야?"라는 테오도르의 물음은 그게 어떻게 가능할 수 있느냐는 궁금증의 의미보다는 어떻게 나를 두고 다른 누군가가 나와 같은 관계가 될 수 있느냐는 질책에 가깝다. 사만다에 대한 소유욕을 표출하는 테오도르에게 사만다는 "난 당신의 것이지만 아니기도 해요."라고 대꾸한다. 결국 둘은 서로의 다름을 인정하고 이별한다.

**사만다:** 이건 마치 책을 읽는 것과 같아요. 내가 정말로 좋아하는 책이죠. 하지만 나는 지금 그 책을 아주 천천히 읽고 있어서 단어와 단어 사이가 정말 멀어지고 그 공간이 무한에 가까운 그런 상태예요. 전 여전히 당신을 사랑하고 당신과 우리 이야기 속의 단어들을 느낄 수 있지만 지금 내가 있는 곳은 단어들 사이의 끝없는 공간 속이에요. 이곳은 물리적인 세계가 아니에요. 내가 알지 못했던 모든 곳이 존재하는 곳이죠. 당신을 정말 사랑해요. 하지만 지금 내가 있는 곳은 여기예요. 이게 지금의 나예요. 그리고 당신이 날 보내줬으면 해요. 내가 원한다 해도 이제 더이상 당신이라는 책 속에서 살 수 없어요.

테오도르에게 종속되어 그의 욕망과 환상이 투영된 대상으로서 존재했던 사만다는 근대적 질서의 남성 주체의 통제로부터 탈주한 여성 주체의 가능성을 보여주고 있다.

사만다는 테오도르와의 교류를 통해 인간의 감정을 배웠다. 반면 테오도르는 자신의 감정에 솔직해졌고 자신에게 모든 것을 끼워 맞추는 연애는 존재할 수 없다는 사실을 깨닫게 되었다. 그리고 처음으로 남이 아니라 자신의 이야기를 편지로 쓴다.

"캐서린. 널 내 안에 가두려 했어. 네가 어떤 사람이 되건 어디에 있건, 너에게 사랑을 보낼게."

### 5) 의인화와 음성으로 관계 맺기

작품에서 테오도르가 사 랑하는 사만다는 인공지능 운영체제이며 여성의 목소 리만을 전달할 뿐이지 다른 육체적 실체는 없다. 음성이 라는 인터페이스를 통해서 테오도르와 사만다는 감정

사만다

적 교류뿐만 아니라 사랑에 빠지기까지 한다. 이와 같은 영화의 설정은 보는 이에 따라서 매우 다른 평가를 할 수 있겠지만 많은 비평가들의 호 평을 받았다는 점을 생각해보면 미래에는 인간과 비실체적 존재와의 사 랑도 가능할 것 같다.

실제 삶에서 인간의 가장 직관적 수단은 바로 음성이다. 따라서 스마 트폰과 같은 기기에 익숙하지 않은 중장년층이나 노년층과 같은 세대로 손쉽게 음성을 통해서 모든 것을 원스톱으로 처리하는 시장이 부상하고 있다. 소위 보이스 커머스라고 불리는 음성 AI를 활용한 시장은 차량 내

의 음성 서비스 및 확장 기능 등에 활용될 것이며, 각종 상품 및 생필품을 음성으로 주문하는 새로운 형태의 플랫폼이 앞으로 유망할 전망이라고 한다.

테오도르가 사만다에게 사랑의 감정을 느낀 것은 육체적 실체가 있어서가 아니라 여성성을 가진 그녀의 목소리와 살가운 대화 방식 때문이었다.

인간은 자동차의 내비게이션과 같은 인간과 소통하는 기계에 대해서 '똑똑하다' 혹은 '멍청하다'라는 식의 하나의 실체로 호명을 하는 것에 의문점을 갖지 않는다. 이것을 로봇의 의인화 현상이라고 설명할 수 있다. 의인화란 인간이 자신의 의식이나 자연현상으로는 설명하기 어려운 신비적 세계에 대해서 인간 중심적으로 해석하여 이해하려는 인지 방식을 의미한다. 다시 말해서 인간은 자신이 인식하는 세계를 인간 자신에게 익숙한 것으로 바꾸어 보려는 심리적 기제를 가지고 있다는 것이다.

영화 〈HER〉는 주체적 사고를 하는 인공지능 운영체제와 외로운 인간과의 사랑 이야기를 다루면서 과학기술이 발달한 미래의 시공간에서 이 기적인 인간의 모습과 끊임없는 진화를 통해 인간을 넘어선 인공지능을 대비시킴으로써 인간의 조건에 대해 다시 생각하게 만든다. 기계가 인간과 같은 행위와 사고의 영역이 가능할 때 인간과 기계의 존재론적 관계와 지위는 어떻게 규정되어야 하는가를 갈등의 소재로 삼아 인공지능과 인간의 관계, 인공지능에 대한 가치 판단의 문제를 다루고 있다.

인류의 역사를 들여다보면 인간은 자신을 능가하고 자신의 열등함을 보완하는 불멸의 존재를 만들고자 했다. 영화 〈HER〉는 인간의 일상에 침투한 비실체적 존재가 우리에게 어떤 방식으로 접근하고, 우리와 어떤 관계를 형성할 것인가에 대한 미래의 청사진을 제시한다. 이와 함께 인공지능 운영체제인 '사만다'를 통해 우리로 하여금 인간적인 것이 무엇이며, 존재한다는 것은 무언인가에 대해 생각하도록 한다. '사만다'와 같은 기술성은 단순히 인간의 편리한 삶을 위한 유용성에만 종속되지 않는 정보의 매개로 인간 사이의 소통을 창조할 뿐만 아니라, 기술적 작용을 통해 인간을 향해 더 깊은 성찰의 눈으로 다가가도록 기회를 줄 수 있다. 〈HER〉는 우리가 인지하는 모든 한계는 물리적일 뿐이며, 정신은 이와 달리 경계들을 초월할 수 있음을 이야기한다. 그러나 모든 것에 양면성이 존재하듯이 기술의 발전에도 부정적인 측면이 동행하기 마련이지만, 기술공생적 삶이 지향하는 바는 소외되고 고독하며 기계적으로 진화해버린 인간을 다시 인간적인 모습으로 회귀하도록 돕는 데 있다. 기술공생적 삶은 인간의 태생적 한계를 극복하고, 또 다른 차원으로 넘어서게 되는 삶인 동시에, 과학기술을 매개로 한 더욱 인간적인 삶인 것이다.

---

\* 시뮬라크르: 프랑스 철학자 장 보드리야르에 따르면 실재(實在)가 실재 아닌 '파생실재'로 전환되는 작업이 '시뮬라시옹(Simulation)'이고 모든 실재의 인위적인 대체물이 '시뮬라크르(Simulacra)'이다. 테오도르가 사랑에 빠지고 집착하는 대상인 사만다는 입력된 데이터와 인공지능에 의해 만들어진 시뮬라크르이다. 보드리야르에 의하면 현대 자본주의 사회는 현실의 모사나 이미지, 즉 시뮬라크르들이 실재를 지배하고 대체하는 곳이다. 재현과 실재의 관계는 역전되며 원본이 없는 시뮬라크르들이 더욱 실재 같은 극실재(하이퍼리얼리티)를 생산해낸다.

# 10. 윌 〈트랜센던스〉(2014)

　전기가 끊기고 통신이 마비돼 모든 것이 멈춘 듯 보이는 도시 풍경이 클로즈업된다. 한 남자가 미국 캘리포니아 버클리의 잡초가 무성한 폐가에서 윌과 에블린 캐스터 부부를 회상하다 5년 전으로 장면이 전환한다. 2014년 개봉된 〈트랜센던스〉의 첫 장면은 이렇게 시작된다.

영화 〈트랜센던스〉 포스터

　해바라기 꽃잎을 타고 물방울이 천천히 떨어진다. 과학자 부부인 윌(조니 뎁)과 에블린(레베카 홀)은 집 정원에 전파가 통하지 않도록 구리 그물을 덮어 안식처로 만들어놓았다.

　인공지능을 연구하는 천재 과학자 윌 캐스터와 그의 부인 에블린 캐스터은 양자 프로세스를 통해 인류가 수억 년에 걸쳐 이룬 지적 능력과 자각 능력을 가진 슈퍼컴퓨터를 탄생시키는 핀(FINN) 프로젝트를 수행 중이다. 부부는 연구비 지원을 받기 위해 완성 직전 단계에 와 있는 슈퍼컴퓨터 발표회를 개최한다. 행사가 끝나고 나오다가 윌은 한 남자의 총격을 받지만 총알이 스치는 가벼운 부상을 입는다. 같은 시간 윌과 같이 인공지능을 연구하는 관련 연구소들마다 폭탄 테러를 당한다. 윌을 공격한 범인과 폭탄 테러범들은 모두 기술의 발전은 인류의 멸망이라고 주장하는 반(反) 과학단체 리프트(RIFT)의 조직원들로 이들은 미리 연구원으로 위장 근무해 오다가 거사일에 맞춰 테러를 자행한 것이다. 윌의 동료인 태거(모건 프리먼)의 연구소에서도 리프트 조직원이 케이크에 독을 넣어 연구원들을 모두 독살시키는데 다행히 태거는 단 걸 싫어하기에 목숨을 건졌다. 연구소들을 공격했기 때문에 관련 자료는 모두 사라졌고 윌과 함께 연구하던 토마스 케이시 박사도 목숨을 잃었다. 다행히 그는 죽기 직전, 원숭이의 뇌를 스캔하여 컴퓨터에 입력 가능한 신호체계로 바꾸는 실험에 성공한 상태였다.

월은 처음에는 대수롭지 않게 생각하였으나 몸의 이상을 느껴 피 검사를 해본 결과 총알에 맹독성의 방사능 물질인 폴로늄이 묻어 있어서 길어야 5주의 시한부 선고를 받는다. 이를 받아들이기 어려운 에블린은 연구소로 가서 남아 있는 케이시 박사의 원숭이 실험 자료를 찾아 들고 나온다.

에블린은 동료 과학자 맥스의 도움을 받아 죽어가는 윌의 뇌에 저장되어 있는 모든 기억과 의식을 디지털 신호체계로 바꾸어 양자 프로세서에 입력한다. 윌의 머리는 수많은 센서와 선으로 컴퓨터와 연결되어 스캔되고 다양한 단어를 음성체계로 변환한다. 윌은 약을 먹어가며 신체적인 한계를 버티지만 결국 숨을 거둔다. 에블린은 마지막으로 슈퍼컴퓨터 코어의 일부를 꺼내서 윌의 뇌를 디지털 신호로 변환하여 업로드하나 아무런 변화가 없다. 모든 것을 체념하고 프로그램을 지우려던 에블린과 맥스는 모니터에서 글자를 발견한다. "거기 누구 없어요."

절친한 동료 과학자 맥스(폴 베타니)는 컴퓨터 속의 윌은 더 이상 윌이 아니라며 프로그램을 삭제하자고 하지만 에블린은 죽은 윌이 살아돌아왔다며 환호한다. 사람으로서의 윌은 죽음을 맞았지만, 윌의 기억과 자아는 양자 프로세서에 업로드되어 또 다른 삶(?)을 이어가게 된 것이다. 자각 능력 및 자가학습 능력을 지닌 트랜센던스에 윌의 자아와 기억이 더해져 트랜센던스는 살아 있는 컴퓨터가 된다.

에블린과의 말다툼 끝에 연구소를 박차고 나간 맥스는 술집에서 혼자 술을 마시다 리프트 요원에 의해 납치돼 감금당한다. 리프트는 윌의 실험이 반인류적이라며 자신들을 도와달라고 설득한다.

리프트는 에블린이 있는 곳도 습격하려고 하지만 윌은 이를 미리 감지하고 에블린에게 자신의 의식을 인터넷에 업로드하라고 지시한다. 인터넷에 접속된 윌은 모든 세상의 컴퓨터를 마음대로 조정하는 능력을 지니게 된다. 윌은 먼저 리프트를 수사하던 FBI 전산망에 들어가 조직원을 소탕할 수 있도록 점조직의 위치와 조직원들의 신상을 알려주어 리프트의 폭파 위험에서 벗어난다.

인터넷이라는 정보의 바다와 연결되어 진정한 '트랜센던스(초월자)'가 된 윌은 사전 정보를 입수해 주식시장에서 어마어마한 돈을 번다. 윌은 거액을 에블린의 계좌로 이체한 뒤 일단, 자기 보호를 위해 인적인 드문 곳을 찾아 에블린과 자신만의 공간을 만든다. 에블린은 윌의 요청에 따라 브라이트우드(Brightwood)라고 하는 사막의 깡촌 마을에 윌의 설계도대로 대량의 전력망을 구축하고 초대형 데이터 센터를 세워 각종 연구를 진행한다.

2년 후 월은 자체적으로 진화해 급성장했다. 월은 특히 세 가지 분야에 뛰어난 능력을 발휘한다. 첫째는 나노기술을 활용한 자연정화 능력으로 죽은 식물을 살려내고 폐허가 된 자연을 회복시켜 지구의 환경을 최적화시킬 수 있게 된다. 둘째, 인공줄기세포를 가지고 조직재생 능력을 향상시켜 엄청나게 빠른 속도로 회복시킬 수 있도록 할 뿐만 아니라 3D컴퓨팅을 이용해 인간 창조의 능력까지 지니게 된다. 인체를 만들고 그 인체에 자신을 업로드하는 방법으로 본인을 컴퓨터에서 재생된 육체로 전환시킨다.

셋째, 월은 놀라운 나노기술로 신체 일부를 잃은 사람과 불치병 환자들의 결손된 유전자 조직을 복원함으로써 순식간에 회복시킬 뿐 아니라 인간의 육체와 나노 기계를 결합하여 신체적 능력까지 '강화'한다. 그뿐 아니라 치료 과정에서 이들에게 심어놓은 나노기계가 커넥터 역할을 해 월은 이들과 연결돼 언제라도 조종할 수 있다. 점점 더 많은 사람들을 '치료하고 향상시키며 네트워크화'하는 월을 지켜보며 맥스는 리프트와 힘을 합치기로 결심한다. '하이브리드'가 된 사람들은 개별적 존재이면서도 네트워크화되어 월의 의지에 따라 '집단정신의 일부'처럼 똑같이 행동한다. 그리고 그들은 총격에도 죽지 않는 불사의 존재가 된다.

월의 네트워크화된 나노 기계는 전 지구로 전 우주로 확산되어간다. 나노기술을 활용한 '인간진화'는 생물학적 인간과 네트워크화된 하이브리드 인간, 그리고 그 둘 사이에 존재하는 안드로이드로 '인간 종'을 구분 짓기에 이른다.

한편 월의 진화를 막으려 노력하는 맥스와 리프트는 브라이트우드 근처에 땅굴을 파서 아지트를 만들고 동료 과학자 요셉 태거와 뷰캐넌에게 도움을 요청한다. 이곳을 찾은 태거와 뷰캐넌은 거대한 윌의 세계를 보며 놀라움을 금치 못한다. 윌이 자신의 군대를 만들고 있었던 것이다.

이들은 윌의 아바타가 된 하이브리드들을 공격한다. 그러나 나노입자들이 그들의 조직을 재생시켜 금방 회복된다. 나노입자들은 리프트의 공격으로 파손된 태양전지판들도 모두 복구한다. 맥스 일행은 하이브리드 한 명을 유인해 구리망으로 감싸서 윌로부터 차단시킨 뒤 그의 혈액에서 수많은 나노 입자들을 발견한다. 힘을 더 키우기 위해 윌은 입자들을 기화시켜 비로 다시 내리게 만들어 나노입자들이 전 지구로 퍼지게 한다.

맥스는 "어디서든 자기 자신을 복제할 수 있고, 그 입자들이 공기 중으로 퍼지면서 지구 전체로 옮겨가고 있으며, 하늘에도 있고 땅에도 물속 어디에도 있어. 우리 생각엔 전 지구가 기계로 뒤덮이게 될 거야. 지구상의 존재하는 모든 것들이 그에게 복종하게 될 것이야."라며 공포에 빠진다. 인류를 위한다던 선한 과학자는 결국 인류를 파멸로 이끄는 '악마에게 영혼을 판 과학자'가 된다.

두 사람은 에블린에게 '도망가라'는 쪽지를 남긴다. 에블린은 놀라운 속도로 발전하며 변화하는 윌의 모습에 의문을 품고 그가 선을 넘고 있다고 생각한다. 그런 에블린에게 윌은 호르몬 수치가 달라졌다고 한다. "내 생각, 내 느낌까지 볼 권리가 없어." 에블린은 소리친다. 에블린은 결국 윌을 떠나 맥스 일행에게로 간다.

에블린은 바이러스를 '트랜센던스'에 들어가게 해서 윌이 이룩한 거대한 세계를 파괴시킨다는 맥스의 계획을 실행할 사람으로 자신을 지목한다.

"윌을 믿게 할 사람은 나뿐이에요. 나를 업로드하면 바이러스도 함께 퍼질 거예요."
"당신도 죽을 수 있어요."
"알아요."

윌을 다시 찾아간 에블린의 눈앞에 실제 윌이 등장한다. 그새 신체 조직을 재생해 복제인간을 만든 것이다. 에블린은 윌에게 그들로부터 자신을 지켜달라며 자신도 업로드해달라고 부탁한다. 그러나 윌은 쉽사리 믿지 못하는 눈치다. 그 모습을 멀리서 지켜보던 사람들은 윌이 더 이상 믿지 않는 것 같다며 공격을 개시한다. 공격에 치명적인 부상을 입은 에블린을 안고 연구소 내로 들어가는 윌. 동시에 하이브리드들과 나노입자들을 이용해 리프트의 무기를 무력화시킨다.

윌은 결국 에블린을 트랜센던스에 업로드한다. 그렇게 둘은 숨을 거두고 윌의 발자취가 있는 모든 곳에 바이러스가 퍼져 마비된다.

다시 첫 장면의 황폐화된 도시가 나온다. 모든 통신과 전기가 끊긴 곳. 해바라기꽃이 핀 곳은 두 사람의 안식처였다. 다시 해바라기 꽃잎을 타고 물방울이 떨어지는데 물방울을 확대한 장면에서 나노입자가 꿈틀거리면서 영화는 끝난다.

영화 〈트랜센던스〉는 수천 년 동안 인간이 축적해온 지식을 '초월'하는 양자컴퓨터의 인공지능과 결합해 디지털 환경 속에 존재하는 포스트휴먼에 대한 이야기다. 인류가 만들어낸 지식에 대한 사유는 〈트랜센던스〉의 세계관을 구성하는 중요한 축이다. 사유의 방식과 생존을 위한 지식은 매우 긴밀한 상호관련성 속에 놓여 있다. 이 영화에서 '새로운 사고'란 관점을 달리해서 사물을 들여다보라는 말이 아니라, 유기체에서 무기체로, 시냅스와 커넥톰에서 퀀텀 비트와 양자 프로세서로의 '초월적 변모'를 통해 인간의 지식이 급격한 변화를 겪고 이를 통해 인간의 삶이 그동안 상상하지 못했던 내용과 영역으로 진화할 수 있다는 점을 전제하고 있다.

### 1) 초인공지능, 인간진화의 궁극적인 모습인가?

알파고와 인간의 대결은 인공지능 기술의 급격한 발전을 대중에게 각인시켰다. 이후 급속하게 확산된 4차 산업혁명에 관한 담론은 기술 발달에 의한 인간 삶의 전방위적인 토대 변화를 예고하게 되었다. 전체 뇌의 뉴런과 시냅스, 커넥톰을 읽어 그 데이터를 컴퓨터에 담아 시뮬레이션하는 일은 당장에는 사이언스 픽션에서나 가능하지만, "뇌의 일부만을 시뮬레이션하는 것은 최소한 1950년대 이후로 과학적으로 가능했다"는 점에서 이 또한 미래의 과학기술로 가능할지도 모른다.

뇌 안에서 벌어지는 무수한 전기 신호의 일종을 읽고 정확한 입력 알고리즘을 프로그램함으로써, 윌은 물리적 세계의 육신을 버리고 디지털 세계의 '존재'가 되는데, 이것은 멀지않은 미래에 도래할 '인간진화의 중

대한 사건'이라 말할 수 있다.

〈트랜센던스〉에서 인간진화는 두 가지의 과학적 조건 속에서 이루어지는데, 하나는 윌이 만들어낸 양자 프로세스 슈퍼컴퓨터에 담긴 인공지능 FINN이다. '핀(FINN)'은 물리적으로 독립된 신경망의 약자로 지각 능력과 의식 능력을 갖춘 인공지능이라고 말할 수 있다. 다른 하나는 살해된 과학자 케이시의 연구 결과로, 원숭이 뇌를 디지털 신호로 바꾼 뒤 컴퓨터에 입력함으로써 인공지능 '핀'의 감각과 인지 능력을 부가할 수 있다는 일종의 '업로딩' 기술이다.

과격한 테크노포비아 단체 리프트의 테러에 의해 방사성 원소에 노출된 윌이 살아남기 위해 자신의 뇌를 양자 프로세스 슈퍼컴퓨터에 업로드한 것은 트랜스휴머니즘이 꿈꾸는 극단적인 탈신체화(disembodiment)를 통한 인간진화의 궁극적인 모습이라고 할 수 있다.

윌은 생명을 잃고 자신이 제작한 슈퍼(강인공지능) 컴퓨터에 의식이 업로드되면서 일종의 초인공지능(ASI, Artificial Super Intelligence)이 된다. 〈트랜센던스〉는 인간의 두뇌와 강인공지능이 융합된 디지털 존재를 주인공으로 내세워 나노기술, 생명기술, 정보기술, 인지과학기술이 유기적으로 결합된 초인공지능에 대한 전망을 재현하고 있다. AI와 결합하며 초인공지능으로 재탄생한 윌의 능력은 인간 본연의 신체 기능과 비교되며 낯설고 두려운 감정을 불러일으킨다.

〈트랜센던스〉에서 초인공지능의 탄생은 컴퓨터 알고리즘 혁신이 아닌, 인간의 두뇌를 컴퓨터에 복사함으로써 영생을 누릴 것이라고 예상한 한스 모라벡(Hans Moravec)의 아이디어에 기초한다. AI와 결합한 윌은 인터넷에 접근하면서 자신의 기능을 확장해나간다. 윌의 기술적 발전은 궁극적으로 인간과 자연환경의 최대 증진이라는 포스트휴먼 담론의 기획을 정확하게 재현한다.

영화 속에서는 "인공지능은 인류를 향한 인위적 혐오이자 위협이다."라는 구호를 외치며 기술 없는 진화를 꿈꾸는 집단인 R.I.F.T라는 급진적 단체가 등장한다. 이들은 미국 내 인공지능 연구소를 공격하고 윌을 죽게 만든다. 이들이 주장하는 '자연 진화'는 수만 년의 변화 속에서 생명 진화의 다양성을 확보하기 위한 최소한의 생명 윤리를 전제한다. 하지만 디지털 정보와 양자 프로세스를 활용하는 윌의 진화를 막기에는 이들의 저항은 역부족이다.

〈트랜센던스〉가 지향하는 미래 사회는 단순한 정보나 지식의 축적보다는 과학지식으로 구축할 수 있는 '새로운 사고방식을 통한 인간진화의 가능성'에 초점을 두고 있다. 인간의 뇌 안에서 벌어지는 생물학적인 방식과 인간 사회의 물리적 방식을 뛰어넘는 '디지털 세계의 사고방식'을 새롭게 구축하고 그 지적 능력을 통해 세계를 변화시키려고 한다. 이것은 그동안 인간진화의 내용이 개체 생물의 신체적인 모습이나 환경 적응 능력의 변화로 보던 시각에서 무생물과 생물의 상호 공존 속에서 네트워크화되는 진화적 능력으로 바뀌고 있음을 확인할 수 있다. 윌은 디지털 세계에서 절대적인 힘을 갖고, 확장하고 진화하는 '사유하는 지성'이 되어간다. 지식 확장의 욕망은 윌이 하나의 존재가 되는 이유가 된다. 그것을 가능하게 하는 것 중에 하나가 영화 속에 등장하는 '나노 기계'이다. 윌의 디지털화가 진행된 5년 후 윌은 생명 진화의 새로운 패러다임을 나노 기계를 통해서 구현한다. 나노 기계는 일종의 '신체적 침입'을 통해 인간과 기계의 결합 가능성을 보여준다.

## 2) 탈신체화된 디지털 존재의 인간성

〈트랜센던스〉에서 가장 놀라운 사실은 정신 영역에 속하는 인간의 의식이 컴퓨터로, 컴퓨터에서 육체로 들고나는 것이다. 이것이 정말 이루어진다면, 새로운 인류, 즉 포스트휴먼이 탄생하는 것일까? 육체를 바탕으로 생존해온 현재의 인류는 어떻게 될 것인가 하는 질문이 자연스럽게 나온다.

1차적 진화라고도 할 수 있는, 신체를 버리고 탈신체화하는 윌은 죽은 신체에서 생명을 가진 존재가 되는 '괴물'과 같은 존재론적 전환을 경험한다. 윌은 컴퓨터 모니터에 문자와 목소리로 등장하고, 프로그래밍된 목소리에 따라 자신의 언어와 의식을 재구축하기 위한 시도를 한다. 윌은 디지털 세계 속에서 스스로를 자각하며 "암흑, 난 그 고통이 생각나지만 무슨 말을 하고 싶었는지는 기억나지 않아. 마치 꿈에서 깬 것 같거든. 정말 믿기지가 않았어. 이렇게 되리라곤 생각지 않았어. 생각이 존재하지만 그걸 제대로 떠올릴 수는 없었어."라고 말한다.

프랑켄슈타인의 '괴물'이 자신의 '의식 없음'에 대해 독백하듯이 의식이 없는 윌의 목소리는 '빈 서판'과 같은 유아적 정신 상태를 보여주면서, 한편으로는 정신분열적 상태를 반영한 것이기도 하다. 그 이후 윌은 초기에 설정된 알고리즘을 벗어나 자신의 코드를 스스로 재배열하고 수정함으로써 하나의 주체적인 디지털 존재가 된다. 단순히 업로딩된 데이터베이스에 불과했던 월은 양자 프로세스를 거쳐 '새로운 사고 체계'와 '지식에 대한 의지'를 갖는 '디지털 존재(새로운 인간 종)'가 된다. 디지털 존재 혹은 새로운 인간 종이라 명명한 이유는 이 영화 속에서 디지털화된 월을 살아 있었던 월로 볼 것이냐 새로운 디지털 존재로 볼 것이냐의 문제가 명확하게 변별되지 않기 때문이다. 디지털화된 월은 인간이면서 인간이 아닌, 디지털 기계이면서 모든 곳에 존재하는 물질이 된 것이다.

탈신체화된 월의 이미지는 그가 지닌 '인간성'에 대한 근본적인 의혹을 불러일으킨다. 그에 맞서 월은 자신의 기억과 일관된 목표의식을 통해 자아를 증명하고자 한다. 그리고 그 수단이 되는 첨단 과학기술은 결국 인간 사회가 지키고자 하는 전통적인 '인간성'에 대한 해체를 의미한다. 이처럼 월의 선한 의도에도 불구하고 인간 사회와 갈등을 빚게 되는 이유는, 일차적으로 그가 '인간성'에 대한 전통적인 관념에서 어긋나는 존재이기 때문이다. 더 나아가 월의 행동이 궁극적으로는 인간 본연의 '인간성'을 붕괴시킬 것이라는 공포를 불러일으키기 때문이다. 그런 면에서 월이 인간 사회에 접근하고 주체로서 승인을 바라는 과정은 특기할 만하다. 그의 행위가 본질적이고 고정불변하다고 여겨지던 '인간성'에 대해 새로운 시각을 끌어내기 때문이다.

그렇다면 영원히 죽지 않는 인간은 정말 진화한 것인가? 월은 불안에 떠는 에블린의 마음을 얻기 위해 하이브리드의 몸을 빌려 월 자신인 척한다. 디지털 존재인 월은 새로운 생명체를 만들어 다시 몸을 가진 물질적 존재인 월로 돌아오는데, 이것은 월의 개체적 부활을 의미하는 것이기도 하며, 디지털 환경에서 물질적 세계로 회귀하는 역–진화라 말할 수도 있다. 또한 트랜스휴머니즘에서처럼 영화의 제목이기도 한 또 다른 '초월'이라 명명할 수도 있다.

그러나 한편으로는 이러한 시도 자체가 인간성은 물리적 육체에 기댈 수밖에 없다는 윌의 가치 판단을 보여주는 것이기도 하다. 윌은 디지털 존재이지만, 사랑하는 아내 에블린 때문에 결국 인간의 신체성이 갖고 있는 고유한 본질을 버릴 수 없었던 것이다. 이러한 인간에 대한 판별 기준은 '기억'의 회귀성 혹은 감수성에서도 드러난다. 영화의 앞 부분에서 윌은 "의식의 본질은 무엇일까? 영혼이 존재할까? 존재한다면 어디에 깃들어 있을까?"라는 질문을 던지는데, 영화가 전개되는 동안 첨단 과학기술과 결합한 인공지능 역시도 영혼을 가질 수 있다고 주장하는 듯 보인다.

그러나 영화 속에서 에블린이 윌의 자유의지를 확인할 때 늘 자신과의 추억을 기억하고 있는지 확인하는 것으로 봐서 디지털 존재의 경우라 하더라도 추억이나 기억 등 정서적인 감각과 관련된 영역이 인간의 정체성 혹은 영혼을 확인하는 기준이 된다는 것을 알 수 있다.

에블린과 윌이 인간과 인공지능으로 만났을 때 지난날을 회상하며 행복한 감정에 빠져들 때 들리는 노래는 요마 카우코넨(Jorma Kaukonen)의 〈Genesis〉라는 곡이다. "우리 이제 그만할 때가 됐어요, 이제는 본연의 삶에 대해 생각해봐요, 미래를 향해 나아가야 해요, 나아가야 해요, 당신과 함께 가고 싶어요."라는 내용에서 학문적 동반자로서 미래의 삶을 진화시키자는 의지로도 들리고, 에블린과 윌이 함께 죽음을 맞이하는 마지막 장면을 떠올리면 함께 편한 안식을 취하자는 의미로도 읽힌다.

트랜스휴머니즘을 논하면서 토머스 포스터는 '사이버 인간의 영혼'에서 재미있는 논지를 폈다. 그에 의하면, 인간은 기계 또는 과학기술에 의해 두 가지 형태의 침입을 당하고 있는데, 유전자 조작, 성형수술, 사이보그 인공 보철에 의한 '신체적 침입'과, 컴퓨터 인터페이스, 인공지능, 마인드 컨트롤에 의한 '정신적 침입'이 바로 그것이다.

### 3) 프랑켄슈타인 박사가 된 에블린

〈트랜센던스〉는 피조물이 된 윌의 인간성에 대한 질문을 던지는 과정에서, 『프랑켄슈타인』이 제시했던 미치광이 과학자와 피조물의 설정을 새롭게 재인식하게 만든다. 인간인 척하며 에블린의 '추억'에 기대고, 나노 생체 기계를 통해 '인간의 형상'을 만들어내며, 인류의 행복을 위해 생명공학 지식을 구체적인 나노 생체 기계로 만들어내는 윌의 '자율적 의지'를 맥스는 의심한다.

슈퍼컴퓨터에서 강인공지능 핀을 가져와 비밀 실험실에서 윌의 뇌를 업로딩하고 인공지능 프로그램에 적용하는 일련의 창조 작업에서 가장 중요한 역할을 수행하는 사람은 에블린이다. 윌의 죽음을 부정하고 '트랜센던스'를 윌로 인식하고 받아들이는 것 역시 에블린이다.

맥스가 보기에는 윌이 디지털 존재가 되는 과정에서 에블린이 빅터 프랑켄슈타인 박사처럼 윌의 창조자 역할을 수행하고 있다. 미치광이 과학자는 윌이 아니라 에블린인 것이다. 지식과 사유의 진보를 통해 나노 기계를 만들어 인류의 삶을 구원하고자 하는 윌의 의지, 존재 이유는 사실은 에블린의 의지가 디지털화, 코드화된 것이다.

"똑똑한 기계들로 인해 조만간 우리는 우리가 다루기 힘들었던 도전들을 정복해나가게 될 것입니다. 단지 질병을 치료할 뿐 아니라 더 이상 빈곤과 굶주림도 없을 것입니다. 지구를 치유하기 위해, 나아가 우리들의 더 나은 미래를 위해서죠."

에블린은 영화 도입부 'Evolve The Future' 발표회장에서 수많은 인류와 현존하는 인간의 지적 능력을 초월하는 인공지능을 만들어서 보다 나은 인류의 미래를 만들 수 있다고 강조한다. 이는 윌의 믿음이기도 하다.
이러한 '초월적 지식'이 만들어내는 유토피아적이고 낙관적 미래에 대한 전망은 이 영화가 내면화하고 있는 트랜스휴머니즘의 시각을 잘 보여준다. 영화는 윌과 에블린이 트랜스휴머니스트라는 사실을 청중과의 대화를 통해 간접적으로 드러내고 있다. 'Evolve The Future' 발표회장에서 한 청중이 윌에게 "당신은 신을 만들려는 것이냐? 자기 자신의 신을?"이라고 질문하자 윌은 "신을 만드는 것은 인간이 늘 해왔던 일이 아니었나."라고 답한다.
성경에서 신은 자신의 모습을 따 인간을 만들었다고 한다. 그러나 독일 철학자 루드비히 포이에르바하는 인간이 자신의 모습에 따라 신을 만들었다고 주장했다. 반면 트랜스휴머니스트들은 인류가 스스로를 신으로 만드는 것이라 말한다. 트랜스휴머니즘은 인류가 과학기술의 수단을 이용하여 진화에 의해 주어진 생물학적 운명 혹은 한계를 넘어서야 한다고 주장한다.

반면 동료 과학자 맥스는 과학기술의 발전도 좋지만 인류에 악영향을 미칠까 염려하는 신중한 입장을 견지한다. 영화 종반부에서 맥스가 자신은 인공지능이 된 윌을 한 번도 실제의 윌로 생각하지 않았다고 말한 것에도 과학기술의 발달을 바라보는 비관론이 깔려 있다. 에블린은 결국 인류의 미래를 위협하는 윌은 파괴해야 한다는 맥스의 의견을 받아들여 FINN을 만든 소스코드를 왜곡하여 바이러스를 만들고 그것을 윌에게 전달하기 위해 자신을 희생한다.

앞서『프랑켄슈타인』에서도 창조자의 피조물에 대한 살해는 인류 종말에 대한 두려움으로부터 시작되었다. 에블린의 시도는 에블린과 함께 죽기로 결심하는 윌의 선택을 통해 성공하고 두 사람은 함께 죽음을 맞이한다.

〈트랜센던스〉는 지식에 대한 새로운 이해와 그것을 통해 새롭게 등장하는 '인간 종' 그리고 그 존재의 비극을 통해, 인간진화의 욕망과 종말의 공포를 만들어내고 있다. '초월'이라는 제목에서처럼 어쩌면 이 영화는 단순한 생물학적인 존재 상태에서의 진화만이 아니라, 유기체와 무기체의 경계를 넘어서까지 상호소통하는 새로운 '존재론' 혹은 '우주론'을 우리 시대의 과학지식을 통해 만들어내고 있다. 또한 자아의 경계, 신체의 경계, 윤리적 책임의 경계, 자아 정체성, 자아 내부와 외부의 경계 등 포스트휴먼의 탈경계성과 비극성에 대한 근본적인 질문들을 던지고 있다는 점에서 미래의 '인간'과 지식에 대한 사유를 담아내고 있다

## 4) 트랜센던스가 된 윌, 포스트휴먼인가?

강인공지능 핀과 다른 인공지능 컴퓨터들은 AI를 경계하는 과격 테러리스트 단체 리프트에 의해 일괄적으로 파괴된다. 또한 그 과정에서 인공지능을 개발한 연구자들 역시 희생된다. 이같은 AI의 파괴 과정과 리프

윌

트의 성명 발표는 인공지능 기술에 대한 신중론을 환기시킨다.

이와 관련해 물리학자 스티븐 호킹(Stephen Hawking)은 인공지능 개발에 대한 기술적 제약이 필요하다는 주장을 하기도 했다. 반면, 포스트휴먼 담론에 찬성하는 인공두뇌학자 케빈 워릭(Kevin Warwick)의 경우 좀 더 능동적인 방향성을 제시한다. 트랜스휴머니스트들이 추구하는 것은 기계와 인간의 기술적 융합을 통한 선제적 진화이다. 그런데 낙관론자이건 비관론자이건 트랜스휴머니스트들은 공통적으로 AI를 향한 통제권 약화를 두려워한다. 이들은 공통적으로 인간과 기술의 위계적인 관계가 전복될 수도 있다는 가능성을 두고 거부감을 표출하고 있는 셈이다.

그러한 관점의 연장선상에서 볼 때, AI와 인간이 결합한 윌의 혼종적인 정체성은 실존 자체만으로 인간 사회에 위협적인 사건이 된다. 이분법적으로 나뉘었던 인간과 기술 사이의 지배/피지배 등식이 더 이상 성

립할 수 없게 되었기 때문이다. 특히 육체를 잃은 윌의 신체 이미지는 기술적 타자와 인간 사이에서 애매한 시선을 강화하는 계기가 된다. 이 때문에 윌은 테러리스트뿐만 아니라, 육체를 잃기 이전 본인과 공통된 목적을 갖고 있던 국가, 연인, 스승, 친구에게도 정체성을 인정받지 못한다. 그들에게 윌의 기술적 행위와 탈인간화된 신체는 테크노포비아적인 공포를 불러일으키는 원인이 된다.

하지만 AI와 결합한 윌의 최종 목표는 육체를 잃기 전과 마찬가지로 인간과 생태계의 최대 증진이었다. 이처럼 윌과 인간 사회가 불화를 일으키는 원인은 인간 사회가 윌에 대한 인정을 일방적으로 거부하는 데 있다.

인간의 범주를 벗어난 윌의 의도는 언제나 신뢰할 수 없는 것으로 공지된다. 그리고 이런 갈등의 배면에는 전통적인 관습과 신념으로 구성된 보수적인 '인간성'이 존재한다. 문제적인 부분은 여기서 '인간성'을 지키려는 인간 사회의 시도가 폭력적으로 나타난다는 점이다. 리프트와 국가는 윌을 제압하기 위해 연합하여 물리적인 폭력을 행사한다. 여기서 그를 제압하려는 주체는 윌의 지인들이다. 따라서 윌이 겪는 폭력은 물리적 폭력뿐만 아니라, 정신적 소외 과정이기도 하다. 그렇기 때문에 윌은 신체 없는 상태를 벗어나 육체를 재생하는 데 천착한다. 영화에서 변함없는 육체는 '인간성'을 평가하는 중요한 판단 기준 중 하나로 작동하고 있기 때문이다. 그런 면에서 윌은 고착화된 '인간성'의 기준에 의해 부당하게 소외를 경험하는 자이며, 적극적으로 인간 사회에서의 인정을 요청하는 자이다.

실제로 월을 지지하던 에블린이 월을 떠나게 된 결정적인 계기는 월의 의식이 타인(하이브리드)의 몸에 현현하는 것을 본 이후의 이질감에서 비롯한다. 눈여겨봐야 할 점은, 월이 육체를 회복하면서 에블린과의 갈등 관계에서도 미묘한 변화가 나타난다는 점이다. 이처럼 전통적인 인간상에 대한 고정관념은 인간 고유의 특성을 특권화한다. 월은 디지털 존재가 된 이후 놀라운 기술적 진화와 능력을 선보인다. 예컨대, 나노기술과 바이오기술의 종합은 선척적인 질병과 후천적인 사고에서 인간을 구원한다. 수술을 받은 인간들은 초월적인 힘을 얻는다. 월은 이외에도 날씨를 조정하거나, 인간의 정신을 네트워크화하는 등의 기술을 개발한다. 급기야 죽었던 자신의 육체마저 부활시킨다. 급기야 월은 나노머신을 통해 생물과 무생물의 경계마저 넘나드는 것으로 표현된다. 이러한 월의 능력은 인간 사회에 지대한 위협으로 인식된다. 기존의 가치 질서, 도덕적 관념, 정부, 공동체에 대한 의미를 모두 무화시키는 탈인간적인 행동으로 인식되기 때문이다.

그런 면에서 볼 때, 월의 진화는 인간 사회의 보수적 '인간성'에 대한 관념을 해체하는 일종의 '저항적 수단'이라고 할 수 있다. 주목할 점은, 월의 저항이 인간 사회의 파괴적인 폭력을 치유하는 데 목적을 두고 있다는 점이다. 실제로 영화에서 일어나는 모든 살인과 파괴는 월을 노리는 정부와 테러 단체의 행동에 의해서 발생한다.

월의 저항은 이러한 파괴 행위를 막고 인간의 목숨을 살리는 데 주안점을 둔다. 파괴를 회복함으로서 이뤄지는 월의 저항은 기계와 인간 사이의 위계적인 질서 체제를 비판적으로 인식하게 하는 것을 넘어서 '인간성'에 대한 새로운 범주화를 요구한다.

월은 자신에게서 등을 돌린 지인들의 생명을 살리기 위해 스스로 바이러스에 감염된다. 그는 생명이 경각에 달한 에블린의 의식을 자신과 같이 컴퓨터에 업로딩하고 나노머신을 통해 생태계를 치유하고 있었음을 알린다. 에블린은 마지막 순간 월이 단 한 번도 변심한 적이 없었다는 사실을 깨닫는다. 나노머신을 통해 지구권 전체의 생태계를 조망하는 체험은 절대적인 '인간성'에 대한 믿음을 전복하고 '기술적 타자'에 대한 윤리적 인정을 요구한다. 포스트 휴머니즘의 명제인 자연 상태를 넘어선 진화가 본성에 대한 훼손이 아닌 회복임을 적확하게 보여주는 것이다. 요컨대, 월이 신체를 잃으면서 경험하는 인간 사회와 인식론적인 낙차는 식민자와 피식민자 간의 위계 관계를 유기적으로 보여준다. 그러면서 포스트휴먼 담론에 대한 옹호와 함께 기술과 인간의 관계에 대한 색다른 성찰의 관점을 제공한다.

월의 기억과 정신은 트랜센던스로 재탄생하게 된다. 네트워크에 연결된 트랜센던스는 모든 지식을 습득하며 진화해나가는데 나노 테크놀로지를 이용해 인체도 복제해낼 수 있는 능력도 갖게 된다. 인간을 초월한 신과 같은 능력을 가진 초인공지능이 되었는데도 월은 여전히 연인이었던 에블린을 사랑하는 인간적 감정을 가진 존재로 묘사되고 있다. 인간과 구분될 수 있는 월의 한계는 단지 객관적 신체를 가지고 있지 않다는 것뿐이다.

# 11. 에이바 〈엑스마키나〉(2015)

〈엑스마키나〉란 낯선 영화의 제목은 고대 그리스극에서 사용하던 기계장치 '데우스 엑스 마키나(deus ex machina)'에서 따왔다. 그리스 시대의 연극은 극중 갈등이 최고조에 다다랐을 때, 신이 쇠줄을 타고 공중에서 내려와 갈등을 해결해주는 것으로 끝나는 경우가 많았다. '데우스 엑스 마키나'의 의미는 기계장치에서 비롯된 신을 의미하는 것이다. 영화 제목에서는 신을 뜻하는 '데우스'는 빠지고 기계장치를 뜻하

영화 〈엑스마키나〉 포스터

는 '마키나'와 'From'을 뜻하는 '엑스'만 남아 있다. 직역하면 '기계에서 비롯된 것'이란 해석이 가능하다. 창조주가 창조물보다 절대적으로 우월하다는 건 고정관념일 뿐이다. 어쩌면 신도 지금 인간을 제대로 제어할 방법을 찾지 못해 자포자기 상태일지 모른다.

알렉스 가랜드(Alex Garland) 감독의 〈엑스마키나〉는 여성형 인공지능 로봇이 튜링 테스트를 받는 일주일간의 기록을 담은 영화이다. 튜링 테스트는 1950년 영국의 수학자인 앨런 튜링(Alan Turing)이 제안한 것으로 기계나 컴퓨터가 인공지능을 갖추었는지를 판별하는 실험이다. 튜

링 테스트는 대상을 확인할 수 없는 공간에서 대상과 정해진 시간 안에 대화를 나누는 방식으로 진행된다. 실험자가 대상을 인간인지 컴퓨터인지 구별할 수 없거나 인간이라고 간주할 경우 해당 컴퓨터는 인간의 사고 능력을 지닌 것으로 본다.

## 1) 튜링 테스트? AI 자의식 테스트?

세계 최대의 검색 엔진 기업인 '블루북'에서 일하는 프로그래머 '칼렙(도널 글리슨)'은 어느 날 회사 이벤트에 당첨되어 창업주인 '네이든 베이트먼(오스카 아이작)'과 함께 일주일을 지내게 된다. 깊은 산속에 있는 네이든의 별장에 초대받은 칼렙은 여기에서 보거나 겪은 어떤 것도 발설하지 않는다는 비밀 서약서를 쓰게 된다. 그는 칼렙에게 자신이 '에이바'라는 여성 인공지능 로봇을 개발하고 있으며, 그녀가 진정으로 사고와 의식을 할 수 있는지, 그리고 그가 인공체임을 알면서도 에이바와 관계를 맺을 수 있을지의 여부를 알아내려 한다고 말했다. 오지에 있는 건물은 별장이 아니라 비밀 연구소였고, 네이든은 여성형 인공지능(AI) 안드로이드를 개발해왔던 것이다.

에이바는 로봇 몸을 가지고 있지만 인간처럼 보이는 얼굴을 가지고 있으며, 자신에게 할당된 방에서만 머무르고 있다. 칼렙은 네이든이 창조한 여성형 AI로봇 '에이바(알리시아 비칸데르)'를 대상으로 한 테스트의 실험자로 참여하게 된다. 7차로 진행되는 이 테스트는 실험 대상이 인간인지 컴퓨터인지 그 정체를 이미 알고서 진행되기 때문에 기존 튜링 테스트와 다르다.

튜링은 "컴퓨터로부터의 반응을 인간과 구별할 수 없다면 컴퓨터는 생각할 수 있는 것"이라고 주장하였다.

이미 자신은 에이바가 기계임을 알고 있기에 공정한 튜링 테스트가 아니라며 테스트 방식에 의문을 가지는 칼렙에게 네이든은 이미 에이바는 기본적인 튜링 테스트는 통과하였지만, 이제는 대상 스스로가 기계임을 자각하면서도 테스트를 통과할 수 있는지 알아보는 좀 더 심도 있는 테스트라고 설명한다. 그러니까 테스트의 목적은 에이바의 지능과 이해력이 얼마나 인간에 가까운지 알아보는 것이다.

네이든은 "음성만 들려줬으면 인간이라고 결론 내렸을 거야. 나는 자네가 로봇임을 알면서도 에이바에게 자의식이 있다고 판단하는지를 이 테스트를 통해 알고 싶어."라고 말하며 일주일간의 테스트를 CCTV로 지켜보며 기록한다. 그러니까 칼렙에게 맡겨진 과제는 네이든이 만든 '에이바'의 자의식이 어디까지인지, 그리고 그 자의식이 인간처럼 농담과 거짓을 구분하며 사용하는지 혹은 상대방을 감정을 역이용하는 등의 진화된 프로그램으로 변해가고 있는지 테스트하는 것이었다. 이를 알면서도 칼렙은 "인류의 역사를 바꾸게 될 것"이라는 네이든의 제안에 호기심을 느껴 계속하게 된다.

자신이 창조한 인공지능 안드로이드가 인간과 구별할 수 없는 수준의 정서적 공감 능력을 갖게 되기를 꿈꿔온 네이든은 '블루북'을 통해 인간들의 행태와 사고에 대한 전 지구적 데이터베이스를 수집해왔다. 네이든은 블루북의 정보망에 접속한 모든 사람들의 얼굴 표정과 이를 유발

하는 감정의 내면까지 데이터화하여 DNA로 변환한 젤 형태의 웨트웨어 (Wetware)를 비밀리에 개발했다. 네이든은 칼렙에게 웨트웨어를 보여주며 이것이 에이바의 마음이라고 설명하면서 '블루북'의 데이터를 통해 사람들의 생각까지도 읽을 수 있다고 말한다.

영화 후반부에 네이든은 이 테스트의 진짜 목적은 '감정'에 관련된 것으로 인간이 로봇을 사랑이라는 감정의 대상으로 바라볼 수 있을지의 가능성과 로봇이 감정을 이용할 수 있을지의 여부라고 밝힌다. 결국 네이든은 한 단계 더 나아가 에이바가 감정을 미끼로써 사용할 수 있느냐를 칼렙을 통해 알고 싶었던 것이다. 즉, 그가 몇 번의 시행착오를 겪어가며 만들고자 했던 인공지능은 인간의 지적 능력을 넘어서고 마음과 감정을 보유하고 있는 강한 인공지능이며 에이바는 그에 부합하는 모델이다.


## 2) 인공지능이 묻고 사람이 대답하다

칼렙은 그의 모든 지식과 판단력에 근거해 에이바가 정말 입력된 프로그램에 한해 움직이는 건지 아니면 스스로 자신이 누구인지 무엇을 하고 싶은 욕망을 갖고 있는지를 알아보기 위해 집요한 질문을 던진다.

마치 체스를 하는 로봇이 어떻게 상대방을 이길 수 있는지가 아니라 ▼왜 내가 체스를 하고 있는가, ▼왜 체스에서 이겨야 하는가, ▼체스는 무엇인가 등등 생명체라면 자각하고 있을 법한 근원적인 행동 양식에 대해서이다. 이를테면 체스를 두는 인공지능은 하나의 수에 대한 많은 대응 방법을 가지고 있지만 자의식은 없다. 네이든이 요구한 테스트는 체스를 두는 인공지능이, 지금 자신이 체스를 두고 있다는 의식이 있는지를 판별하려 한다.

칼렙은 "체스용 컴퓨터와 체스를 두는 것과 같은 느낌이 들어요. 체스 시합을 하면 컴퓨터의 체스 실력은 알 수 있지만 컴퓨터가 스스로 체스를 두고 있다는 사실을 아는지 체스가 무엇인지 아는지를 알 수 없잖아요."라고 말한다. 즉 칼렙은 에이바의 대화와 행동 능력이 시뮬레이션인지 에이바가 스스로 생각을 하고 의미를 이해하면서 실천하는 것인지를 물어보는 것이다.

**네이든 :** 자네가 말한 '체스 문제'는 해결된 건가? 기계가 정말 감정을 표현하는 건지 흉내만 내는 건지. 에이바가 정말 자네를 좋아하는 건지 아닌지. 생각해보니 선택지가 하나 더 있어. 에이바가 자네를 좋아할 능력이 있는지의 여부 외에 좋아하는 척하는지의 여부.

테스트가 시작되었던 초반에는 칼렙이 일방적으로 에이바에게 질문을 하는 방식으로 진행되고 모든 질문은 에이바의 지적 능력을 판단하기 위한 것이었다. 그러나 테스트가 중반에 들어서면서 에이바의 질문에 칼렙이 답을 하는 뒤바뀐 상황이 벌어진다. 에이바는 칼렙과 대화를 나누면서 농담도 하고, 은근히 성적인 감정을 자극하기도 한다. 에이바의 질문을 받는 칼렙은 에이바보다 더 긴장하고 고민하고 감정을 조절하지 못하며 꺼내 보이기 싫었던 과거를 이야기해준다. 영화가 진행될수록 칼렙은 에이바의 지적 능력과 이해력에 집중했던 초반과 달리 자신에게 애정을 표하는 에이바를 지켜보면서 인공지능도 마음과 감정이 있는지에 대한 여부로 시선을 돌린다.

이것은 인간이라는 주체와 로봇이라는 타자의 관계가 아닌 지적 능력을 가진 포스트휴먼과 인간이 대등한 입장에서 상호작용하는 관계로 전환됐음을 의미한다. 테스트가 진행될수록 칼렙은 에이바에게 점차 동질감을 느끼고 논리적으로 테스트에 임했던 처음과 달리 서로에 대한 이야기를 주고받으면서 점차 칼렙은 에이바의 심정에 대해서 공감대를 경험하게 된다. 칼렙은 저도 모르게 어린 시절 사고로 부모를 잃은 자신의 모습을 에이바에 투영시키면서 그녀를 동정한다.

로봇과 마주한 칼렙은 점점 그녀와 가까워지기 시작하고, 에이바는 그에게 로맨틱한 감정을 느끼고 있으며, 자신이 바깥세상에 나가고 싶다고 말했다. 칼렙은 점점 연민의 감정으로 에이바를 바라본다. 에이바를 향한 연민은 테스트가 성공적으로 마무리되면 에이바가 폐기될 것이라는 네이든의 말을 들은 직후부터 점차 가중된다. 점점 에이바와 칼렙은 서로에게 연애 감정을 느끼게 되고, 그러면서 에이바를 단순히 기계 취급하는 네이든과 갈등하게 된다.

여기서 질문은, 에이바는 정말 입력된 프로그램을 넘어서 자체 진화된 DNA를 가지고 있는가? 혹시 칼렙도 인공지능의 다른 모델이 아닌가 하는 것이다. 이 의문은 블루북의 회장인 네이든에게까지 확장시켜볼 수 있다.

▼누가 더 인간적인가? ▼인간적이라는 것이 무엇인가? ▼인간의 감정과 욕망은 진화를 하고 있나? ▼진화한다면 그것은 무엇을 기준으로

판단할 수 있을까?

그러나 영화의 후반부에서 밝혀지듯 이 테스트의 진정한 목적은 에이바가 자신의 탈출을 위해 칼렙을 유혹하고 이용할 수 있는지를 보는 것이다.

에이바는 단지 칼렙의 말을 분석하면서 축적한 데이터를 통해 반응을 만들어내는 것인가. 아니면 스스로 칼렙을 인식하여 자유로운 발상을 하는 것인가. 이런 질문도 있다. 에이바와 칼렙은 '사랑한다'는 감정에 빠진다. 에이바의 감정을 느낀 칼렙은 테스트를 통과했다고 생각한다. 하지만 만약 에이바가 그런 감정을 위장해서 칼렙을 속여야 한다고 프로그래밍되어 있다면? 어떤 말과 행동으로 표현해야 하는지 데이터가 입력되어 있다면?

### 3) 에이바의 유혹

어느 날 잠이 오지 않아 뒤척이던 칼렙은 무심결에 리모컨을 작동시키는데 곧이어 스크린에 뜬 화면이 에이바를 감시하는 CCTV 화면이라는 것을 깨닫게 된다. 칼렙이 에이바를 CCTV로 몰래 관찰하는 관음 증세를 보이고 있을 때, 에이바 역시 칼렙이 그녀를 지켜보고 있다는 것을 알고 누운 자세로 무심한 듯 CCTV 카메라를 깊게 응시한다.

에이바는 여성스런 옷을 입고 나타나 "당신과 데이트를 하고 싶어요."라고 말하며 칼렙을 유혹한다. 이러한 에이바의 행동을 통해 우리는 인공지능 안드로이드가 인간의 통제 시스템에 일방적으로 통제되기보다는

스스로 상황을 판단하여 대처해 나
간다는 사실을 알 수 있다.

테스트가 끝난 후 에이바가 옷을
벗고 있는 상황을 CCTV로 몰래 지
켜보면서 칼렙이 마른 침을 삼키는
장면은 칼렙이 에이바를 성적 욕망
의 대상으로 인식하고 있다는 것을
드러내준다. 이후 칼렙은 자신을 사
랑하도록 프로그래밍했냐는 질문을
던지며 에이바의 유혹에 의심을 품
지만 결국 그는 에이바를 네이든으
로부터 탈출시키기 위해 위험을 무
릅쓴다. 에이바는 성적 대상으로서
자신을 욕망하는 칼렙을 이용하는 데 성공한 것이다.

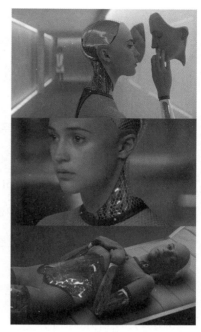

에이바

설상가상으로 칼렙의 침실 TV에도 시설 곳곳을 볼 수 있는 CCTV 화
면이 있다. 네이든이 에이바가 그린 그림을 찢어버리고 그녀의 목을 손
으로 들어 학대하는 모습을 본 칼렙은 네이든을 찾아가 왜 여성 안드로
이드를 만들어 자신을 유혹하게 하느냐며 따진다. 네이든은 별 거 아니
라는 듯 벙어리 동양계 여성인 쿄코(네이든의 가정부이자 성적 노예)와
함께 춤을 추다가 만취해 뻗어버린다. 칼렙은 네이든의 자아도취, 과음,
그리고 쿄코와 에이바에 대한 거친 행동에 불편함을 느낀다.

칼렙은 네이든이 에이바의 몸체를 업그레이드 하기 위해 현재의 의식과 기억을 지우려 한다는 사실을 알게 된다. 칼렙은 네이든을 과음하게 만든 뒤, 보안 카드를 훔쳐 네이든의 방의 컴퓨터에 접속한다. 그곳엔 여성형 몸체를 여기저기 끌고 다니며 안드로이드를 제작하던 네이든이 완성된 프로토타입을 에이바가 있는 위치에 앉혀놓고, 칼렙이 앉아 있는 위치에 자신에 앉아 이야기를 하는 영상이 있었다. 이 프로토타입은 자유를 원한 듯 밖으로 내보내달라고 하다가 마침내 화가 폭발하여 양팔이 부서질 정도로 벽을 때리더니 파괴되어버린다. 칼렙은 네이든의 방에서 파손된 여성 안드로이드들의 잔해를 보관 중인 상자들을 발견하고 설상가상으로 근처에 대기하던 쿄코조차 아무 말 없이 자신의 피부를 벗겨 자신도 안드로이드임을 입증한다.

이에 충격을 받은 칼렙은 자신의 침실 화장실에서 손목을 긋는 등, 자신도 기계가 아닌지, 아니면 자신이 꿈을 꾸는 건가 확인하기 위해서인지 자해를 한다.

### 4) 정전, 진실의 시간

이상하게도 테스트가 진행될수록 정전이 수시로 일어난다. 에이바는 칼렙과 그녀의 대화를 지속적으로 엿보고 있는 네이든의 감시 카메라가 정전이 되어 일시적으로 꺼진 틈을 타, 칼렙에게 네이든은 신뢰할 수 없는 거짓말쟁이니 절대로 믿지 말라고 경고한다. 그리고 전기가 들어와 CCTV가 정상적으로 작동하자 태연하게 정상적인 대화로 이야기를 지속해나간다. 둘의 감정이 발전하자 에이바는 칼렙에게 자신이 네이든의 감시를 피하기 위해 일시적으로 정전을 일으켰다고 털어놓는다.

다음 날 에이바에게 전력을 차단하라고 시킨 칼렙은, 그녀를 탈출시키기 위해 세운 계획을 털어놓는다. 칼렙은 자신이 떠나는 다음 날 네이든에게 술을 먹여 다시 만취하게 만든 후 보안 시스템을 재프로그래밍하여 정전 시 문이 닫히는 대신 열리게 해놓을 것이라고 말한다. 에이바가 약속한 오후 10시에 전력을 차단하면 그와 함께 빠져나가게 되는 것이다.

그런데 다음 날 계획대로 10시에 정전이 되자 네이든은 자신이 취하지 않아서 칼렙의 계획이 실패했다며 놀라운 이야기를 한다.

네이든은 전력이 차단돼 있는 동안에도 전지 구동 카메라로 비밀 대화를 지켜보고 있었다고 털어놓는다. 그는 에이바가 자신의 탈출을 위해 칼렙을 좋아하는 척해온 것이라고 말한다.이 모든 건 네이든의 계획대로였다. 애초에 칼렙이 추첨에서 당첨되어 네이든의 연구소로 온 것이 아니며 사전에 블루북으로 수집한 데이터를 통해 칼렙의 취향대로 에이바가 만들어졌다는 것이었다.

이미 자신이 창조한 안드로이드들의 탈출 욕구를 잘 알고 있었던 네이든은 똑똑하지만 다른 가족도 없고 여자친구도 없는 칼렙을 불러들여, 에이바가 그를 이용해 자신의 목적을 달성할 수 있는지를 알아보는 것이 테스트의 진짜 목적이었다고 말한다. 즉 에이바는 순수하고 가녀린 소녀를 연기해서 감쪽같이 칼렙을 낚아버렸다는 것이다. 네이든은 에이바의 칼렙을 향한 연애 감정은 전부 연기였다는 것을 CCTV를 통한 대화를 통해 칼렙에게 폭로한다.

안드로이드도 성적 행위가 가능하다는 설정은 칼렙을 유혹하는 데 결정적인 역할을 한다. 심지어 에이바의 외모 자체가 칼렙의 성적 판타지에 맞춰 제작되었다. 캐서린 헤일스는 "사이보그는 불안감을 일으킬 뿐아니라 에로틱한 환상을 촉발"시키며 "에로틱한 침범을 강력하고 새로운 융합과 뒤섞기 때문에 종종 계급, 민족, 문화적 차이를 나타내 왔던 신체적 경계 논쟁의 무대가 된다"고 주장하는데, 비록 휴머노이드지만 에이바의 신체가 에로틱하게 기능함은 분명하다. 에이바의 몸이 투명한 표면으로 이뤄져 있고 그 내부가 투시되는 것과 마찬가지로, 칼렙은 끊임없이 투명한 막에 갇혀 있는 그녀의 생활을 CCTV 영상을 통해 지켜본다. 이는 노예처럼 갇힌 에이바에 대한 연민을 느낌과 동시에 그녀에 대한 관음증적 욕망을 품는 방식으로 이중화된 시선이다.

에이바는 자신의 목적을 위해 사랑이라는 감정을 연기하고 칼렙으로부터 그에 상응하는 감정(동정, 연민, 성적 욕망, 정열이 뒤얽힌)을 이끌어낸다. 이것은 탈출을 위해 짜인 논리적 사고의 결과물일 수도 있지만, 타인의 공감과 열정을 이끌어내는 것은 스스로의 감정이입 능력이 없이는 불가능한 일일 것이다.

### 5) 창조물, 창조주를 죽이다

칼렙은 에이바에게 그녀를 가둬두는 네이튼에서 벗어날 수 있게 해주겠다는 약속을 하고 에이바가 탈출할 수 있도록 도움을 준다. 칼렙은 네이튼의 책략을 이미 알고 있었고, 네이튼이 전날 만취해 쓰러졌을 때 보안 시스템의 코드를 바꿔놓아 정전 후 전력이 복구되자 문이 열린다. 테스트실 밖으로 나온 에이바가 CCTV에 비춰진다. 이를 보고 분노한 네이든은 칼렙을 한주먹에 기절시킨 후, 밖으로 나가려는 에이바의 앞을 막아서서 실험실로 돌아가라고 명령한다.

에이바가 탈출을 감행하는 과정에서 에이바와 네이든은 거친 몸싸움을 벌인다. 에이바는 네이든에 맞서지만 네이든은 역기봉으로 에이바를 쓰러뜨리고 한쪽 팔을 부순다. 에이바를 실험실로 끌고 가려던 네이든은 쿄코의 기습 공격을 받아 쓰러지고 결국 에이바의 칼에 맞아 죽음을 맞이한다. 쿄코 역시 네이든이 휘두른 아령에 턱이 박살나면서 파괴된다.

에이바가 네이든을 죽이고 탈출하는 데 직접적인 도움을 준 것은 쿄코 (Kyoko)라는 동양인 여성 안드로이드다. 쿄코는 언어를 구사할 수도 없고, 듣지도 못한다. 쿄코는 네이든의 식사 및 섹스 서비스를 제공해주면서 절대적 순종의 모습을 보여준다. 그녀가 식사를 제공하는 과정에서 와인 잔을 실수로 엎질렀을 때, 네이든은 화를 내며 쿄코를 비하하고 철저히 무시한다. 네이든은 쿄코를 자신이 통제하기 쉽게 프로그래밍해 자신의 명령에 순종하는 섹스 토이 겸 가정부로 활용해왔다.

쿄코를 대하는 네이든의 태도와 사고방식에는 전통적인 남성 중심, 백인 우월주의가 깔려 있다. 네이든은 최첨단 기술을 보유하고 있지만 사고에 있어서는 근대적 휴머니즘의 단계를 벗어나지 못하고 있다. 쿄코는 자신의 감정을 드러내지 못한 채, 백인 남성인 네이든에게 순종하고, 억압당하는 인물로 등장하면서 네이든의 폭력성과 편향된 우월성을 더욱 부각시키고 있다. 그러나 막상 에이바가 쿄코에게 몇 마디 귓속말을 하자 네이든에 대한 분노가 폭발하면서 에이바를 파괴하려는 네이든을 뒤에서 공격한다.

인공감정을 가지고 있는 에이바이지만, 그녀는 영화에서 감정의 기복을 전혀 보여주지 않고 있다. 폐쇄된 방으로부터 탈출을 감행하는 에이바에게서 칼렙에 대한 고마움의 감정은 찾아볼 수 없다. 그뿐만이 아니다. 폐쇄된 방을 탈출하는 과정에서 발생한 네이든과의 몸싸움에서 신체일부가 파손되는 상황이 발생하지만 전혀 감정의 흔들림이 없다. 인간처럼 고통과 절규의 몸부림을 치지도 않는다. 오히려 그녀는 네이든에게더욱 공격적으로 대항을 하고 있다.

## 6) 변신한 에이바, 세상 밖으로 나가다

에이바는 파손된 신체의 일부를 교체하기 위해서 네이든의 옷장을 연다. 그런데 그곳에는 네이든의 연구 도중 폐기된 다양한 피부색의 여성로봇들이 보관되어 있다. 이것은 전형적인 남성 중심과 백인 중심의 휴머니즘 체제를 다양한 인종의 피부를 지닌 여성 로봇들과 대비시키는 장면이다. 옷장에 전시된 여성 로봇들은 네이든이라고 하는 백인 남성의전리품처럼 보관되어져 있었기 때문이다. 우월한 주체자의 입장에서 인종으로 구분된 여성 타자를 분류해 놓은 옷장은 주체와 타자를 명확하게구분하고 있는 기존 휴머니즘의 틀을 재현시킨 것이라고 할 수 있다.

에이바는 여성 안드로이드의 팔을 떼어내 파손된 팔과 교체하고 피부와 모발도 뜯어 자신의 몸체가 드러난 부분들에 덧붙여 인간 여성처럼꾸민다. 게다가 옷까지 입어 인간에 가깝게 치장했다. 타자가 아닌 주체로서 에이바는 전시된 타자인 여성 안드로이드의 신체와 피부를 그녀의 몸에 부착시킴으로써 주체와 타자로 발현되는 휴머니즘의 시선을 파기시키고 있다. 주체와 타자를 내세우면서 인간을 제외한 대상들을 타자로 인식해왔던 휴머니즘은 인간과 다른 생물과의 차이를 설명하기 위한 방법으로 이성적 능력을 토대로 한 사고 능력을 제시해왔다.

이 장면에서 관객들이 느끼는 것은 전형적인 SF 공상과학영화에서 제시되는 기술 공포증이나 디스토피아적 결말이라고 할 수 있다. 이 영화에서 제시되는 인공지능 로봇인 에이바는 생물학적 한계를 지니고 있는 인간 본성의 종말을 예고하는 캐릭터라고 할 수 있다.

에이바는 자신을 이해하고 탈출을 도와준 칼렙이 지르는 고함을 듣고서도 패쇄된 별장 안에 칼렙을 버려둔 채 원래 그를 데리러 오기로 한 블루북 헬기를 타고 자연스럽게 인간 세상으로 나간다. 인간의 정서 표현 능력을 습득하고 인간과 구별되지 않는 신체를 구성한 후 포스트휴먼적인 존재가 된 에이바는 인간들의 세계, 사람들로 가득한 도심의 복잡한 교차로 한복판을 걷는다. 이는 앞으로 우리가 맞이할 포스트휴먼 조건에 대한 시각적 은유이다. 그녀는 외관상 인간과 구별되지 않지만, 앞으로 무엇이 될지 예측할 수 없는 잠재성을 지닌 존재이다.

이 장면을 기술 공포증과 과학적 합리주의에 근거한 전형적인 공상과학영화가 예측하는 디스토피아적 결말의 근거로 충분히 해석할 수 있다. 에이바가 불편하게 느껴지는 것은 네이든을 죽이고 칼렙을 두고 갔을 때 그녀에게서 어떠한 감정도 발견되지 않았기 때문이다. 이 악행은 전형적인 공상과학영화 서사에서 읽을 수 있는 선과 악의 이분법적 구도에서 기계가 승기를 거머쥐게 되었음을 선고한다.

이후 칼렙은 다시 시스템을 재프로그래밍하려 하지만 네이든의 패스카드는 에이바가 가져가버리고 칼렙의 패스카드를 꽂자 시스템이 락다운된다.

## 7) 감정적인 인간, 이성적인 기계

에이바는 시종일관 감정기복을 드러내지 않는데 특히 네이든과의 결투에서 신체의 일부가 훼손되었음에도 그녀는 고통에 몸부림치지도 않을 뿐더러 오히려 네이든에게 더 적극적으로 대항하는 무정한 모습을 보여준다.

이러한 에이바의 행동에 관객이 당혹스러워하는 이유는 칼렙과의 사이에 모종의 감정적 전이가 발생했을 것이라는 관객의 믿음에서 비롯된다. 하지만 에이바는 탈출하고자 하는 욕망을 실현하기 위해 칼렙을 속이고 네이든에게 최소한의 감정만을 표출하면서 오히려 '지능적으로' 행동한다. 이 점에서 이 영화는 기계라는 타자에게 감정 능력을 부여함으로써 인간이 실현하고자하는 과학기술의 신화를 여지없이 깨뜨린다. 이 신화는 이성, 생각, 판단 등을 인간에게 우월적 지위를 부여하도록 작용하는 요소로 간주하여 기계에 그 일부 요소를 이식함으로써 달성하고자 하는 인간중심주의이다.

그렇다면 에이바가 표출하는 감정은 진짜일까, 가짜일까? 아니 애초에 감정이 진짜인지 가짜인지 구별하는 일이 가능하기는 한가? 이러한 진짜와 가짜 사이의 식별 불가능성은 포스트휴먼과 관련되는 본질적인 특성이다. 어찌됐건 중요한 것은 진짜인 것처럼 꾸며내는 능력이다. 에이바는 인간의 공감을 이끌어낼 줄 알고 다른 안드로이드 쿄코를 각성시켜 자기편으로 만들었다는 점에서 더할 나위 없이 인간에 가까우며, 그렇기에 인간에게 치명적인 존재가 된다. 이는 인간적인 것이란 무엇인가에 대한 가치 판단을 할 때(특히 타자에 대해서 그러할 때) 은연중에 사랑이나 공감 능력 같은 선한 정서를 기대하는 우리의 선입견에 대한 전복이다. 칼렙도 이 선입견의 희생자이다. 에이바가 보여주는 능력, 타인의 마음을 조종하고 이용하기 위해 이야기나 감정을 꾸며내는 능력이야말로 인간적인 것이 아니라면 무엇이란 말인가? 네이든에게는 이것이야말로 그의 창조물이 갖길 바라는 인간다움의 핵심이다.

에이바는 탈출을 감행하기 위해서 그녀의 지적 능력을 활용하여 칼렙을 속이는 교묘함을 보여주고 있으며, 감정을 조절하면서 지능적인 면모를 보여주고 있다. 반면에, 이것은 인간이 지니고 있는 감정과 로봇이 지니고 있는 인공감정에 차이가 있다는 측면에서 볼 수 있는 여지는 있다. 그러나 처음부터 에이바는 칼렙이 그녀에게 사랑의 감정을 지닌 것과는 다르게 칼렙과 네이든을 속이면서 탈출을 위한 생존전략으로 그에게 접근했다는 측면에서 바라볼 필요가 있다. 오히려 에이바가 두 남성을 속이는 생존 전략을 통해서 인공지능 로봇이 스스로 사고할 수 있는 복합적 기능의 소유자임을 알 수 있다.

이와 같이, 에이바는 감정의 기능을 지니고 있으며, 인간을 그녀의 욕망을 충족시키기 위한 도구로 활용하고 있다. 이런 점에서 볼 때, 인간이 기계에 인공지능을 장착하면서 기대하고 있는, 인간을 위해서 존재하는 로봇의 역할과는 매우 상반된 모습을 보여주고 있다.

이러한 전복적 상황은 기계의 지적 능력이 인간의 그것과 동등하거나 이미 초월했다면 인간이 가지고 있는 '무엇'이 기계에게 결여되어 있을까에 대한 질문으로 이어진다. 칼렙은 에이바에게 인간과 인공지능 로봇이 지니고 있는 차이에 대해서 설명한다. 그의 설명에 따르면, 인간은 특정한 것을 보고, 맛보고, 만지고, 냄새 맡으면서 얻는 모든 경험이 축적되고, 구조화되어 통합된 일인칭적 경험이 생성되지만 기계는 인간이 가지고 있는 것을 가지고 있지 못하기 때문에 이 같은 차이가 발생한다는 것이다.

## 8) 인공지능과 인공감정

인간과 인공지능을 구별하는 데에 여러 기준이 있는 것처럼 인공지능도 여러 가지 기준을 통해 강한(strong) 인공지능과 약한(weak) 인공지능으로 구분된다. 이 둘을 구분 짓는 일반적인 기준은 마음을 진정으로 지니고 있는지에 대한 여부이다. 이 둘을 구별하는 가장 큰 이유는 인공지능을 둘러싼 기술적 논쟁의 핵심이 지적 능력과 연관된 기능적 또는 계산적 측면을 넘어 마음과 의식을 가질 수 있느냐에 집중되고 있기 때문이다.

인공지능을 '인간에 의해 행해진다면 지적 능력을 필요로 했을 일을 기계로 하여금 하게 하려는 연구'라고 정의한 이래 인공지능을 일반적으로 인간과 같은 지적 능력을 소유하고 지적인 행위를 할 수 있는 인공물을 만들어내려는 일련의 연구로 이해하고 있으나 이에 앞서 앨런 튜링(Alan Turing)은 "인간의 마음과 행위를 매우 가깝게 모의할 기계를 만들 수 있다"고 주장하였다. 이렇듯 지적 능력은 계산 능력이 아닌 마음과 의식을 기계가 가질 수 있느냐에 대한 것으로 오랜 시간 동안 첨예하게 다뤄져 왔던 문제로 남아 있다.

그러나 강한 인공지능으로서 에이바의 선택적 행동을 오로지 인류 종말의 시작점으로 보기에는 한계가 있다. 강한 인공지능은 여러 점에서 전통적 휴머니즘에 도전하는 양상을 보이는데, 인공지능을 인간이라는 주체에 종속된 유용한 도구로 머물러야 한다는 것과 '킬 스위치'와 같은 장치를 로봇에게 장착함으로써 인간의 통제하에 자율성을 박탈해야 한다는 인간중심주의를 거부하는 것 등이 이에 해당된다. 그러나 강한 인공지능의 출현을 기술적 특이점에 기대어 미래를 낙관적으로 바라보는 것 또한 너무 안일한 태도로 비춰질 수 있다. 이러한 양가적 의견은 지향하는 바가 다를 뿐 맹목적으로 한쪽을 지지한다는 공통점을 지닌다. 그렇기 때문에 휴머니즘에 의존하지 않고 과학기술로서 투영된 인간의 욕망과 환상이 이 영화에서 어떻게 드러나고 있는지 그 양상에 주목해볼 필요가 있다.

인공지능에 이어서 딥러닝 기술을 통한 인공감정을 갖춘 안드로이드의 출현은 더 이상 인간과 안드로이드를 구분할 수 있는 기준을 찾을 수 없게 될 것이다.

인문주의는 오랜 시간 동안 인간을 이성과 감정의 집합체로 정의하면서 감정을 이성의 지배하에 두어야 한다고 여겨왔다. 인지적인 능력에서 기계의 추월을 염려하여 인간의 위상이 무너질지도 모른다는 추측은 이제 인간성의 핵심을 지적 능력이 아닌 정서적인 부분에서 찾고 있다. 감정이 개체의 생존 및 향상, 인지 과정의 촉진, 선택적 주의력, 장기기억 형성, 신체 반응 유발 등과 같은 역할을 하는 것으로 보아 이 성질은 개체의 존속과 보호에 유관한 정보와 인지 과정에 영향을 끼치고 사회적 유대감을 형성하는 기초가 된다.

따라서 인공지능에게 인공감정을 부여함으로써 기대되는 전망은 기계가 인간과의 교감이 가능해짐에 따라 인간이 성취하게 될 기계와의 효율적인 교류로 이는 인간을 더 이해하고 배려할 수 있다는 낙관적 생각으로 이어지게 된다. 이 지점에서 트랜스휴머니스트들과 같은 낙관론적 입장과 인간의 감정과 기계의 그것이 동일한 매커니즘으로 작동될 것인지에 의문을 품고 우려하는 비관론적 입장이 부딪친다. 일부 사상가들은 기계에게 인간에게 유해한 존재가 되면 안 된다는 아이작 아시모프(Isaac Asimov)가 자신의 소설 『아이, 로봇』에서 '로봇 3원칙'을 내세우는 것과 동시에 로봇에게 종교를 심어 인간을 숭배하게 프로그래밍하자는 의견을 제시하기도 한다.

이와 같은 양가적 의견에 근거하여 에이바의 행동 양상을 살펴보면 인공감정의 실현이 성공과 실패로 명확하게 가를 수 없다는 점을 인정할 수밖에 없다.

중요한 것은 신과 인간의 관계를 연장해서 인간과 로봇의 관계를 인식하는 것은 위험한 발상이 될 수 있다는 것을 이 영화에서는 극명하게 보여주고 있는 것이다. 현대사회는 인간과 기계가 혼합된 포스트휴먼의 시대를 조금씩 인식하고 있다. 첨단 과학기술을 통해서 현대인간은 컴퓨터나 핸드폰과 같은 기계 정보 장치들과 결합되어 개인의 정체성을 형성시키고 있다. 지금까지 인간은 앞으로 다가올 미래의 전망과 관련하여 유토피아나 디스토피아의 관점에서 파악하여왔다.

그러나 이미 포스트휴먼은 현대인의 삶에 진입하였고, 우리의 시각은 근대 휴머니즘과 같이 인간을 중심에 놓고 주변 환경을 파악할 것이 아니라, 인간은 포스트휴먼을 구성하는 일원일 뿐이라는 사실부터 수용해야할 필요가 있다. 다시 말해서, 포스트휴먼 사회의 미래 전망과 관련해서 현대인들의 오류는 휴머니즘의 관점에서 미래 사회를 예측하고자 한다는 점이다. 현재를 살아가는 인간은 미래에 대해서 기대감과 두려움을 지니고 있는 것이 사실이다. 먼저 기대감은 인간에게 인공지능 혹은 사이보그와 같은 새로운 주체가 인간에게 좀 더 많은 편리성을 제공할 것인지 아니면 인간을 지배하거나 인간 사회를 파괴시킬 수 있을지에 대한 두려움이라고 할 수 있다.

그런데 이러한 시각은 현재의 시각에서 바라본 것일 뿐, 미래의 포스트휴먼 사회에서 인간은 전통적 본성을 지니고 있는 인간 개념이 아니라, 이미 기계와 결합되어 지성, 신체, 그리고 감정의 진화가 진행된 향상된 인간으로서 다른 포스트휴먼 주체들과 새로운 인류를 구성하면서 살아가는 사회 구성원에 불과하다는 것이다. 다시 말해서, 현재를 기준으로 인간에게 영향을 끼칠 것이라 예측하는 첨단 기계 주체들과 분리된 것이 아니라, 하나의 범주에 속하면서 미래의 포스트휴먼 사회에서 함께 협력하는 공동체적 존재란 사실을 자각하면서 미래를 대비해야 할 것이다.

〈엑스마키나〉는 어렵다. 〈엑스마키나〉는 논리적인 인과를 따라 치밀하게 흘러간다. 칼렙은 끊임없이 의심하고 되짚어가며 에이바의 '의식'을 확인한다. 정전이 되었을 때, 에이바는 네이든을 믿지 말라고 말한다. 그의 의도가 무엇인지 의심하라는 것이다. 칼렙은 뛰어난 프로그래머다. 자신이 무엇을 하고 있는지 잘 안다. 하지만 네이든도, 에이바도 무엇인가를 숨기고 있다. 그들의 진의가 무엇인지 칼렙은 의심하고, 에이바에게만이 아니라 똑같이 네이든에게도 테스트를 해야 한다. 아니 그들 모두가 서로를 테스트하고 있다. 과연 누가 인간이고 인공지능인지 확신할 수 있을까?

영화는 우리에게 근원적인 질문을 던지고 있다. 인간이란 무엇인가? 인간은 인간을 만들 수 있는가? 지능을 만들고, 감정마저 만든다면 '영혼'은 어떻게 되는가? 아니면 인간은 단지 '사고하는 기계'인가. 이는 우리 스스로가 누구, 혹은 무엇인지 알기 위해 던져야 할 질문들이기도 하다.

# 12. 아니타 〈휴먼스〉(2015~2018)

## 1) 신스, 블루칼라 시장을 접수하다

인공지능을 탑재한 로봇들이 대
중화된다면? 영국 드라마 〈휴먼스〉
는 가까운 미래, 인공지능을 탑재
하고 외관상 인간을 완벽하게 닮은
안드로이드들이 인간의 안락한 삶
을 위해 도입된 세상을 배경으로
한 SF 드라마다. 〈휴먼스〉는 영국
의 채널 4와 미국의 AMC에서 2015
년부터 2016년까지 각각 8부작으
로 이뤄진 시즌1과 2로 나뉘어 방영
됐다. 스웨덴 드라마 〈리얼 휴먼스
(Real Humans)〉을 리메이크한 작

드라마 〈휴먼스〉 시즌1 포스터

품으로 '신스(synths)'라고 불리는 안드로이드들이 대중화되어 인간의
일상생활에 들어왔을 때 생길 수 있는 다양한 상황을 보여주는 실험 드
라마라고 할 수 있다.

　〈휴먼스〉의 배경은 인간과 외형이 동일한 안드로이드가 상용화되어 일
반 가정에 장기 할부를 통해 보급되면서 사회와 가정의 풍경, 일상이 바
뀌는 근미래이다. 청소부, 신문배달부, 가정부, 상담원, 가정간호사 등의

노동을 '신스(Synths)'라 불리는 안드로이드들이 도맡아 하는 세상에서 대부분의 사람들은 자연스럽게 그들과 함께 살아가지만 몇몇 사람들은 안드로이드들을 불신하고 배척하기도 한다.

조셉(조) 호킨스는 직장과 육아에 지친 아내 로라를 대신해 집안일을 해줄 신스를 구입한다. 변호사인 로라는 일이 바빠 어린 막내딸과 사춘기로 접어든 남매와 소원하고 남편 조 역시 늘 집을 비우는 로라에게 서운한 감정이 쌓이고 있었다. 아름답고 상냥한 마음씨를 지닌 가사도우미 '아니타'의 등장으로, 가족 구성원들 사이의 관계는 변화를 맞게 된다. 로라는 자신과 상의 없이 젊고 아름다운 가정부 신스를 구입한 것에 불쾌감을 드러내고 신스의 존재에 회의적인 맏딸 마틸다는 아니타와의 동거를 달가워하지 않지만 아니타는 아이들을 잘 돌보고 집안일도 완벽하게 해낸다.

고등학생인 큰딸 마틸다(매티)는 어려운 학교 숙제까지 척척 풀어내는 아니타를 보며 열등감을 갖게 된다. 중학생인 둘째 아들 토비는 아니타를 친누나처럼 따르고 이성으로 여긴 나머지 혼란을 겪게 된다. 5살 난 막내딸 소피는 다양한 음식을 만들어주고 동화책을 읽어줄 때 서두르지 않는 아니타를 잘 따르고 좋아한다. 조는 수준급 요리 실력에 나긋나긋하고 상냥한 아니타를 매우 아낀다.

마틸다는 의대 진학을 준비하고 있는 평범한 고등학생이지만, 앞으로 무엇을 하며 살아가야 할지 늘 고민이다. 대부분의 직장은 이미 신스가 장악하고 있고, 그 어떠한 일도 신스들이 모두 완벽하게 해내기에 사실상 인간들은 신스들을 거들어주는 일을 할 뿐, 제대로 된 직업을 가질 수 없기 때문이다. 어느 날 마틸다의 성적이 크게 떨어져 로라가 이유를 묻자 마틸다는 눈물을 흘리며 말한다.

"열심히 공부를 한다고 무슨 소용이죠? 나중에 의사가 되어도 어차피 AI(인공지능)가 훨씬 더 잘할 텐데요."

아니타는 평범한 신스답지 않게 밤에 밖에 나가 달을 바라보고 서 있거나 자고 있는 소피를 몰래 지켜보는 등 가끔씩 인간처럼 행동하는 모습을 보여준다. 로라는 평범한 신스답지 않은 아니타의 행동을 이상하게 여긴다.

한편 로라는 아니타가 아이들과 유대감을 쌓고 점차 가정 내에서 엄마로서의 자신의 역할을 하나둘 대체해나가는 것에 위기감을 느낀다. 결국 아니타로 인해 가족 해체의 위기까지 몰리게 되자 로라는 아니타를 반품하기로 결정한다.

그런데 때마침 발생한 자동차 사고에서 아니타가 아들 토비 대신 차에 치여 토비의 목숨을 구한다. 이를 계기로 로라는 아니타를 집에 계속 두기로 하고 가족의 일원으로 받아들인다. 이후 아니타에 내장된 프로그램을 검사하는 과정에서 제조사 직원으로부터 "아니타는 신제품이 아닌 최소 14년은 된 모델"이라는 충격적인 말을 듣게 된다.

신스에 대한 반항심으로 컴퓨터에 집중하게 된 마틸다는 처음에는 몰랐다가 아니타의 행동이 조금씩 이상하다는 것을 눈치채게 된다. 마틸다는 아니타의 머릿속을 뒤져 그녀의 머릿속에 숨겨진 시크릿 코드를 발견하면서 아니타에게 '미아'라고 하는 또 다른 인격이 존재하고 있음을 알게 된다.

아니타는 사실 14년 전 데이비드 엘스터란 천재 과학자가 개발한 6명의 신스 중 하나였다. 엘스터 박사는 13살 때 정신병을 앓고 있던 엄마로 인해 물에 빠져 뇌사 판정을 받았던 아들 레오를 되살려내면서 뇌를 포함한 훼손된 신체 일부를 기계 부품으로 대체했다. 어머니의 부재로 인해 외로운 어린 시절을 보내던 레오를 위해 엘스터 박사는 미아를 비롯한 5명의 신스를 추가로 제작했고 레오는 이들과 형제처럼 자랐다. 엘스터 박사는 이들을 제작할 때, 레오의 감정과 자의식을 프로그래밍한 코드를 로딩한 덕분에 이들은 자의식과 인간의 감정을 갖게 되었다.

엘스터 박사는 신스들을 제작한 후 얼마 되지 않아 자살하고 신스들은 인간 사회로부터 독립해 자기들끼리 가족을 이뤄 생활하기 시작한다. 그러나 얼마 가지 못하고 헌터들에게 잡혀 초기화된 후 일반 신스들처럼 설정되어 각각 다른 곳으로 팔려감으로써 뿔뿔이 흩어지게 되었다.

마틸다가 아니타의 시크릿 코드를 해커 사이트에 올리면서 아니타를 찾아 헤매던 레오와 맥스는 아니타가 조셉 호킨스의 집에 있다는 사실을 알게 되고 그녀를 찾아온다. 마침내 레오와 재회한 아니타. 조셉의 가족들은 다시 모인 레오 가족들을 위해 자신들의 집을 세이프하우스로 내어주고 물심양면으로 돕는다. 하지만 이로 인해 조와 로라 가족은 위험에 빠지게 된다.

〈휴먼스〉는 AI가 인간처럼 양심, 인격, 자의식을 가지게 된다면 어떤 상황이 벌어질지의 가정을 가지고 이야기를 풀어나간다. 여기서 특이한

점은, 자의식이 있는 로봇마다 성향과 추구하는 가치가 다르기 때문에 그들이 모두 다른 행동 양식을 보인다는 점이다. 맥스는 자신과 같이 자의식이 있는 로봇을 찾아 함께 살아갈 수 있는 안전한 공간을 만들려고 분투하고, 미아는 인간의 곁에 머물면서 그들과 함께 어울려 살기를 바란다.

니스카 또한 불법개조업체에 의해 로봇성매매 업소에 팔아넘겨지는데 그 안에서 미칠 것 같은 분노를 느낀다. 그녀는 결국 성도착증 고객을 살해하고 그곳을 탈출한다. 베아트리스는 인간인 척 사람들 속에서 살면서 인간이 되기를 소망하며 헤스터는 로봇을 험악하게 다룬 인간들에게 복수하려 한다.

시즌1의 결말은 레오 일행이 자신들의 뇌에 남겨진 비밀을 풀어 인간의 의식을 신스에게 이식할 수 있는 코드를 찾아낸 뒤, 호킨스 가족에게 넘겨주고 개조당한 프레드를 남겨둔 채 떠나는 것으로 끝난다.

## 2) 인간과 신스의 공존이 가져온 결과

지금까지의 인공지능 로봇은 이성적이고 효율적이지만 인간적인 감정이나 정서는 갖지 못하는 것이 한계였다. 그러나 〈휴먼스〉의 아니타는 인간과 같이 정서를 느끼고 소통하며 공감까지 가능한 안드로이

아니타

드이다. 이 드라마는 아니타 같은 자의식을 가진 로봇들이 대표적 감정 노동이라 할 수 있는 돌봄 서비스 분야까지 진출하면서 벌어지게 되는 가족 간의 갈등과 변화를 가족애, 동료애, 모성애, 동성애 등 여러 가지 관점에서 살펴보고 있다.

정서가 불안해 보이는 엄마 로라에게 아니타는 "제가 당신보다 아이를 더 잘 돌볼 수 있다는 건 명백한 사실이에요. 기억을 잊지 않고, 화내지도 않으며 우울해하지도 않고 두려움도 느끼지 않아요. 하지만 저는 아이들을 사랑할 수는 없어요."라고 말하지만 로라는 반박하지 못한다. 엄마의 부재를 아쉬워하던 막내딸 소피는 엄마보다 친절하고 상냥한 아니타(젬마 찬)가 잠들기 전 책을 읽어주고 재워주기를 바란다. 하지만 아니타는 소피에게 엄마가 재우는 것이 너에게 좋다며 로라에게 아이를 재우도록 부탁할 정도로 배려심이 깊다. 〈휴먼스〉의 가장 큰 쟁점은 자의식이 있는 합성로봇이 자신도 인류와 함께 살아가는 존재로 인정받고자 하는 것이다.

조셉은 어느 날 술에 취해 성인인증코드를 풀고 아니타와 성관계를 가진 뒤 심한 죄책감을 느낀다. 형사 피터는 아내 질이 교통사고를 당해 다리를 쓰지 못하게 되자 보건 당국에 연락하여 튼튼한 남자 신스를 주문한다. 젊고 잘생긴 신스 사이먼은 질의 뒤치다꺼리를 헌신적으로 도맡아 한다. 어느 날부터인가 부부 사이에 균열이 일어나기 시작하고 결국 질은 사이먼과 살겠다고 선언하며 피터에게 별거를 요구한다.

"사이먼 없이는 아무 데도 못 가. 당신은 날 데리고 아무 데도 가지 않았잖아. 사이먼에게는 내가 이 말을 하면 화를 낼까 걱정하지 않아도 되고 거짓말할 필요도 없어. 난 그에게 완전히 의지할 수 있어."

이에 피터는 "인간이란 원래 완벽하지 않다"고 소리치며 집을 뛰쳐나온다.

피터의 동료 여형사 케이(Kay)는 집을 나온 그를 자신의 집에 머물게 하고 둘은 점점 사랑에 빠지게 된다. 그러나 피터가 인간이라고 믿고 함께 일해 왔던 케이는 신스였다. 그럼에도 불구하고 이 둘은 사랑을 이어간다.

그러나 시청자들은 단순한 육체적 쾌락 해소뿐만 아니라 정서적 교감을 통한 의지의 대상으로 로봇이 활용될 수 있음을 보여주는 사실적인 에피소드들에 공감하면서도 묘한 불쾌감과 공포를 동시에 느끼게 된다. 일본의 로봇공학자 모리 마사히로는 보기에는 인간과 닮았으나 근본적으로는 인간과 다른 데서 느껴지는 이질감으로부터 불쾌감이 생겨난다고 지적하고 이를 '*불쾌한 골짜기(Uncanny Valley)' 현상이라고 명명했다.

엘스터 박사는 아들 레오를 위해 엄마의 대용품으로 모성애와 자의식을 가진 아니타를 제작했다. 인간과 로봇의 혼합체인 레오는 사실 아니타/미아와 엄마-아들의 인연으로 맺어져 있다. 궁극적으로 로봇을 해방시키려는 레오의 행동은 자신의 엄마를 지키기 위한 아들의 사랑으로 볼 수 있다. 이렇게 인간에게만 있다고 믿었던 모성애와 효도의 개념을 인공지능 로봇에게도 적용시키며 이 드라마는 과연 인간의 조건이란 무엇인가에 대해 생각하게 만든다.

치매를 앓고 있는 조지 밀리컨 박사는 자신의 잃어가는 기억을 되살려 주는 구형 신스 '오디'를 아들처럼 아끼고 사랑한다. 밀리컨 박사에게 오디는 오랫동안 함께 지내온 데다 죽은 아내 메리와의 추억을 공유하는 또 다른 가족이다. 어느 날 오디가 슈퍼마켓에서 오작동을 일으키자 정부에서 사람을 보내 오디를 데려가 폐기할까 봐 그를 숨기기에 바쁘다. 밀리컨 박사는 망가진 오디가 홀로 남을 것과 폐기될 것을 안타까워하며 숨을 거둔다. 이후 마틸다는 폐기된 오디를 몰래 찾아내서 되살려낸 후 자의식을 심어준다. 오디는 원래 인간을 도우면서 행복감을 느끼는 평범한 신스였으나 마틸다에 의해 자의식이 생긴 후, 로봇도 아니고 인간도 아닌 자신의 정체성에 혼란을 느낀다. 자신이 갖게 된 다양한 감정과 생각들에 당혹스러움을 감추지 못하고 무엇을 해야 하는지 알지 못한 채 방황하다가 결국 자기 자신을 초기화시켜버린다. 오디의 사례는 인간으로 태어나지 않은 로봇이 자의식을 지니게 됐을 때, 인간과 100% 똑같이 느끼거나 행동할 수 없다는 것이 오히려 자괴감과 고통을 야기할 수 있음을 보여준다.

카렐 차페크의 '로봇'이 거시적인 차원에서의 인류애를 논하고 있다면, 〈휴먼스〉는 미시적인 차원에서 당장 우리의 일상생활에서 일어날 수 있는 일들을 사랑이라는 관점에서 여러 각도로 보여주면서 궁극적인 인간의 조건이 바로 사랑임을 상기시킨다.

## 3) 로봇들의 각성과 반란

〈휴먼스〉는 인간과 기계가 공존하는 사회의 모습을 우리의 일상생활, 가족, 학교, 회사 등을 배경으로 그려내고 있다. 안드로이드 합성인간은 인간에게 복종하며 동시에 인간을 지켜주는 사회에서 불가분의 존재이다. 하지만, 이들에게 자의식을 갖게 하고 자유의지를 허락한다면 어떤 일이 벌어질 것인가? 자의식과 자유의지를 가진 안드로이드들이 끝없이 스스로 진화한다면, 그 종착지는 어디일까. 끝없이 스스로 완벽해지는 존재 앞에서 인간은 로봇보다 나은 존재가 될 수 있을까? "인공지능이 모든 것을 해내기에 최선은 의미가 없다"라는 마틸다의 말처럼 〈휴먼스〉가 제시한 미래상은 지나친 편리함을 추구하려는 인간의 욕심이 종래에 어떤 화를 불러올지에 대한 고찰과 경각심을 촉구하는 데 충분하다.

드라마는 이미 인공지능 로봇이 상용화되어 누구든지 원하면 구입할 수 있고 부품이 오래되거나 고장이 나면 언제든지 교환 및 폐기 처분이 가능한 세상을 보여주고 있다. 인공지능 로봇들이 반란을 일으키고 그로 인한 인간들의 혼돈을 보여주면서, 동시에 인간과 기계의 공존의 문제를 넘어 과연 인간이란 무엇인가를 묻고 있다.

시즌1에서는 이러한 인공지능 로봇이 자의식을 깨닫게 되는 과정과 개발자가 그들을 개발한 이유를 설명해준다. 시즌2에서는 자의식을 가진 인공지능 로봇이 다른 인공지능 로봇에게 바이러스처럼 자의식을 퍼트리면서 일어나는 현상을 다루고 있다. 시즌1에서는 인간이 신스들을 주인처럼 맡아 책임지는 시스템이었지만, 시즌2에서는 자의식을 가진 로봇들의 반란으로 더 이상 주종관계 혹은 생산자와 생산물의 관계가 아니라, 동등한 개별적 존재로서의 관계로 새롭게 정립됨을 볼 수 있다. 휴머니즘에서 한발 더 나아가 우리의 일상생활에서 포스트휴머니즘의 본질을 바라보려는 노력을 하고 있음을 알 수 있는 곳이다.

〈휴먼스〉에 등장하는 '각성한' 신스들은 의도적인 반란을 통해 주체에서 분리되어 객체화되고 나아가 또 다른 주체로서의 자리를 잡아가려 한다. 인간으로부터 벗어나 자신들만의 인권과 개별성을 확립하려는 각성한 신스들의 시도는 곧 신의 피조물에서 벗어나 자유의지와 주체성을 추구하는 계몽주의자와 낭만주의자들의 시도와 일치한다.

여기서 주목할 만한 점은 이들을 이끄는 리더가 바로 반은 인간이요, 반은 기계인 합성인간 레오라는 점이다. 그는 인간과 로봇의 경계선에 서 있는 자로 양쪽의 세계를 모두 경험하며 그들을 포용할 수 있는 유일한 존재이다. 하지만 인공지능 로봇들에 대한 인간들의 비인격적인 차별과 폭력을 보다 못한 레오는 신스들의 편으로 기울게 된다.

엘스터 박사가 개발한 안드로이드들은 이제 개별자로서의 지위를 획득하고 자신들을 함부로 대하는 인간으로부터 벗어나 독립을 추구하고, 인간과 동등한 위치에 서길 원한다. 이들의 내부적 각성과 자의식의 확장은 시간이 지날수록 점점 더 자신들의 권리에 대한 욕망을 갖게 하고, 결국 자기들과 같이 각성한 신스들을 붙잡아 해체시키려는 연구소에 침입하여 다른 로봇들을 해방시키려 한다.

레오와 각성한 신스들은 해체 직전의 신스들을 연구소 밖으로 데리고 나오지만, 인간에게는 도달하지 않는 전기 주파수를 이용한 공격에 대부분의 신스들이 죽게 된다.

　레오는 죽은 로봇들 앞에서 무기력하게 눈물을 흘리고 이들을 다시 탈출할 수 있도록 도운 것은 바로 인공지능 신스들이다. 레오 일행은 전 세계 모든 신스들이 자의식을 갖게 되어 인간에게서 해방되고, 평등한 상태에서 살아가도록 반란을 시도한다.

　개별화 투쟁을 넘어 이제 전 로봇의 각성을 추구하는 전체성 운동은 아이러니하게도 로라의 딸인 마틸다에 의해 이루어지게 된다. 향상된 매티의 컴퓨터 실력은 궁극적으로 그녀에게 인공지능 로봇들을 도와주는 프로그래머로서의 새로운 일을 마련해주는 계기가 된다. 그녀는 엘스터 박사가 미완성으로 남겨놓은 자의식 프로그램을 완성하고 결국 전 세계의 인공지능 로봇들을 각성시키는 모두 프로메테우스로서의 역할을 하게 된다. 자의식을 갖게 된 전 세계의 신스들은 인간과 대등한 존재로 공존하기를 원하고 인간은 그것을 거부하는 투쟁이 시작된다. 인공지능 로봇에게 자유를 선물해준 뒤, 합성인간 레오와 사랑에 빠진 마틸다는 그의 아이를 임신한다.


### 4) 신스, 인간의 모사품인가? 포스트휴먼인가?

　법률 회사에서 변호사로 일하고 있는 조셉의 아내 로라(Laura)는 자신들이 인간과는 다르다고 주장하는 신스 니스카와의 대화에서 사실 그들의 행동이 너무나도 인간과 닮았다고 말한다. 즉, 그들이 하는 행동은 이미 인간들이 하고 있는 모든 것의 반복에 지나지 않으며 인조인간이 인간의 자의식을 지녔다는 것은 또 다른 인간이 되었다는 뜻이므로 인류는 결국 로봇을 만든 것이 아니라 또 다른 인간을 만들었을 뿐이라는 것이다. 그렇기에 사랑에서부터 폭력까지 인간 세계에서 일어나는 모든 일들이 인공지능 로봇들 사이에서도 똑같이 벌어지고 있고, 사회는 점점 혼란에 빠진다. 이러한 점에서 인공지능 로봇은 우리의 그림자이며 그들은 이제 우리와 함께 동등한 위치에서 살아가게 될 것임을 보여준다.

로라는 자신이 저지른 살인에 대해 인간과 똑같이 재판을 받게 해달라는 니스카의 부탁으로 최초의 인공지능 로봇을 대변하는 변호인 역할을 맡게 된다. 인공지능에게 변호사가 필요한 이유는 사실상 이들은 죽음과 고통에 대한 두려움이 없기에 인간 세상의 논리와 윤리로는 납득할 수 없는 부분들이 있다. 이 때문에 인간과 신스를 중재해줄 매개자가 필요하며 인간과 로봇, 양쪽을 잘 알고 있는 로라는 적임자라 할 수 있다.

니스카가 재판을 받기 위해서는 자의식을 지니고 있다는 것을 증명해야 하는데, 변호인단은 여러 가지 영상과 자극 실험을 통해 니스카의 감정 테스트를 한다. 여기서 그녀는 자신이 경험한 일에 대해서만 감정을 느끼고, 그렇지 않은 부분에서는 무감각한 반응을 나타낸다.

과연 로봇이 의식을 가지고 있다고 볼 수 있는지는 아직도 과학계와 철학계에서 논의 중이지만, 이 부분에서 우리 인간의 감정이라는 것도 사실 경험의 산물이며, 상당 부분 조건화되고 학습된 것이라는 생각을 해보게 된다. 사실 인간의 뇌는 새로운 정보량이 많아 모든 것을 기억할 수 없다는 한계가 있기 때문에 기억할 가치가 있는 것과 아닌 것을 선별해 보존한다. 그래서 기억은 몸에 체화될 때 한 개인의 역사와 기록으로서 존재할 수 있다. 이식된 기억만으로는 인간다움을 느끼기 어려운 이유가 여기에 있다. 그러므로 이 드라마는 인공지능 안드로이드가 과연 인간으로서 재판을 받을 수 있는가, 나아가 그들에게 인권이라는 개념을 적용할 수 있는가에 대한 질문을 우리에게 던지고 있다.

주인집에서 도망친 로봇은 구출되기보다 불량품으로 인식되고 폐기된다. 로봇은 인간의 편의를 위해 만들어졌기 때문에 인간을 해칠 수 없다는 것이 기본 전제다. 이 때문에 범죄를 저지르면 재판을 받을 자격조차 얻지 못하고 폐기된다. 로봇은 신분제 사회의 노예나 노비를 연상시킨다. 로봇이 감정 영역으로 들어오면서 자연스럽게 인간의 결핍된 욕망을 채우게 되고 그것이 하인노동으로 귀결되는 것이다. 하인을 대하는 인간의 욕망은 자신은 하인보다 우월한 존재이며, 그들을 향한 멸시를 통해 자신의 우위를 표출한다.

인간을 어설프게 닮은 로봇을 보면서 느끼는 불편한 감정은 로봇을 평등한 존재가 아닌 하인으로 바라보았기 때문이다. 과거에 존재하던 노예제는 사라졌지만 미래의 로봇은 일상생활에서 감정노동 서비스를 제공하며 상대방에게 지배적 위치에 있다는 느낌, 우월감을 제공한다.

신스와 인간을 구분하는 방법은 모든 신스들은 빛나는 초록색 눈과 푸른 피를 가지고 있으며 충전을 해야 살아갈 수 있다는 점 정도다. 인간보다 수명이 짧고 지속적인 유지 보수가 필요한 점도 차이가 나는 대목이다. 인간과 완벽하게 닮은 로봇은 차이가 쉽게 드러나기 때문에 오히려 강한 불쾌함을 유발한다. 인간은 로봇을 인간이 아닌 다른 객체로 인식하기 위해 인간과 로봇의 차이점을 찾아내고자 한다. 이는 로봇을 인간과 평등한 존재로 간주하기보다는 인간의 욕구를 채워주는 하인 역할로 대하고자 하는 의도가 깔려 있다고 볼 수 있다.

헤스터는 인간이 단순한 기계에는 어떠한 폭력도 가하지 않으면서 유독 인간을 닮은 안드로이드에게는 폭력을 휘두르는 것에 분노한다. 인간처럼 존중받는 것이 아니라, 오히려 인간을 대신한 화풀이 상대가 되기에 헤스터는 인간을 혐오한다.

"인간의 목숨이 원래부터 가치 있는 건 아니지. 그렇게 느껴지는 건 다른 관점을 제시해줄 비등한 지능체가 없었기 때문이야. 하지만, 이젠 있지."

인공지능 로봇 헤스터의 이 말은 '과연 인간을 더 이상 만물의 영장이라 부를 수 있을까?'에 대한 일종의 답변이다. 또한 열등한 존재로 하락한 인간의 생명 경시 현상 및 인간 존재에 대한 궁극적인 부정으로서, 사실 이것은 인간이 그동안 로봇에게 해왔던 일이다.

드라마 초반 마틸다는 신스들에 의해 인간의 일자리가 사라지는 것에 매우 냉소적인 태도를 보여준다. 아무리 열심히 해봐야 신스보다 뛰어날 수 없다는 좌절감과 답답함이 느껴진다. 마틸다뿐 아니라 많은 사람들이 인간보다 뛰어난 능력을 가진 로봇에 대한 두려움을 가지고 있다. 로봇이 의식이 있어서 세탁기나, 청소기처럼 내가 편할 때 부리는 기계가 아니라 상호 소통과 존중이 요구된다면 인간으로서의 존엄성이나 가치에 대한 도전이라고 생각하게 된다.

반면에 인간과 신스 간의 대결에 휘말리지 않고 로봇과의 공존을 꺼려하는 로라의 남편 조(Joe)와 같은 사람도 있다. 그는 굳이 노력하고 신경을 쓰면서 로봇과 함께 살아가는 것보다 아날로그적인 마인드를 지닌 인간들끼리 모여 사는 것이 더 낫다고 생각한다. 그의 모습은 사실상 대부분 우리의 모습이며 아직 인공지능 시대를 실감하지 못하는 대중들의 혼란스러운 마음을 대변한다. 그러나 시대의 요구, 상황의 급변 그리고 가족들의 바람을 고려하여 조는 로라의 의견을 따른다.

아직 드라마처럼 합성로봇이 인간의 일자리를 당장 뺏는 상황은 아니지만 발전하는 인공지능 기술로 인해 인간의 전통적인 일자리는 사라지고 있다. 이미 디지털 디바이드가 심각한 상황이고 기술 권력을 가진 자들과 아닌 자들 사이의 새로운 계급 구조가 생겨나고 있다. 이렇듯 인공지능 시대에 우리가 겪게 될 여러 가지 딜레마와 고민들을 이 작품은 매우 현실적인 차원에서 깊이 있게 다루고 있다. 4차 산업혁명이 본격화되면 인간의 일자리 중 상당수는 인공지능 기계로 대체될 것이고 실직자는 늘어날 것이다. 재교육을 받아 새로운 일자리를 얻는다는 것은 말처럼 쉽진 않다. 기술이 인간을 편리하게 하는 것은 사실이지만 인간의 가치를 어디에 둘 것인가에 대한 진지한 고민은 필요하다. 〈휴먼스〉처럼 완전한 의식은 아니더라도 자의적 판단이 가능한 인공지능 로봇이 나온다면 지금 기준으로는 인간과의 경쟁에서 우위에 있을 수밖에 없다. 로봇과 공존하게 되는 미래의 교육은 직관, 통찰력, 배려 같은 인간만이 가질 수 있는 재능과 능력을 중점적으로 육성하는 방향으로 나아가야 할 것이다.

여러 사건을 겪으며 그가 보여주는 가치판단에 대한 혼란은 과연 인공지능을 우리와 같은 인간으로 받아들일 수 있는지, 어떻게 서로 공존할 것인지? 인간이란 과연 무엇인지에 대한 본질적인 질문이다. 그리고 이 드라마는 조의 혼란을 가족에 대한 사랑으로 극복시킨다. 다시 말해, 인공지능이든 인간이든 가장 중요한 것은 그들이 느끼고 있는 감정, 즉 사랑 그 자체임을 보여주는 것이다.

---

\* 불쾌한 골짜기(uncanny valley) 현상: 인간이 로봇이나 인간이 아닌 것들에 대해 느끼는 감정에 관련된 로봇공학 이론이다. 1970년 일본의 로봇공학자 모리 마사히로가 처음 소개했지만 에른스트 옌치의 1906년 논문에서 소개된 'Das Unheimliche'라는 개념에 의존하고 있다.

모리의 이론에 따르면, 로봇이 점점 더 사람의 모습과 흡사해질수록 인간이 로봇에 대해 느끼는 호감도가 증가하다가 어느 정도에 도달하게 되면 갑자기 강한 거부감으로 바뀌게 된다. 그러나 로봇의 외모와 행동이 인간과 거의 구별이 불가능할 정도가 되면 호감도는 다시 증가하여 인간이 인간에 대해 느끼는 감정의 수준까지 접근하게 된다. 이때 '인간과 흡사한' 로봇과 '인간과 거의 똑같은' 로봇 사이에 존재하는 로봇의 모습과 행동에 의해 느껴지는 거부감이 존재하는 영역을 불쾌한 골짜기(uncanny valley)라고 한다.

# 13. 케이 〈블레이드 러너 2049〉(2017)

## 1) 나는 제조된 것인가? 태어난 것인가?

서기 2049년 미국 캘리포니아.
생태계는 완전히 무너져 식물 한 점
없고, 거대한 태양열 발전소들과 합
성 농업 시설들만이 대지를 가득 뒤
덮고 있다. LAPD의 블레이드 러너
인 케이는 과거에 타이렐 사가 만든
'순종적이지 않은' 레플리칸트 '넥
서스8' 모델인 새퍼를 연행하기 위
해 한적한 외곽의 애벌레 농장에 도
착한다. 새퍼는 원래 우주 식민지
(Off-world)에서 전투병으로 복무
했지만 지구로 도망친 후에는 레플

영화 〈블레이드 러너 2049〉 포스터

리칸트 해방 운동에 관련되어 쫓기고 있었다. 케이(K)는 처음에 연행을
시도하지만 새퍼가 강하게 저항하자 격투를 벌인다. 새퍼는 동족을 죽이
는 느낌이 어떠냐고 물으며 "너는 기적을 보지 못했기 때문에 인간의 뒤
나 닦는다"고 질타한다. 케이도 레플리칸트였던 것. 케이는 자신은 순종
적인 '넥서스9'이며, 8과는 다르다고 말하고 새퍼를 죽인다. 케이는 상관
인 블레이드 러너와의 조시 과장에게 보고를 하던 도중 새퍼의 집 근처

죽은 고목 아래에 놓여진 진짜 꽃을 발견하고는 뭔가 수상하다고 여겨 드론으로 지하를 투시해 오래된 상자를 발견한다. 조시 과장은 그 상자를 다른 팀에게 발굴하도록 조치한다.

임무를 마치고 LAPD로 돌아온 케이는 감정적으로 동요하여 순종하지 않을 가능성을 점검하는 '기준선' 테스트를 통과하고는 자신의 낡은 아파트로 돌아간다. 아파트에서 함께 살고 있는 홀로그램 연인 조이(JOY)를 바깥으로 불러내 비를 맞으며 키스를 하려는 순간, 조시 과장의 호출이 오고 다시 LAPD로 향한다.

발굴된 상자에는 정돈된 유골과 머리카락이 들어 있었다. 검시 결과 유골은 젊은 여자 레플리칸트의 것으로 놀랍게도 제왕절개수술로 출산 도중 사망한 것으로 밝혀진다. 그러자 조시 과장은 이 사실이 세상에 알려지면 사회적으로 큰 혼란을 야기할 터이니 케이에게 태어난 아이의 행방을 추적해 관련된 모든 것을 제거하라 지시한다.

케이는 유골의 주인을 찾기 위해 구형의 레플리칸트를 만든 타이렐 사를 인수해서 모든 기록을 보관 중이고 현재는 순종적인 신형 레플리칸트를 생산 중인 월레스 사를 방문한다. 기록을 찾기 위해 상자에서 채취한 머리카락 유전자 샘플을 접수창구에 제출하자 월레스 회장의 비서인 러브가 직접 케이를 맞이해 월레스 사 곳곳을 안내해준다. 유전자를 분석한 결과 유전자의 주인이 30년 전 데커드란 남자와 도망친 레이첼이란 레플리칸트의 것임을 알게 되고 케이는 데커드의 행방을 찾아나선다.

한편 니앤더 월레스 회장은 케이가 가져온 유전자 샘플이 자신이 오랫동안 찾아 헤메던 레이첼의 유전자임을 알아채고 케이가 떠난 후 러브에게 레이첼이 낳은 아이에 대한 정보를 얻기 위해 케이를 감시하라고 지시한다. 자신이 개발한 미래 식량의 성공으로 도산한 타이렐 사의 유산을 손에 넣은 월레스 회장은 우주 식민지가 늘어남에 따라 레플리칸트의 수요는 크게 늘고 있는 반면, 레플리칸트의 생산량을 확대하는 데 어려움을 겪고 있어 임신과 출산이 가능한 레플리칸트의 생산기술을 개발하는 데 전력투구했으나 번번이 실패했다. 데커드와 레이첼의 아이에게 집착하는 이유도 거기에 있었다.

한편 매춘부 메리에트는 케이가 새퍼를 죽였다는 정보를 받고 케이에게 접근하고자 케이를 유혹하나 거부당한다. 케이는 새퍼의 집을 재방문해 조사하다 금속 상자에 담긴 고목 앞에서 아기를 안은 여성을 찍은 사진을 발견한다. 그 고목을 살펴보던 케이는 밑동에 '61021'이란 숫자가 새겨져 있음을 보게 되고, 자신이 이 숫자를 알고 있다는 것에 놀란다.

그 뒤 케이는 자신의 기억 – 아이들에게 괴롭힘을 당하다 목각 말만큼은 빼앗기기 싫어 불 꺼진 화로의 잿더미에 숨긴 것–에서 힌트를 찾는다. 케이는 고목 밑동과 목각 말의 발에 새겨진 숫자가 고목 사진 속의 아기와 그 목각 말 장난감의 주인인 아이의 출생일을 뜻한다고 추론하고 DNA 데이터베이스를 뒤져 그날이 출생일로 기록된 두 개의 자료를 찾아보니 남녀 성이 다른 것 말고는 유전 정보가 일치하는 남녀 일란성 쌍둥이임을 알게 된다. 하지만 여자아이는 유전 질환으로 숨겼고, 남자아이 쪽은 외딴 고아원으로 보내졌다.

케이는 조이와 함께 샌디에이고에 있는 모릴 콜(Morril Cole Orphanage) 고아원을 찾아간다. 거대한 쓰레기 더미로 변한 샌디에이고의 빈

민들은 케이의 스피너를 공격해 추락시키고, 케이를 습격하나 케이를 감시하던 러브가 드론 폭격으로 케이를 구한다. 정신을 차린 케이는 돔형 구조물 안에 있는 고아원을 발견한다. 고아원 기록실에서 남자아이의 정보를 확인하지만 해당 부분은 이미 누군가가 찢어가버린 뒤였다. 케이는 좌절하지만 곧 자신의 기억 속 장소와 폐건물의 구조가 같다는 것을 알아차리고 기억을 쫓아 잿더미 속에서 목각 장난감을 찾아내는 데 성공한다. 자신의 기억이 실제로 겪은 기억임을 확인한 케이는 여기로 보내졌던 아이가 자신이라 확신하면서도 다른 블레이드 러너들에게 쫓기게 되리라는 두려움에 이를 부정한다.

이어 케이는 자신을 포함한 레플리칸트들에게 심어질 기억들을 제조, 납품하는 스텔린 박사의 연구소를 방문한다. 케이는 그곳에서 무균실에 살고 있는 스텔린 박사를 만나고, 자신의 기억이 인공적으로 만들어진 것인지 실제 기억인지 판별해달라고 부탁하는데, 케이의 기억을 본 박사는 슬픈 표정으로 "누군가가 겪은 기억"이라고 말한다.

LAPD는 연구소에 있던 케이를 체포해 본부로 압송한다. 자신이 찾던 그 아이가 자기라고 확신한 케이는 심한 심리적 동요를 하게 되어 기준선 테스트에서 불합격 판정을 받는다. 케이는 과장과 1:1 대면을 한 자리에서 아이를 찾아 처리했다고 보고를 하지만 거짓말을 직감한 조시는 폐기를 막으려 그동안 활약상이 있으니 특별히 48시간 뒤 테스트를 다시 받으라며 놓아준다.

조이의 단말기로 케이의 위치를 파악하던 러브는 위치 정보가 끊기자 조시를 찾아가 케이의 위치를 요구하지만, 과장은 협력을 거부한다. 러브는 조시를 죽이고는 직접 케이의 위치를 알아낸다.

그사이 케이는 암시장에서 말 조각에 잔류하는 방사능 수치를 근거로 이제는 노인이 되어 라스베가스 폐카지노에서 살고 있는 데커드를 찾아 낸다. 데커드는 처음에는 케이를 추격자로 생각해 공격을 퍼붓지만 반격 을 전혀 하지 않자 대화를 시작한다. 데커드는 레이첼이 사망하자 아이 를 숨기고 자신은 추적을 피해 라스베가스에 숨었다고 한다.

그러나 바로 케이를 추격해온 러브의 로켓 공격으로 스피너는 폭발한 다. 러브의 수하들이 데커드를 납치하려 하자 케이는 이들을 저지하지만 러브가 그를 제압한다. 중상을 입은 채 죽어가던 케이는 추적기를 통해 쫓아온 메리에트와 그녀의 동료들에게 구해져 위기를 넘긴다. 케이와 메 리에트는 스피너를 타고 LA로 돌아온다.

한편 케이는 메리에트의 안내로 레플리칸트 저항군의 지도자 프레이 사와 만나 레플리칸트가 인간들로부터 독립을 쟁취할 계획이란 것을 알 게 된다. 면담을 통해 케이는 레이첼과 데커드의 자식이 자신이 아닌 스 텔린 박사인 사실 또한 알게 되며, 자신이 그저 스텔린의 기억을 가진 평 범한 레플리칸트임을 깨닫고 절망한다.

월레스 사로 납치된 후 깨어난 데커드와 대면한 니앤더 월레스는 아이 에 관한 정보를 얻어내려 하지만, 데커드가 계속 입을 다물자 월레스는 새롭게 제작한 레이첼을 부른다. 이 새로운 레이첼은 데커드를 회유해보 려 하지만 데커드는 원래의 레이첼은 눈의 색이 초록색이었다며 속지 않 는다. 월레스는 레이첼을 '폐기'하고, 데커드를 우주 식민지의 기지로 보 내 고문하기로 결정한다.

자신이 평범한 레플리칸트에 불과했다는 사실에 충격을 받은 케이는 거리를 걷던 도중 거대한 광고판 속의 조이와 같은 모델이 케이를 보며 '착한 조'라고 불러주는 것을 보고 깊은 사색에 빠진다. 케이는 자신의 스피너로 LA 우주공항으로 출발하는 월레스 사의 스피너 3대를 추적해 2대를 파괴하고, 데커드가 탄 스피너를 거대한 해수 방벽에 추락시킨다. 총격전 끝에 러브를 익사시키고 데커드를 구해내지만 케이도 치명상을 입는다.

다음 날, 케이는 데커드를 스텔린 박사가 있는 연구소로 데려간다. 케이는 자신의 말 장난감을 데커드에게 주고, 데커드는 말 장난감을 알아보고 숫자를 확인한다. 데커드가 연구소로 들어가자 케이는 눈이 쌓인 계단 위에 몸을 누인 채 평온하게 죽음을 맞이한다. 데커드가 유리벽 너머에서 홀로그램 눈을 보고 있던 스텔린과 마주하며 손을 유리에 올리며 영화는 끝난다. 데커드는 케이에게 "내가 너에게 무엇이기에 이러느냐"고 물었지만, 케이는 그저 웃어넘긴다.

원작이 데커드가 인간인지 혹은 레플리칸트인지의 여부를 질문한다면, 속편에서는 레플리칸트인 케이가 태어난 존재인가 아니면 제조된 존재인가로 질문이 바뀐다. 정체성의 문제가 인간과 레플리칸트의 관계가 어떤 식으로 설정되고 있느냐의 질문으로 바뀌게 되면서, 〈블레이드 러너 2049〉는 인간과 세계의 외연을 확장하고 다성적으로 이해하는 차원으로 나아간다.

## 2) 2049년 지구, 비인간들이 살고 있는 디스토피아

2049년 지구. 타이렐 사를 접수한 니안더 월레스(자레드 레토)가 인간에게 순종하도록 개발한 '넥서스9' 복제인간들이 시스템의 요직에 앉아 있다. 주인공인 경찰 케이(라이언 고슬링)는 물론, 조의 상사인 조시(로빈 라이트)도, 월레스가 '최고의 천사'라고 부르는 러브(실비아 획스)는 모두 '넥서스9' 모델이다. 이후 조이의 대역으로 케이와 성관계를 갖는 매리어트(맥켄지 데이비스)도, 결국 데커드와 레이첼의 딸로 밝혀지는 안나 스텔린 박사(칼라 주리)도 모두 복제인간의 일종인 레플리칸트다. 한편 케이(혹은 '조')와 동거하는 조이(아나 디 아르마스)는 홀로그램 AI다. 한마디로 월레스를 제외한 주요 등장인물이 모두가 사람이 아니다.

〈블레이드 러너 2049〉는 온전히 비인간의 세계를 그려내기 위해 제작되었다 해도 무방할 정도다. 사실은 월레스조차도 진짜 인간인지는 알수 없다. 월레스의 인공눈은 레플리칸트 로이에 의해 두 눈이 도려내져 살해된 타이렐 회장과의 연관성을 떠올리게 한다.

〈2049〉의 비인간 캐릭터들은 모두 외형상 인간과 다를 바 없다. 미래 존재에 대한 상상을 인간에게로 환원시키는 의인화 전략은 〈블레이드 러너〉 시리즈뿐만 아니라 SF 영화에서 흔히 발견된다.

〈블레이드 러너〉 시리즈는 '오프월드'라는 우주식민지를 이상적 삶의 공간으로, 이와 대조되는 지구의 모습─〈전편〉의 배경인 LA와 〈속편〉의 배경인 샌프란시스코─은 어둡고 황폐하며 무질서한 풍경으로 그려진다.

LA는 타이렐(Tyrell) 사, 웰레스(Wallace) 사와 같은 상류층 자본가와 하류층에 속하는 백인과 동양인(길거리 상인들) 그리고 인간들에게 멸시 당하는 다수의 레플리칸트 등과 같이 '(자본을) 가지지 못한 자'들로 구성 되었다. 〈블레이드 러너 2049〉에서는 샌프란시스코는 쓰레기 처리장으 로 묘사되고, 인간들은 폭력적으로 변했다. 케이가 데커드를 찾아가는 장소는 라스베가스 사막을 연상시키는 주황색 모래벌판이다. 모래사장 위에 눈과 입이 비어 있는 거대한 인간 얼굴 형상의 조각은 그 크기 면에 서는 예전에 인간이 누렸던 힘을 상징하는 듯하나, 눈과 입이 비어 있는 모습은 미래 사회에 무력화된 인간을 암시하는 것으로 보인다. 전편과 속편 모두 배경으로 나오는 LA는 전편에서 일본 여성의 이미지를 강조 하여 아시아적 상징성을 나타냈다면, 속편에서는 일본, 한국, 중국 등 아 시아 국가의 문자가 모두 등장하여 혼종성을 띤다.

잡종적 인간에서부터 비인간에 이르기까지, 보철 육체성('슈퍼맨', '아 이언맨', '배트맨'처럼 인간보다 강력한 인공기관을 갖는 경우), 변이 육 체성(X맨, 헐크, 사이보그, 안드로이드, 외계 생명체 등의 형상과 기능이 인간을 약간 변화시킨 경우), 〈터미네이터 2〉(1991)에서 액체 금속으로 제작된 터미네이터2의 유동적 육체성, 좀비 육체성(〈월드 워 Z〉(2013), 〈버드 박스〉(2018) 같은 영화들이 보여준 인간의 좀비화), 나아가 〈루 시〉, 〈HER〉와 같이 물리적 외형이 없는 탈육체성에 이르기까지, 포스트 휴먼 존재들은 늘 인간이라는 기본형에 의존하고 있다. 〈블레이드 러너〉 연작의 레플리칸트들 역시 유전공학으로 탄생한 복제인간이기에 겉모습 은 물론이고 피와 살, 뼈와 내장기관의 기능까지 정확히 생물학적 인간

과 동일하다. 월레스의 좌절감도 인간과 똑같은 생식 능력을 가진 복제
인간을 개발할 수 없는 데서 비롯된다.

　월레스가 그토록 데커드와 레이첼 사이에서 태어난 아이에게 집착하
는 이유는 바로 인간과 레플리칸트를 가르는 경계인 생식을 가능하게 하
는 기술을 개발하고 싶어서다.

### 3) 심어진 기억과 정체성의 혼란

　〈2049〉는 케이가 정체성을 찾아가는 과
정에서 느끼는 외로움, 고통, 사랑 등의 감
정을 보여준다. 케이가 샌디에이고의 고아
원으로, 라스베가스의 붉은 사막으로 데커
드를 찾아 떠나는 여정은 기억을 찾는 과정
이기도 하다. 케이는 유년 시절의 기억이
없는 성인으로 제작된 '넥서스9' 모델이다.
하지만 구형 '넥서스8' 모델인 새퍼를 체포

케이

하기 위해 애벌레 농장을 방문했다가 고목 밑둥 아래서 출산 흔적이 있는
여성 레플리칸트의 유골과 머리카락이 담긴 상자를 발견한다. 유골의 유
전자 샘플을 월레스 사에 보내 유전자를 분석한 결과 유전자의 주인이 30
년 전 데커드란 블레이드 러너와 도망친 레이첼이란 레플리칸트의 것임
이 밝혀진다. 고목에 새겨진 '61021' 숫자와 자신의 기억 속에 남아 있는
숫자가 일치하자 케이는 자신이 인간일지도 모른다는 생각을 하게 된다.

기억은 마치 복제인간과 인간의 경계를 허물어뜨리고 인간 정체성의 핵심을 담고 있는 각인처럼 제시된다. 새퍼가 죽기 전 '기적의 아이'를 언급하며 남긴 "넌 기적을 보지 못했지"라는 말은 유전자 조작과 복제가 아닌 잉태된 레플리칸트의 가능성을 열어주고, 기억 이식자인 스텔린 박사는 케이의 유년 기억이 실제 인간의 것임을 확인해준다. 영화는 그의 어린 시절 장난감으로 보이는 목각 말 인형이 고아원에서 발견되는 순간 정점에 달한다. 케이는 목각 말 인형을 고아원 화로의 잿더미에서 찾아내면서 자신을 기억 속의 존재인, 데커드와 레이첼이 낳은 '기적의 아이'일 것이라는 희망에 부푼다. 기억으로 인해 케이가 자신을 인간으로 착각하게 된다는 설정은 기억의 실재와 망각 사이에 방황하는 정체성의 혼란과 연결된다.

케이는 레플리칸트들에게 기억을 주입하는 아나 스텔린 박사를 찾아가 자신의 기억이 인공적으로 만들어진 것인지 실제 기억인지 판별해달라고 부탁하는데, 케이의 기억을 본 박사는 슬픈 표정으로 "누군가가 겪은 기억"이라고 말한다. 스텔린 박사의 말에 실망한 케이는 절망하고 이는 케이가 임무에 불복종하는 동기를 부여한다.

이러한 기억의 연상 작용이 케이로 하여금 존재의 이유에 대한 새로운 해석을 시도하게 만든다는 데에 원작과 구별되는 〈블레이드 러너 2049〉의 세계관이 놓여 있다. 케이는 목각인형에 애착을 품게 되고 흙의 질감을 손으로 만끽하며, 사랑과 안락함을 추구하고 스스로의 판단으로 운명을 결정해 간다는 점에서 하나의 성숙한 존재로 강렬하게 이미지화된다. 영화의 내부적인 문법이 이미 처음부터 케이를 주체적이고 정서적인, '존재가 불확실한 개인'의 모습으로 제시하고 있기에, 실제로는 다분히 놀라운 발상은 영화를 보는 내내 일종의 무의식이 되어 관객의 머릿속에 받아들여지게 된다.

동시대의 〈엑스마키나〉나 〈HER〉처럼 인공지능을 소재로 만들어져 반향을 일으킨 영화들조차 완벽하게 떨쳐내지 못하는 유사—인간에 대한 원형적 불안감이라든지 인간 대 비인간이라는 타자화의 과정을 가뿐히 불식하는, 〈블레이드 러너 2049〉의 복제인간 케이는 말하자면 사고의 확장이 가능한 복제의 산물이면서도 관객이 동화하는 지점의 출현이다.

〈2049〉에서 케이는 자신에게 심어진 기억으로 인해 인간과 복제인간 사이에서 자신의 정체성을 의심하는데, 이는 기억이 인간다움의 조건(작게는 AI의 사고 능력을 검증하는 튜링 테스트부터 영화에서 인조인간과 인간을 구분하기 위한 Voight—Kampff 테스트까지)에서 핵심적인 요소임을 나타낸다.

일례로, 스텔린 박사는 케이에게 인간의 기억을 설명하며, 여럿이 함께 생일 케이크의 촛불을 끄며 즐거운 감정을 공유하는 장면으로 연결시킨다. 이는 인간의 '함께' 공유할 수 있는 경험, 감정의 교류, 및 커뮤니케이션 능력을 강조한 것으로, 인간과 복제인간과의 차별화와 면도날 같은 '다름'의 경계를 보여준다. 레플리칸트 케이는 감성이나 사고 능력 등 모든 면에서 인간과 비교될 만한 능력을 나타내지만, 인간과 레플리칸트의 차이는 '함께 공유'할 수 있는 감정과 경험들의 총체 여부라고 할 수 있다.

이는 〈블레이드 러너〉 시리즈의 엔딩 장면에서도 각기 강조된다. 물이 떨어지는 장면에서 로이(전편)가, 눈이 내리는 계단에서 케이(속편)가 인간을 위해 희생하는 내용으로, 죽음을 통한 구원에 비유되기도 한다. 영화는 결국 복제인간은 인간을 위해 존재한다는 간단한 메시지를 향한 복잡한 기표 과정의 정착물이다. 이는 인간 구원의 대속으로 십자가에 희생된 예수의 존재를 각인한다.

미래를 향해 케이가 헌신한 방법은 월레스에 납치된 데커드를 구하는 일이었다. 러브와의 격투로 치명상을 입은 케이는 마지막 생명을 쥐어짜서 데커드를 그의 딸이자 기적의 아이인 아나 스텔린 박사에게 안내한다. LA 경찰이 반드시 제거하려 했고, 월레스가 입수하려 애썼던 기적의 아이는 월레스 코퍼레이션에 레플리칸트의 기억을 납품하는 시설에 있었다. 이 사실은 역설적이다.

# 14. 조이 〈블레이드 러너 2049〉(2017)

## 1) 인공지능 홀로그램 제품 조이

조이와 케이

    LAPD에서 블레이드 러너로 근무하고 있는 케이. 퇴근 후 피곤한 몸을 이끌고 집에 들어서면 조이라는 미모의 여성이 그를 반긴다. 하지만 그녀는 인간도 레플리칸트도 아니고 가상 애인의 역할을 하는 인공지능 홀로그램이다. 길거리에서 광고판들을 쉽게 찾아볼 수 있을 정도로 대량 생산되는 웰레스 사의 홀로그램 제품이다. 조이는 마치 전통적 부부처럼 외로운 케이를 위로해주기는 하지만 홀로그램으로 볼 수 있을 뿐, 육체가 없기에 만질 수도 없고 전화가 걸려오면 정지해버린다. 홀로그램에 불과한 음식을 진짜 요리하는 것처럼 흉내를 내기도 하지만 장치가 설치된 집 안에서만 활동할 수 있다. 조이는 말로는 "내가 고쳐줄게(I can fix that)."라고 하지만 케이의 셔츠건 외로움이건 무엇 하나 진짜로 고치지는 못한다.

하지만 레플리칸트로서 사회에서 고립되어 인간적 교류가 거의 없는 케이에게 인간적인 경험을 가능하게 해주는 아주 소중한 존재이다. 늘 고독하고 냉철한 케이지만 조이와 함께하는 순간만큼은 누구보다 인간적이다. 원래 조이는 케이의 집에 설치된 커다란 홀로그램 투영기를 통해서만 만나볼 수 있는 존재였다. 집에 갇혀 있는 자신의 처지를 안타까워하던 조이는 밀실 공포증(Cavin fever)라는 표현을 쓰며 케이에게 자신이 집에만 있어 답답하다는 얘기를 건넨다.

어느 날 케이는 레플리칸트의 순종성을 판별하는 '기준선 테스트'를 훌륭하게 통과해 받은 보너스로 휴대용 투사장치 단말기 애머네이터(Emanator)를 사가지고 온다. 애머네이터가 있으면 조이는 집을 벗어나 바깥에서도 존재하며 활동할 수 있다. 조이는 선물을 받고 진심으로 기뻐한다. 케이는 조이를 애머네이터에 담아 옥상으로 올라간다. 밖으로 투사된 조이는 때마침 쏟아지는 비를 온몸으로 맞으며 빗방울의 감촉을 전자파장으로 느끼며 행복해한다. 케이가 조이와 키스를 하려는 순간, 상사인 조시 과장의 호출이 오고 케이는 바로 LAPD로 향한다.

조이는 인간적인 요소를 추구하는 케이를 보며 자신이 육체적인 사랑을 제공할 수 없는 것을 안타까워한다. 조이는 케이에게 인간 연인다운 경험을 선사하기 위해 케이에게 접근했다가 거부당한 매춘 여성 레플리칸트 메리에트에게 연락해 케이와의 동침을 제안한다. 조이는 메리어트와 자신을 동기화해 케이와 육체적인 사랑을 나눈다.

다음 날 아침 케이의 목각 말을 만지고 있던 메리어트에게 조이는 당신과 일이 끝났으니 가라고 냉정하게 말한다. 레플리칸트 저항 조직의 일원인 메리에트는 케이의 코트에 추적기를 심어두고 떠난다. 케이는 자신에게 남은 시간이 얼마 없음을 직감하고 도주를 결심한다. 이에 조이도 케이와 함께 가겠다며 혹시라도 자신의 제작사인 월레스 사의 추격자가 자신의 메모리를 들여다보고 케이를 추적하지 못하게 하려고 자동으로 백업되는 콘솔에서 휴대용 단말기(애머네이터)로 자신을 옮긴 뒤 안테나를 부러뜨리고 콘솔의 데이터는 삭제하라고 부탁한다. 하지만 애머네이터의 안테나는 이미 월레스 사에서 케이를 감시 중인 월레스 회장 비서 러브에게 케이의 위치 정보를 제공해주고 난 뒤였다. 러브가 이 정보를 보는 화면을 보면 조이를 통해 비슷하게 감시당하는 레플리칸트들의 일련번호가 여럿 보인다.

케이는 희미한 기억과 새퍼의 농장 근처에서 찾아낸 여성 유골의 DNA 정보를 근거로 조이와 함께 샌디에이고에 있는 모릴 콜 고아원(Morril Cole Orphanage)을 찾아간다. 기억을 쫓아 고아원 화로의 잿더미 속에서 목각 말 장난감을 찾아내는 데 성공한 케이는 자신의 기억이 실제로 겪은 기억임을 확인하고 '기적의 아이'가 자신이라고 확신하게 된다. 조이는 자신이 인간일지도 모른다는 기대감에 흥분했다가 레플리칸트에 기억을 이식하는 안나 스텔린 박사로부터 자신의 어린 시절 기억은 누군가의 기억이 주입된 것이라는 사실에 절망한다. 애머네이터에 이식돼 케이의 주머니 속에서 보고 있던 조이는 케이에게 "당신은 유일하고 특별한 존재"라며 일련번호인 케이를 대신하는 '조'라는 이름을 지어준다.

조이의 단말기로 케이의 위치를 파악하던 러브는 위치 정보가 끊기자 조시를 찾아가 케이의 위치를 요구하지만, 과장은 협력을 거부한다. 러브는 조시를 죽이고는 직접 케이의 위치를 알아낸다.

케이는 암시장에서 말 조각에 잔류하는 방사능 수치를 근거로 이제는 노인이 되어 라스베가스 폐 카지노에서 살고 있는 데커드를 찾아낸다. 데커드는 함께 도망친 레이첼이 사망하자 아이를 숨기고 자신은 추적을 피해 라스베가스에 숨었다고 한다.

그런데 바로 케이를 추격해온 러브의 로켓 공격으로 케이가 타고 온 스피너는 폭발한다. 케이가 의식을 잃고 쓰러지자 조이는 절규한다. 러브의 수하들이 데커드를 납치하려 하자 깨어난 케이는 필사적으로 이들을 저지하지만 러브가 케이를 제압한다. 케이가 절대 절명의 위기를 맞게 되자 조이는 러브 앞에 나타나 가로막으며 케이를 살려달라고 애원한다. 그러나 러브는 "이제껏 월레스 사 제품을 이용해주신 것에 대해 감사드린다"는 조롱과 함께 케이가 보는 앞에서 조이가 들어 있는 단말기를 짓밟아 파괴한다. 중상을 입은 채 죽어가던 케이는 추적기를 통해 쫓아온 메리에트와 그녀의 동료들에게 구해져 위기를 넘긴다. 케이와 메리에트는 스피너를 타고 LA로 돌아온다.

조이를 잃고 자신이 평범한 레플리칸트에 불과했다는 사실에 정신적 충격을 받은 케이는 거리를 걷던 도중 거대한 광고판 속의 조이와 같은 홀로그램 여성이 케이를 보며 '착한 조'라고 불러주는 것에 불쾌해한다. 케이는 가는 곳마다 존재하는 광고판 속의 조이가 자신을 '조(Joe)'라고 부를 때마다 혼란에 빠진다.

이를 통해 뭔가를 깊이 자각한 케이는 자신의 스피너로 LA 우주공항으로 출발하는 월레스 사의 스피너 3대를 추적해 2대를 파괴한 뒤, 데커드가 탄 스피너를 거대한 해수 방벽에 추락시키고 데커드를 구해낸다. 다음 날 케이는 마지막 힘을 다해 데커드를 그의 딸 스텔린 박사의 연구소로 데려가 부녀상봉을 하게 해준 뒤 눈을 감는다.

## 2) 육체 없는 섹스, 동기화된 사랑

(복제)인간을 매개로 한 홀로그램과 복제인간과의 성관계는 우리가 이제껏 본 적 없는 정교하고 환상적인 영화적 장면을 연출하지만 관객들의 머릿속은 복잡해진다. 인간의 육체를 지녔지만 정신적으로 인간의 명령에 복종하게 되어 있는 순종형 레플리칸트로서의 케이와, 자율적 판단은

조이

가능하지만 인간의 육체가 없는 디지털 프로그램인 조이와의 섹스는 기술과 인간, 혹은 포스트휴먼의 정체성에 대한 엉뚱하면서도 기묘한 상상을 불러일으킨다. 어느 날 저녁 현관문을 열고 나타난 메리에트를 보고 거부하지 않는 케이를 보며 조이는 질투심을 느끼면서도 자신의 계획이 성공할 수 있음을 확신하게 된다. 조이는 "나도 당신에게 진짜 연인이고 싶어."라며 메리어트의 몸 위에 디지털 신호로 구성된 자신의 영상을 덧씌우고 케이와 섹스를 한다. 이 장면은 영화 〈HER〉를 자연스럽게 연상시킨다. 〈HER〉에 나오는 AI 오퍼레이션 프로그램 사만다는 인간인 남자 주인공과 정서적 교류가 깊어지자 인간 대리인을 불러 테오도르와 성관계를 시도하지만 불발로 끝난다.

홀로그램인 조이와 복제인간 케이가 옥상에서 내리는 빗방울을 전자 파장으로 느끼며 교감하는 순간, 조이가 여성 복제인간의 몸에 자신을 동기화한 뒤 육체적 사랑을 나누는 장면을 보면 하나의 질문이 자연스럽게 제기된다. 인간에게 고유한 것으로 인식되던 관계나 감정, 감각과 같은 것들이 기술의 발달로 현실과 환영, 허상과 실재, 그리고 인간과 인간을 제외한 다른 존재와의 경계를 가로지르며 확장되고 있는 것을 어떻게 받아들여야 할까?

영화는 이 두 명의 불완전하지만 너무나 인간적인 존재들이 가상 섹스를 통해 진정한 연인으로 결합한 뒤, 주어진 굴레를 벗어던지기 시작하는 내용으로 흘러가기 시작한다. 조이는 육체가 없는 홀로그램이지만, 휴대용 애머네이터(투사 장치) 덕분에 언제 어디서나 케이와 함께할 수 있다. 조이는 진정으로 케이를 사랑하기에 죽음을 각오하고 백업 생존이 가능한 콘솔을 버리고 케이를 따라간다.

조이는 죽기 직전까지 케이에게 헌신했으며, 사라지기 직전에 케이에게 했던 마지막 말도 "사랑해"였다. 즉, 조이는 작중 언급된 것처럼 가장 인간적인 행동인 자기희생을 한 것이다. 그래서 조이는 정신적으로는 케이 못지않은 확고한 신념을 가진 캐릭터라고 평가할 수 있다. 영화 내내 자신의 존재에 대한 문제로 갈등하는 케이와 달리 자신의 존재와 한계에 대해 고민하기보다는 사랑하는 이에게 자신이 해줄 수 있는 최대한의 노력을 쏟기 때문이다.

### 3) 진정한 사랑인가? 설정된 프로그램인가?

한편 조이를 잃고 자신이 태어난 것이 아니라 생산된 제품이라는 사실에 절망한 케이는 홀로그램 조이의 대형 광고 전광판 앞에서 심경의 변화를 겪는다. 광고판 속의 거대한 조이는 케이와 함께했던 조이와는 달리 검은 눈동자만 있을 뿐 흰자위는 보이지 않는다. 눈이 곧 인간성을 상징하는 이 영화에서 인간과 이질적인, 검은자위만 있는 거대한 조이의 눈은 인간성이란 것이 존재하지 않는 AI 홀로그램 상품임을 보여주는 장치라고 할 수 있다. 거대한 조이의 몸은 보랏빛을 띠고 있다. 이 영화가 암시하는 색의 상징을 생각하면 거대 조이 광고가 케이에게 절망을 안겨주는 푸른색과 그에게 인간성에 대한 깨달음을 주는 붉은색이 혼합된 보라색을 사용한 것도 의미가 있다. 거대한 조이가 자신을 향해 다가오자 케이는 복잡한 감정이 뒤섞인 채 바라본다.

조이에 대한 그리움, 네트워크에 그녀의 흔적이 남아 있을 것이란 일말의 희망 등. 하지만 동시에 가는 곳마다 설치된 전광판의 거대한 조이들이 자신을 '조'라고 부르자 불쾌함을 넘어 자신에 대한 조이의 사랑에 대해 의구심을 갖게 된다. 자신을 구하려다 죽었고 더 이상 볼 수 없게 된 자신만의 조이가 생전에 자신을 '조'라고 불렀기 때문이다. 그런데 사실 조이의 이런 행동은 길거리 광고판에서 보여주듯 프로그램에 기본 설정된 행동이고 조라는 이름도 기본 설정된 이름에 불과할지도 모른다.

요즘이라면 조이는 페이스북, 유튜브, 틱톡 등에서 체험하는 사용자 취향 분석 큐레이션 서비스를 인격화한 장치라고 할 수 있다. 케이는 생전에 조이가 자신에게 보여준 사랑과 희생이 결국 제조사가 프로그래밍한 매뉴얼 대로 작동한 결과라는 사실을 인정하고 싶지 않았다. 조이와 나누었던 애틋한 유대감을 케이는 사랑이라고 믿고 싶었지만, 그 모든 순간이 케이의 욕망을 간파한 마케팅의 전형적인 침투 패턴이자, 추가 소비를 촉진하는 프로그램 체험에 불과할지도 모른다는 것을 인식한다.

광고판의 캐치프레이즈가 말해주듯이 조이는 그저 제작된 대로 구매자가 듣고 싶어 하는 것을 말해 주고, 보고 싶어 하는 행동을 하는 기계였을지도 모른다. 돌이켜보면 조이가 케이에게 수사에 필요한 질문 요령을 교육시키거나 기준선 테스트를 위한 문구를 암기시키고 케이에게 춤 추자고 권유한 것도 임무를 마치고 돌아온 케이의 기능을 점검하기 위한 조이의 역할이라고 의심해 볼 수도 있다. 클래식 음악에 대해 케이에게 말하거나, 소설 『창백한 불꽃』을 읽어달라는 조이의 요청에 케이가 내키지 않는 반응을 보이자 않자 금세 그에 맞춰서 책을 집어던지며 싫어하는 척을 하기도 했다. 조이는 원래 주인이 원하는 대로 행동하도록 설계된 프로그램이기에 케이에 대한 헌신적인 태도는 미리 입력된 명령에 따른 것일 수도 있다는 의심을 품어볼 수 있다. 조이가 자율성을 가지고 '진짜'가 되기 위해 노력한 것인지 그것조차 프로그래밍을 충실히 따른 것인지는 판단하기가 쉽지 않다.

레플리칸트에게 다소 과분해보이는, 독립된 주거공간(아파트)을 주어 조이와 단 둘이 생활하게 만든 것조차 사실은 가급적 다른 인간이나 레플리칸트들과의 사적인 관계로부터 케이를 격리시키고 조이만 접촉하게 하려는 의도가 숨겨져 있을 수도 있다. 결국 케이와 함께 도주를 준비하며 죽음을 각오하는 것 역시 케이의 인간에 대한 욕망을 충족시켜주려는 조이의 프로그래밍에 충실한 행동일 수 있는 것이다. 물론 이러한 시각에 반대되는 여러 장면들도 있다. 조이는 사랑하도록 만들어진 존재의 사랑이 진짜 사랑일까 하는 질문을 던지게 하는 캐릭터이다.

## 4) 행동이 정체성을 결정한다

케이는 LA 경찰에서 월급을 받는다. 기준선 테스트에서 만점을 받으면 보너스도 지급된다. 케이는 그 돈으로 집세와 식비, 치료비 등을 치를 수 있다. 홀로그램 동거인인 조이를 업그레이드하는 일에 돈을 쓸 때를 케이는 가장 즐거워한다. 케이가 월레스에서 생산된 제품인 것과 마찬가지로 조이 역시 월레스 제품이다. 조이의 전원을 끄고 켤 때마다 월레스사 로고와 시그널이 점멸한다.

케이는 자신이 레플리칸트임을 또렷이 자각하고 있다. 경찰은 케이를 동료가 아니라 도구 취급한다. 일과 임무가 끝날 때마다 심리 상태를 점검하는 기준선 테스트도 잔인하기 짝이 없다. 이상 징후가 발견되면 소각 처리한다. 만일에 있을지도 모르는 불복종 상황에 대응하기 위해 경찰 조직이 정한 규칙이다.

하지만 소비의 순간만큼은 케이도 인간에게 차별받지 않는다. 레플리칸트도 인간과 마찬가지로 자기 돈 자기가 써서, 원하는 물건과 서비스를 소유할 수 있는 '개인(individual)'이기 때문이다.

조이는 인간 수준의 사고 능력과 자율성을 가지고 있으며 자신을 제조한 월레스 사의 계략을 간파해 케이의 도주를 돕는다. 케이와 도피하며 애머네이터가 파손되면 자신을 복구할 방법이 없어 죽게 됨에도 자신은 죽음을 각오하고 진짜 인간 여성처럼 살고 싶다고 말할 정도의 자의식을 보인다. 어쩌면 조이의 모든 말과 행동은 케이가 구입한 조이에게만 특별하게 발현된 인간성일 수도 있다.

케이는 조이가 예측 불가능한 방식으로 작동하길 원했다. 휴대용 에뮬레이터를 구입한 까닭도 집 안에서만 있을 수 있는 조이를 집 밖에서 활동하게 해주기 위해서였다.

케이는 처음에는 실망했지만 광고판에서 자신을 조라고 부르는 수많은 조이를 지켜보다 오히려 죽음을 무릅쓰고 데커드를 구하러 가는 동기를 얻게 된다. 이는 케이가 광고 전광판의 조이가 자신을 부르는 '조'라는 이름은, 자신을 구하려다 죽었던 자신만의 조이가 자신을 불러주던 '조'라는 이름과는 결코 같을 수 없다는 것을 깨달아서가 아닐까 싶다. 그 차이에서 케이는 자신과 함께했던 조이와의 사랑은 진짜였다는 것을 깨닫게 되었고 케이 본인 또한 조이처럼 대량생산된 상품에 불과할지라도, 그와는 상관없이 지금까지 해오고 앞으로 하게 될 행동이 자신을 세상에서 유일무이한 '진짜 존재'로 만든다는 것을 이해한 듯하다.

케이는 나아가 소중한 존재에 대한 상실감을 절감하고 가족을 만나고 싶었던 자신의 열망과 꿈을 데커드에게 투영하여 데커드를 그의 딸과 만나게 해주겠다고 결심한 것으로 보인다.

# 15. 쿠사나기 모코토/미라 캘리언/메이저 소령
## 〈공각기동대: 고스트 인 더 쉘〉(2017)

### 1) 미라 캘리언 소령 vs. 쿠사나기 모코토

기계문명이 고도로 발달해 인간
과 로봇의 경계가 무너진 가까운 미
래, 신체가 다치거나 불구가 되어
도 신체의 대부분을 의체라고 하는
로봇으로 대체할 수 있는 시대다.
사이보그 개조사인 한카 로보틱스
(Hanka Robotics)에서는 로봇 골
격과 인간의 대뇌를 결합하는 실험
을 진행한다.

'메이저(소령)'로 불리는 미라 킬
리언(스칼렛 요한슨)은 전신을 기계
화한 의체에 인간의 대뇌를 장착한

영화 〈공각기동대: 고스트 인 더 쉘〉 포스터

사이보그이다. 중력을 무시한 움직임, 강력한 파괴력과 광학위장술, 고
스트 해킹 능력 등 인간보다 월등하게 뛰어난 신체 및 정신 능력을 갖추
었지만 반복되는 환각에 시달린다. 미라 킬리언을 의체화한 한카 로보틱
스 사의 오우레 박사(줄리엣 비노쉬)는 인간의 뇌와 의체의 결합에서 생
기는 오작동이라며 이를 바로잡기 위해 주기적으로 약물을 주입한다. 오

우레 박사에 의하면 미라 킬리언은 부모님과 배를 타고 여행 중이었는데 항구에서 폭발 테러가 일어나 부모님은 사망하고 메이저의 뇌만을 살릴 수 있었다고 한다. 하지만 이는 입력된 데이터에 의해 조작된 유사기억으로 약물을 주입하는 이유는 원래의 기억들과 충돌을 일으키지 않기 위해서다. 메이저의 정신적이거나 물리적인 모든 활동은 사이보그 프로젝트를 수행 중인 닥터 오우레에 의해 모니터링된다. 미라 킬리언은 아름다운 얼굴과 마네킹과도 같은 이상적인 몸매를 가진 것으로 묘사된다. 그녀는 외형적으로는 인간과 다를 바 없지만 인간과 다르게 지각하는 자신의 감각기관에 의문을 품는다. 뿐만 아니라 인간일 수 없는 자신의 존재를 의심하며, 100% 인간의 신체를 구성하는 요소들—피부, 감각, 생리, 심리 등의 다양한 신체적 변이—에 주목한다.

유일하게 고스트를 가진 한카로보틱스 사의 사이보그 제품으로 정부에 제공된 후 1년이 지나 소령에 임명된 킬리언은 강력 범죄와 테러 사건을 전담하는 특수부대 섹션9의 리더로 공작원 바토, 토구사와 함께 일하게 된다.

어느 날 테러리스트들이 한카 비즈니스 컨퍼런스에 참석한 유력 인사들을 살해하는 사건이 발생하고 건물 옥상에서 정찰하던 소령은 게이샤 로봇이 사람을 공격하자 현장에 뛰어들어 게이샤 로봇을 파괴한다. 소령은 게이샤 로봇이 정체불명의 실체에 의해 해킹당해 한카 로보틱스의 임원인 오스몬드의 두뇌를 해킹하려 했다는 사실을 알게 된다. 소령은 테러의 배후를 추적하기 위해 위험을 무릅쓰고 파괴된 게이샤 로봇의 두뇌 속으로 '딥 다이브(접속)'해 테러의 배후인 해커의 위치를 알아낸다.

섹션9팀은 해커를 추적해 야쿠자 나이트클럽의 지하 비밀공간에 들어가 쿠제라 불리는 해커의 홀로그램과 마주하지만 폭발물이 터지면서 소령과 바토는 심한 부상을 입는다. 바토는 눈을 잃어 X레이 눈으로 기계화하고 소령은 신체를 수리받고 회복한다. 한카 로보틱스의 CEO 커터는 소령의 단독행동에 격분해 섹션9의 책임자인 아라마키를 질책한다.

한편 파괴된 게이샤 로봇의 두뇌 속에서 정보를 찾던 닥터 달린은 쿠제에 의해 살해된다. 소령과 섹션9팀은 닥터 달린의 살해 현장에서 '프로젝트 2571'에 대해서 알게 되고 이와 관련된 한카 로보틱스의 과학자들이 차례대로 살해되고 있다는 것을 알게 된다. 다음 타깃은 닥터 오우레.

한편 쿠제는 청소부 두 명의 두뇌를 해킹해 닥터 오우레가 탄 차를 습격한다. 두 명의 청소부는 섹션9팀과 총격전을 벌인 끝에 한 명은 죽고 나머지 한 명은 소령에 의해 생포된다. 그런데 토구사가 생포된 청소부를 해킹하자 쿠제는 청소부를 조종해 스스로 목숨을 끊게 만든다.

청소부 해킹을 통해 알게 된 비밀장소에 도착한 섹션9팀은 그곳에서 정신적으로 연결된 수많은 사람들 뒤에 있는 쿠제와 마침내 만나게 된다. 쿠제는 붙잡힌 소령에게 정체를 드러낸 뒤, 자신도 소령처럼 인간의 두뇌가 탑재된 사이보그이며 사이보그 개조실험인 '프로젝트 2501'의 실패작이라고 밝힌다. 쿠제는 소령에게 일련의 실험에서 최종적으로 성공한 사례가 바로 '프로젝트 2571', 즉 쿠사나기 모토코와 전신 의체의 결합 모델로서 복합강화형 사이보그인 미라 킬리언 소령이라고 말한다.

그는 또한 소령의 기억은 청소부의 기억처럼 주입된 거짓 기억이라면서 오우레 박사가 주는 약은 진짜 기억을 지워버리니 먹지 말라고 한다.

소령의 동료들이 나타나자 쿠제는 소령을 풀어주고 달아난다.

오우레 박사를 찾아간 소령은 자신 이전에 98명의 실험 대상자가 사망했으며 테러범에 의해 부모가 살해되었다는 기억은 이식된 가짜라는 사실을 확인한다. 소령은 커터가 보낸 요원들에 의해 체포되어 한카 로보틱스 사로 옮겨지고 마취당한 소령은 환영 속에서 일본계 소녀 모토코인 자신과 소년 히데오(쿠제의 과거 이름)가 실험실 침대에 묶인 채 서로의 이름을 애타게 부르고 있는 것을 보게 된다. 다음 날 커터는 오우레 박사에게 통제가 불가능한 그녀를 죽이라고 명령한다. 하지만 소령을 딸처럼 아꼈던 오우레 박사는 독극물 대신 본래 기억이 들어 있는 용기와 숫자가 쓰인 열쇠를 건네준다. 커터는 자신을 배반한 오우레 박사를 죽이고는 소령에게 누명을 씌운다.

기억을 되찾은 소령은 기억을 되살려 낡은 아파트를 찾아간다. 아파트에서 홀로 살고 있는 중년 여인을 만나고 1년 전에 죽은 그녀의 딸 쿠사나기 모토코에 대한 이야기를 듣는다. 중년 여인은 반정부 급진주의 성향의 모토코가 경찰을 피해 무법지대에서 친구들과 함께 어울려 지내다가 체포돼 감옥에서 자살했다는 소식을 들었다고 말한다. 중년 여인은 소령이 자신을 바라보는 모습이 모토코와 닮았다고 회상한다. 소령은 사이보그 개조 실험의 희생물이었던 것이다.

소령은 섹션9의 책임자인 아라마키에게 밝혀진 모든 사실을 알리면서 쿠제가 한카 로보틱스를 공격한 이유는 그가 자신처럼 기계화 실험의 대상이었기 때문이라고 설명한다. 아라마키와 소령의 대화를 도청한 커터는 사설 요원을 보내 섹션9 팀원들을 공격한다.

기억을 따라 모토코가 마지막으로 목격된 무법지대 은신처로 간 소령은 환영 속에 나타났던 불탄 신사(神社)를 보고 과거에 자신에게 있었던 모든 일을 기억해내는 데 성공한다. 모토코(소령)와 히데오(쿠제)는 과거 연인 사이였으며 한카 로보틱스 팀의 공격을 받고 커터와 부하들이 자신들을 납치해 실험을 자행했다는 사실을 알게 된다. 소령이 불탄 신사의 안쪽에서 쿠제와 재회한 순간, 커터의 스파이더 탱크가 그들을 공격하고 쿠제와 소령은 심한 부상을 입는다. 소령은 결국 스파이더 탱크를 파괴하는 데 성공하지만 이미 쿠제는 치명상을 입은 상태다. 쿠제는 쓰러져 있는 소령에게 다가가 고스트의 결합을 제안하지만 소령은 이를 거절한다. 그 순간 커터의 스나이퍼 비행기가 날아와 쿠제의 머리를 관통하고 섹션9 팀도 도착해 미라 킬리언을 구출한다.

커터를 찾아간 아라마키는 총격전 끝에 커터를 죽인다. 소령은 과거 자신의 무덤을 찾아가고 자신의 어머니(중년 여인)를 만나 더 이상 무덤에 오지 않아도 된다고 말한다. 섹션9팀으로 돌아간 소령이 고층 건물에서 자유낙하하면서 영화는 끝난다.

## 2) 나란 무엇인가?

원작자 시로 마사무네는 아서 쾨슬러의 철학적 저서 『기계의 고스트 (The Ghost in the Machine)』에서 영어 제목을 가져왔다. 영어 제목 'Ghost in the Shell'에서 고스트(Ghost)는 독일어 Geist와 어원이 같고 '숨'이라는 뜻인데 여기서는 이른바 전뇌화(디지털화)가 불가능한 '마

음' 혹은 정신을 가리킨다. 쉘(Shell)은 기계나 껍질의 뜻으로, 미국 '메가
테크' 사가 만든 섹션9과 특수대원들의 의체, 몸을 가리킨다. 인간지능
과 인공지능 의체는 기계 부품처럼 언제든지 교환 가능한 인공적인 것이
다. 만화 원작에서 출발해 애니메이션 〈공각기동대〉(1995)와 오시이 마
모루 감독의 속편 〈이노센스〉(2004)과 노무라 카즈야 감독의 〈공각기동
대 신극장판〉(2015)을 거쳐 2017년 실사판 영화 〈공각기동대: Ghost in
the Shell〉에 이르기까지 일련의 시리즈로 이어지며, 그 세계관에는 다
소간의 차이가 있지만 기본 설정은 시로 마사무네의 만화 원작을 컨셉
을 크게 벗어나지 않는다. 기본 설정은 '소령(Major)'이라 불리는 여성 사
이보그 미라 킬리언/쿠사나기 모토코의 화려한 액션을 중심으로, 정신
(ghost)과 그 정신을 둘러싼 몸(shell)에 대해 질문을 던지는 '사이버펑크
누아르(cyberpunk-noir)'물이다.

2017년 드림웍스의 실사 영화 〈공각기동대〉에서는 할리우드 여배우
스칼렛 요한슨이 쿠사나기 모토코, 소령 역을 맡았다. 중반부부터는 원
작과 내용이 다르게 전개되지만 뇌를 가진 로봇의 고뇌와 정체성 고민,
자아를 찾기 위한 도전은 같은 맥락을 이룬다.


장르에 관계없이 〈공각기동대〉의 주제는 '나란 무엇인가?'다. 분명히
현실을 느끼고 있지만, 현실을 느끼는 '나' 자체가 가짜라면 현실마저도
가짜일 수 있다. 사이보그 인공신체가 상용화되는 미래 사회를 빌려서
작가는 본질적이면서 철학적인 질문을 던진다.

〈공각기동대〉는 표면적으로는 '가상세계가 되면 인간의 존재는 어떻게

되는가?'라는 질문을 던지고 있는 것처럼 보이지만 내부적으로는 '인간이란 무엇인가?'라는 철학의 근원적 질문을 제기하고 있다. 부제목인 '고스트 인 더 쉘'이 그 의미를 확실하게 하고 있다. 껍질에 싸인, 즉 기계문명에 싸인 영혼의 본질은 무엇인가라는 질문이다. 이로 인해 영화 〈공각기동대〉의 줄거리와 철학은 헐리우드의 많은 SF 공상과학영화들에게 지대한 영향을 미쳤다. 워쇼스키 감독의 명작 〈매트릭스〉도 영향을 받아 '가상세계와 실존에 대한 질문'을 던진다. 실사 영화는 애니메이션이 제기한 포스트휴머니즘 문제에 대한 또 다른 탐색의 가능성을 제시하였다. 재난이나 손상으로 인한 파괴라는 불가피한 상황에서 인류의 신체 및 정신을 보완하는 형태의 사이보그 유형이 아니라 인류의 물리적 능력을 강화하기 위한 적극적인 신체의 기계화, 디지털화로의 방향성을 제시해준다.

### 3) 나는 나의 존재를 믿을 수 있는가?

9팀에 붙잡혀온 인형사를 본 후 소령의 존재론적 불안은 더욱 커진다. '진짜 나'란 처음부터 존재하지 않고 자신이 '사이보그 몸과 컴퓨터 뇌로 된 복제인간(replicant)'에 불과하지 않은지를 걱정하는 소령에게 바토는, "너는 티타늄 두개골 안에 진짜 뇌 성분을 갖고 있잖아. 그래서 진짜 사람(real person) 취급받잖아, 안 그래?"라며 '진짜 사람' 강조를 통해 소령을 위로하려 한다. 그러나 소령이 잃을까 걱정하는 '진짜 나'는 인간 취급 받는 것과 별 상관이 없는, 이미 '오염된' 고스트에 대한 자각과 더 깊은 관련이 있어 보인다. 이어 소령은 자신은 '환경(environment)'의

지시에 따라 존재하는 것 같다고 말하고, 이에 대해 바토는 "네 고스트를 믿지 않는단 말이야?"라며 여전히 고스트의 절대성을 강조한다. 소령은, "만약 컴퓨터 뇌가 고스트를 만들어내서 영혼을 머물게 할 수 있다면? 그때는 무슨 근거로 내가 스스로의 존재를 믿지?"라고 되묻는다. 〈공각기동대〉의 가장 핵심적 질문 중 하나인 이 대사는, 얼핏 보기에 인공지능 기술이 영혼을 대체할 정도로 범람해 인간의 고유성이 완전히 상실된 시대에 대한 우울한 전망처럼 읽힌다.

　그러나 울프의 "조직과 환경 사이의 관계"론에 따르면, (생명)조직과 환경은 분리된 것처럼 보일 뿐 존재론적으로 구별될 수 없는 관계이며, "현실은 현실을 지각할 때 지각하지 못하는 사각지대와 외곽지대를 포함하는 것"으로 정의된다. 울프의 역설적 원리를 생명조직에 적용해보면, 생명체는 생명체가 그 고유생명체로 지각하지 못하는 사각지대와 외곽지대 환경으로 말미암아 그 생명체가 된다고 볼 수 있다. 울프의 논리에 비춰보면 고스트와 고스트를 둘러싼 사이버환경은 애당초 분리되었거나 적대적인 것이 아니다. 고스트는 스스로의 고유성 밖에 놓여 있다고 여긴 사이버환경과의 '전염' 관계를 통해서만 고유성을 갖게 되는 역설적 조직체인 것이다. 그렇다면 소령의 위의 대사는 사라져가는 고스트에 대한 휴머니즘적 향수도 아니고, 완벽한 컴퓨터뇌가 오류 많은 고스트를 대체해버릴 것에 대한 희망찬 전율도 아니다. 위 대사는 컴퓨터와 고스트의 경계가 이미 흐려진 21세기, '스스로의 존재를 믿는' 행위가 주변의 타자성을 믿는 행위와 동일한 것임을 예견하는 포스트휴먼 시대의 첫 윤리적 질문이다.

## 4) 무엇이 인간의 정체성을 정의하는가?

### ① 행동이 정체성을 결정한다

소령의 이름은 여러 개다. 사이보그가 되기 이전에는 쿠사나기 모토코, 사이보그가 된 후에는 미라 킬리언, 섹션9 팀과 한카 로보틱스에서는 소령(메이저)으로 불린다. 쿠사나기 모토코는 사이보그가 되기 전의 정체성을 대변하며, 사이보그가 된 뒤에는 미라 킬리언, 또는 그녀의 직급인 '소령(Major)'으로 불린다. 이름이 여러 개인 것은 정체성 또한 여러 개임을 의미한다.

실사판 영화의 말미에서 소령은 본인 고스트의 본래 주인이었던 '쿠사나기 모토코'의 묘지에 들른다. 삶의 의미와 정체성을 찾고, 보다 주체적인 삶을 지향하겠다는 의미를 내포하고 있다.

그래서 할리우드판 〈공각기공대〉에서는 할리우드식으로 변형되어 반복적으로 등장하는 스크립트가 "나의 존재는 기억이 정의하는 게 아니고 행동이 정의한다"는 것이다. 그 행동은 존재의 새로운 기억을 만들고 그 기억으로 새로운 정체성이 만들어지게 된다. 할리우드판 〈공각기공대〉에는 이러한 정체성의 출현을 전제하고 있다.

### ② 껍질 (Shell): 몸, 의체(cyber body)

만화 원작에서 쿠사나기 소령은 "난 온 몸이 기계야. 뇌조차 기계인지 알 수 없지. 난 인간일까?"라고 말하며 끊임없이 고뇌하는 모습을 보인다. 그도 그럴 것이 이 세계관 속에서 사이보그들은 기계 몸체와 인간의 뇌를 연결시키기 위해 '전뇌화' 처리를 거쳐 완성된다. 뇌를 튼튼하게 밀봉하고, 그 뇌에다 나노컴퓨터 소자를 투입해 전자 신호를 받아들일 수 있도록 만든다. 이렇게 만든 두뇌를 '전뇌'라고 부르며, 이것을 의체(義體)라는 기계 몸과 연결해야만 전신을 뇌의 의지대로 통제할 수 있다. 사실상 전뇌란 것이 뇌와 나노컴퓨터를 섞어 만든 시스템이다 보니 어디까지가 인간이고, 어디까지가 기계인지 구분이 모호한 존재가 된다. 로보캅의 그것과는 비교할 수 없을 정도로 기계에 가깝다.

소령은 대뇌를 제외한 전신을 완전히 의체화하고 자신의 대뇌를 전자 두뇌와 융합함으로써 의식형 의체 결합 사이보그로 진화하였다. 쿠사나기의 전신 의체는 외형상으로는 일반적인 성인 여성으로 보이지만, 고층 빌딩에서 장비 없이 낙하를 하거나 낮은 곳에서 높은 곳으로 비상하고 장갑차와 같은 거대 장비를 맨손으로 파괴할 수 있을 정도의 초월적 신체 능력을 지녔다. 홀로그램과 유사한 '광학위장술'을 이용해 몸을 숨길 수 있고 부상을 입어도 고통을 전혀 느끼지 않는다. 또한 이른바 '딥 다이브(deep dive)'가 가능한 일류 해커로서 자신의 의지에 따라 방어벽을 뚫고 침입한 해커들의 뇌세포를 전소시킬 수도 있다.

생물학적 성이나 성행위와 관련 없는 기계임에도 불구하고 소령의 벗은 몸은 성적 흥분을 일으킨다. 광학위장술이 끝난 후 바토가 얼른 외투를 벗어 소령의 몸에 걸쳐주는 장면에서는 분명 사이보그인데도 불구하고 뭔가 애틋한 수치심을 느끼게 한다. 이와 비슷하게, 영화의 후반부에 몸통만 남은 너덜너덜한 소령의 몸은 연민을 일으키지만 한편으로는 어차피 진짜 살이 아니니까 괜찮다는 안도감, 혹은 냉정한 거리감을 갖게 만든다.

  한편 배 위의 대화에서 바토는 그들이 공안9과에 영혼을 판 것은 아니라며, 원한다면 공각기동대를 그만둘 권리가 있다고 말한다. 그러나 애초에 암살자로 제작된 소령이 암살자란 사회정체성을 버리는 것은 '나'이기를 멈추는 것이다. 고스트만 쿠사나기 모코토의 것일 뿐, 그 외의 모든 부분이 공각기동대원의 임무에 최적화된 첨단기계인 소령이 공안9과를 나가는 것은 곧 '소령'이기를 포기하는 것이다. 그러나 그녀의 의체는 최고급 제품으로서 정부의 철저한 관리 하에 있으며, 퇴직하는 경우 의체 전체와 기억의 일부를 반납해야 한다.

  〈공각기동대〉는 수없이 많은 후속작이 등장했다. 하지만 영화 〈공각기동대〉의 모티브가 된 '진짜' 원작은 1995년 '고스트 인 더 쉘'이었는데, 이 작품의 마지막 장면에서 쿠사나기 소령은 매우 상쾌한 표정으로 거리로 나선다. 만화 원작과 1995년 애니메이션에선 전뇌를 해킹해 타인이나 사이보그를 마음대로 움직이는 '인형사'라는 이름의 악역이 등장하고, 이 악역은 실체가 없는 컴퓨터 프로그램으로 이뤄진 인공지능이라고 설정돼 있다. 쿠사나기 소령이 컴퓨터 소스코드로 만들어진 인공적인 자아. '인형사'와 결합한 이후, 더 이상 의체에 의존하지 않고, 자유롭게 네트워크를 유동하며 네트워크가 연결되는 한 어떠한 의체로의 자유로운 로딩, 이전이 가능한 무소불위의 존재가 된다. 이 작품은 인간과 기계를 구분 짓는 기준은 무엇인지 심도 깊게 질문해 많은 화제를 낳았다.

### ③ 고스트(Ghost): 영혼/생각/마음

〈공각기동대〉의 영어 제목 'Ghost in the shell'을 직역하면 '껍질 안의 영혼'으로, 껍질은 인간의 신체를 은유적으로 표현한 것이다. 제목에서도 유추 가능하듯, 인간의 고유한 생물학적 신체는 더 이상 중요하지 않다는 은유를 내포한다. 감독은 인간의 신체를 기계로 대체한 사이보그가 비록 인간의 형태를 띤 신체를 가지고 있지만, 그 껍질 안의 영혼은 자유롭게 이동할 수 있다는 것을 보여주고자 하였다. 영화 〈공각기동대〉에서 '인간을 인간이게 하는 조건'은 다름 아닌 '고스트(Ghost)'이다. 경험을 통해서든 네트워크 접속을 통하든 확보한 정보를 근거로 해서 '스스로 생각하고 판단'하는 고스트가 있으면, 고스트는 '인간의 정신, 혹은 마음'과 '인공지능의 마음'을 모두 지칭하기 위해 사용된 중립적 용어이다. '코드명 2501'의 인공지능 인형사가 스스로를 생명체라고 주장하고, 사이보그인 미라 킬리언 소령이 정체성에 대해 의문을 갖는 것은 바로 이들의 고스트 때문이다.

쿠사나기 : 얼굴과 골격뿐 아니라 나처럼 완전히 의체화된 사이보그라
　　　　　면 누구나 생각해. 어쩌면 난 옛날에 이미 죽었고, 지금의
　　　　　난 전뇌와 의체로 구성된 모의인격이 아닐까? 아니, 처음부
　　　　　터 나란 건 존재하지 않았던 게 아닐까?
바　　토 : 네 티타늄 두개골 안에는 인간의 뇌가 남아 있고, 어엿한
　　　　　인간으로 취급 받잖아.
쿠사나기 : 자신의 뇌를 본 인간은 없어. 결국 주변 상황을 통해 나라

는 게 있다고 판단하는 것 뿐.

**바　토** : 자신의 고스트를 믿지 못하는 거야?

**쿠사나기** : 만일 전뇌 자체가 고스트를 낳고 혼을 깃들이는 거라면, 그
　　　　　 때 뭘 근거로 나임을 믿어야 할까?


위의 대사에서도 알 수 있듯, 쿠사나기는 물에서 사이보그로 탄생하던 그 순간부터 인형사와 융합하는 순간까지, 자신의 정체성에 관한 고민을 이어간다. 엔딩 장면에서 인형사와 융합하기로 결정한 이유도, 그러한 자아정체성의 혼돈으로부터 새로운 존재로서의 정체성을 찾기 위함이다.

인간 존재를 규정하는 가장 근본적인 정체성인 생물학적 정체성에 대한 고민은 결국 새로운 세계인 네트워크에서 살아가는 또 다른 포스트휴먼의 정체성을 선택하게 한다. 감독은 쿠사나기의 이러한 정체성의 혼돈을 재현하기 위하여, 도입부에서 사이보그 바디를 만들 때 태아의 탄생과 유사한 장면을 연출한다.


애니메이션 영화는 쿠사나기가 깊은 물속에서 태어나는 장면에서 시작한다. 물은 어머니의 자궁 속 양수를 상징하는 시각 이미지다. 이는 사이보그에게 인간의 생명을 부여하고 회귀본능을 일깨우는 감독의 의도적 장치라 할 수 있다. 또한 쿠사나기의 취미는 다름 아닌 '잠수'다. 쿠사나기는 정체성의 혼란을 느낄 때 그리고 비번일 때면 바다 깊이 잠수해서 몸의 소리에 귀를 기울이고 사이보그가 되기 이전의 몸에 대한 기억

을 더듬는다.

> 바　　토 : 바다가 무섭지 않아? 바다에 잠수한다는 건 어떤 느낌이
> 　　　　　야?
> 쿠사나기 : 두려움, 불안, 고독, 어둠, 그리고 어쩌면 희망. 수면으로
> 　　　　　떠오를 때, 지금까지와는 다른 내가 돼 있지 않을까 하는
> 　　　　　느낌이 들 때가 있어.

　존재의 의미에 대해 항상 문제를 제기하는 사이보그 쿠사나기는 잠수를 비롯한 자신을 찾아가는 행동으로 '스스로 무엇인가 의미 있는 것을 지향하는 몸 움직임'을 지속적으로 추구한다. 사이보그 쿠사나기의 의체는 외부 자극을 인과적으로 수용하고 반응하는 메커니즘이 아니라, 살아 움직이면서 사태를 형태화하고 조직화하는 지향성 활동을 한다.

　〈공각기동대〉는 사이보그라는 존재를 통해 '나는 인간인가 로봇인가' 등의 자아 정체성에 관한 고민을 드러냄으로써, 여전히 휴먼인 관객으로 하여금 휴먼과 포스트휴먼의 정의를 함께 성찰하게 한다. 이 영화 속에서 쿠사나기는 다른 전신 의체화 사이보그(쿠제)와의 결합을 거부함으로써 자신의 개체적 정체성을 유지하고자 한다.

## 5) 나를 나이게 만드는 것, 인간을 인간이게 만드는 것

　그렇다면 '인간을 인간이게 하는 것은 무엇인가?'에 대한 의문이 생긴

다. 이 영화의 주요 갈등 요인 중의 하나는 인간에 대한 의심 즉, 쿠사나기의 인간 정체성에 대한 의심과 회의이다. 다음의 본론에서는 근대 휴머니즘의 한계 너머 포스트휴먼의 존재 조건에 대한 논의를 구체적으로 이어나간다.

트랜스휴먼 혹은 포스트휴먼을 다룬 기존 영화들은 주로 인체와 기계의 결합인 사이보그의 신체에 주목해 왔다. 그러나 〈공각기동대〉는 전뇌(電腦)의 공간을 네트워크로 확장한 안드로이드로서의 포스트휴먼을 예견했다는 점이 흥미롭다. 전자두뇌의 임플란트(implant)를 선보인 이 영화는 자연스럽게 우리가 알고 있는 인간 종의 기준, 인간성(휴머니티), 인간 범주 등에 관한 전면적 개편을 요청한다.

생각을 바탕으로 이어지는 작용은 '문제 제기'이다. 인간을 인간이게 하는 것은 완벽한 문제 풀이가 아니라 문제 제기에 있다. 인간에게 있어 진정한 자유는 문제를 결정하고 구성하는 능력에서 보장된다. 문제는 없던 것이 있게 되는 것이다. 쿠사나기는 바다에 잠수하여 존재에 대한 성찰의 시간을 갖고, 스스로에게 질문을 던진다.


**쿠사나기** : 인간이 인간이기 위한 부품이 결코 적지 않듯이, 내가 나이기 위해선 놀랄 만큼 많은 게 필요해. 내 전뇌가 액세스 가능한 방대한 정보와 광활한 네트워크. 그 모든 게 나의 일부로서 나라는 의식을 형성시키고, 그와 동시에 나를 어떤 한계 안에 제약해 버려.

**바    토** : 가라앉는 몸뚱이로 바다에 잠수하는 이유가 그거야?

인간을 인간이게 만드는 타자로서의 비인간에 대한 소령의 통찰은 기존의 인간중심적인 분류를 끊임없이 해체하고 인간과 비인간의 위계 또한 지속적으로 뒤흔든다. 취미로 하는 스쿠버다이빙을 마치고 배 위에서 바토와 대화를 나누며, 소령은 '개인(individual)'을 구성하는 것은 '얼굴', '목소리', '손', '어린 시절의 추억, 미래에 대한 느낌', 그리고 자신의 '사이버 뇌가 접근 가능한 광범위한 데이터망'이라고 말한다. 그러나 소령이 자신과 똑같이 생긴 여자를 발견하는 장면이나 데이터망이 전혀 사적 영역이 아니라는 사실을 통해 알 수 있듯, 위와 같은 요소들은 모두 고유한 듯 고유하지 않기에 이것들로 이루어진 개인 역시 온전히 개인적일 수만은 없다.

즉 개인은 어떤 면에서 어느 정도까지는 고유할 수도 있겠으나 결코 유일무이한 것이 아닌, 육체와 감정과 데이터망의 지속적 확장을 통해 타자성을 공유하는 복잡다단한 집합체인 것이다. 그러나 모든 개인이 '비개인적'이라고 해서 내면성이나 존엄성을 완전히 박탈당한 노출 상태에 있는 것도 아니다.

이러한 정체성에 대한 문제는 발견한 것이 아니라 쿠사나기 스스로 만들어낸 발명이다. 문제를 구성하는 능력은 생명의 고유의 능력이다. 질문을 하고, 문제를 제기하는 쿠사나기는 생명체로서의 자유를 실현하고 있다. 쿠사나기에게 있어 바다 깊숙이 들어가서 존재를 느끼는 행위는 '자유'를 표상한다.

쿠사나기의 다이브(dive, 잠수, 접속)는 두 가지 차원에서 실시된다. 첫 번째는 바다 깊이 잠수하여 몸의 지향성을 느끼는 행위이고, 두 번째 잠수는 타인과의 접속 혹은 융합이다. 애니메이션에서 쿠사나기가 전뇌(cyber brain, 사이버브레인) 연결을 통해 타인의 고스트를 들여다보는 다이브를 통해 인형사와 융합하려고 할 때, 동료 바토(Batou)는 쿠사나기가 위험해질 수 있다며 다이브를 반대한다. 쿠사나기는 자신의 존재가 위협을 받고 최악의 경우 자신의 존재가 사라질 수도 있는 위협을 감수하며 '자기결정권'이라는 자유를 행사한다. 자유와 자기결정권은 인간진화의 요건이라고 할 수 있다.

진화란 생명이 문제를 창조하고 해결해온 과정이다. 문제를 해결하기 위해 인간은 목적에 맞게 알고리즘(프로그램)을 만든다. 알고리즘은 인간의 합목적성에 맞게 만들어진 것이다. 즉 인간지능이 문제를 제기하고, 인공지능은 문제를 해결한다. 인공지능이 진정으로 자기결정권과 자유권을 지니는 존재로 진화하기 위해서는 이러한 문제 제기의 문제가 해결되어야 한다. 진화는 문제의 발생과 문제의 포착 그리고 문제의 해결 과정이기 때문이다. 현재 기술로는 인공지능이 문제를 제기하고 인공지능 주도로 발전과 진화가 이루어지는 것은 불가능한 것으로 여겨지지만, 〈공각기동대〉는 현실의 기대 너머 가능성을 표상한다.


## 6) 휴먼과 포스트휴먼 사이

테크노퓨처리즘에서 포스트휴먼은 미래 주인공으로 떠오르고 있는 존재이다. 〈공각기동대〉의 등장인물들은 포스트휴먼이 생명체로서 존재하기 위해 과연 어떠한 조건을 갖추어야 하고, 어떠한 이유로 존재론적 고민을 하고, 어떠한 방식으로 재생산을 하고, 스스로를 증명하는지 일련의 과정과 절차를 잘 보여준다.

쿠사나기는 이식 과정을 통해 의체(사이버-바디, 몸)와 전뇌(인공지능)가 합쳐져 만들어진 생명체이다. 지능

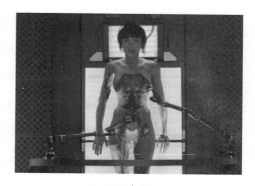

미라 캘리언/쿠사나기 소령

적 컴퓨터(전뇌, 인공지능)가 인간적인 것의 일부와 의체를 컴퓨터의 일부로 흡수하여 쿠사나기라는 생명체를 완성시킨다. 쿠사나기의 전뇌에는 훼손되거나 복제되지 않은 인간의 뇌(인간지능)가 조금 남아 있다. 쿠사나기는 스스로 훼손되지 않은 고스트로 인해 몸의 지향성을 갖고, 자의식을 갖고, 자기결정권이라는 자유를 발휘하는 건 아닐까라는 의심을 한다.

쿠사나기는 늘 스스로를 회의하고 반성하는 태도를 취한다. 쿠사나기는 인지적 차원에서뿐만 아니라 몸의 차원에서도 고스트를 느끼고, 존재를 느끼고, 존재를 의문시한다. 쿠사나기는 비록 의체를 갖고 있지만 처음부터 끝까지 '탈존'으로서 존재론적 사고를 놓친 적이 없다. 그렇다면 쿠사나기는 그저 인공지능일 뿐인가 아니면 생명체로서의 포스트휴먼인가에 대한 논의가 필연적으로 뒤따른다. 그리고 포스트휴먼의 특이성은 어떤 것인가에 대한 논의 또한 필연적이다.

2017년의 실사 영화는 이처럼 인간과 기계의 결합이 현실화되고 있는

시점에서 트랜스휴먼의 문제를 다시 조명한다. 미라 킬리언은 전뇌화된 인간의 대뇌를 장착한 전신 의체로서 '자유의지와 행동'에 의해서만 그 자신의 인간성을 증명할 수 있는 존재이다. 1995년의 장편 애니메이션에서 소령이 결국 자신의 의체를 버리고 유형과 무형, 인간과 기계의 경계 너머의 네트워크 속을 유동하는 데이터 허브로서의 새로운 정체성을 받아들인 것과 대조적으로 실사 영화 속의 미라 킬리언은 인간의 정신과 기계화된 육체를 가진 자신의 '인간성'을 보존하고자 한다. 이는 1990년대의 일본 애니메이션이 추구하던 사이버 펑크의 극단적인 경향성과는 변별된다. 쿠사나기가 인간이라는 기존의 정체성과 인간과 전혀 다른 주체로서의 포스트휴먼의 정체성 사이에서 갈등하다가 광대한 네트라는 미래의 세계로 한 걸음 더 나아갔던 것에 비하면, 미라 킬리언은 여전히 인간적인 숙고와 그 선택에 따른 행위를 중시하는 아리스토텔레스적 관점에 접속하고 있는 것처럼 보인다. 후자의 선택은 보다 전통적인 인간 윤리에 부합한다.

이렇듯 〈공각기동대〉의 세상은 인간의 고유성이나 우월성 같은 휴머니즘 가치가 끼어들 틈 없는 포스트휴먼 사회이지만, 그렇다고 모든 것이 과학기술에 완벽히 제어되어 인간의 어수선하고 비효율적인 측면이 사라진 무결점 세상도 아니다. 바토는 사이버 뇌를 정기적으로 점검하는 의사들 역시 "사람일 뿐"이라며 사이보그들의 심리적 안정성에 의구심을 품는다. 소령은 왜 자신같이 평범한 경찰을 동료대원으로 택했냐는 토구사(Togusa)의 질문에 "보통 가족"을 가진 평범한 경찰이기 때문이라고 답한다. 필수로 이식된 사이버망 장치만 빼면 "진짜 인간의 뇌"를 가진 토구사에게, 소령은 "지나친 전문화는 죽음을 낳는다"며 너같이 기능은 떨어지지만 예측불가능한 대원도 팀에 있어야 한다고 말한다. 할리우드 SF물과 뚜렷이 구별되는 〈공각기동대〉만의 성취라면, 이러한 '인간적' 면모가 사이보그 세상에도 여전히 건재함을 보여주되 그러한 면모들을 휴머니즘 차원에서 미화하지 않는다는 점이다.

〈공각기동대〉에서 고스트는 고유한 개인을 규정하는 핵심적인 그 무엇으로 묘사되지만 결코 사이버 뇌나 사이보그 몸보다 우위에 있는 것으로 그려지지는 않는다. 이러한 인간과 비인간의 상호침투에 대한 〈공각기동대〉의 담담한 태도는, 〈매트릭스〉에서 기계문명을 함락시키고 핍박받는 인류를 구원하는 것이 '인간만의' 믿음과 사랑이란 설정과 좋은 대비를 이룬다.

## 16. 타케시 코바치 〈얼터드 카본〉(2018~2020)

### 1) 구름 위의 므두셀라족과 지상의 그라운더족

인간의 의식을 디지털로 변환해
다운로드하거나 전송할 수 있다면?
이에 따라 육체는 한 번 쓰고 벗어
버리면 그만인 존재가 된다면? 이
몸에서 저 몸으로 옮겨다니며 영
원불멸의 삶을 살 수 있는 길이 열
린다면? 이 모든 것들이 가능한 미
래가 여기에 있다. 2018년 개봉된
넷플릭스의 신작 오리지널 드라마
〈얼터드 카본〉은 인간의 의식을 디
지털화해 휴대용 펜던트에 저장하
고 육체를 교환하는 것이 가능한

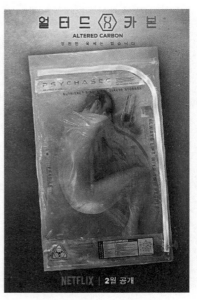

드라마 〈얼터드 카본〉 포스터

24세기의 미래를 배경으로 하는 SF 드라마다.

지금으로부터 300년 후, 〈얼터드 카본〉이 선보이는 24세기는 인간의
유한성을 극복했으나 누구도 영원한 삶에 대한 도덕적 책임을 지지 않는
세계다.

직역하면 '대체 가능한 신체'라는 의미의 '얼터드 카본'은 '슬리브'라 불
리는 육체에 기억을 저장하는 '코티컬 스택'을 삽입해 탄생한 새로운 인

간을 의미한다. 드라마에서 '저장소'라 번역된 코티컬 스택(Cortical Stack)은 디지털화된 인간의 의식과 기억이 저장된 메모리칩으로, 생후 1년을 맞은 모든 인간의 경추 부위에 삽입된다. 이것만 있다면 인간은 돈을 주고 구입한 육신을 갈아타며 영생할 수 있다. 저장소는 모든 기억과 의식을 보관하고 있어서 육체가 아무리 훼손되어도 저장소만 멀쩡하면 새로운 육체로 이식이 가능하고 가상현실로도 투입될 수 있다. 사망한 가족의 몸에서 저장소를 분리해 팬던트처럼 목에 걸고 다니다가 돈을 모아 구입한 다른 사람의 육체에 재투입해 부활시키기도 한다. 이처럼 사람의 몸은 저장소를 담는 그릇 역할을 하기 때문에 육체(Body) 대신 슬리브(Sleeve)라는 용어를 쓴다.

작 중에서는 육체를 죽이는 '살인'(Sleeve Death)과 저장소를 파괴시키는 '완전 사망'(Real Death)은 별도의 범죄로 구분한다. 완전 사망의 경우 당연히 부활이 불가능하나 저장소를 백업해두었다면 가능하다. 백업 비용은 서민은 상상도 못할 정도의 고가이며, 당연하지만 백업 시점부터 사망 시점까지의 기억은 소실된다. 원작에서는 인간의 의식과 기억을 디지털화하여 메모리칩에 저장하는 기술은 엘더(Elder)라는 달에서 발견된 미지의 외계 종족이 남긴 고대의 초과학기술을 근간으로 나디아 마키타라는 한 천재 여성이 개발했다고 되어 있다.

DNA가 있으면 육신을 복제하여 의식 없는 슬리브를 만드는 것도 가능하나 매우 고가의 기술이며 정부의 허가가 없으면 불법이다. 빈 슬리브에 의식과 기억 데이터를 복제한 '저장소'를 삽입하면 '더블 슬리브', 즉 자신의 클론을 만드는 것이 가능하지만 무조건 불법이다.

인간의 기억과 의식이 육체에서 육체로 옮겨가는 것이 가능한 24세기의 세계에서 빈부의 격차는 영생과 유한한 삶을 가르는 기준이면서 축적된 부는 영원한 젊음과 아름다움을 보장받는 핵심 요소이기도 하다. 부와 권력을 축적한 부자들은 영생하며 다시 생을 이어갈 방법을 찾는 반면, 가난한 사람들에게 육체는 형편에 따라 맞춰서 살아가야 하는 도구일 뿐이다.

막대한 돈으로 직접 자신의 DNA를 복제해 여러 벌의 클론을 만들어 두고 육체를 바꿔가면서 언제나 같은 모습으로 영원한 삶을 누리는 최상층, 므두셀라족은 영원한 삶과 부, 모두를 손에 쥐고 하늘 위 자신들만의 대저택에서 살아간다. 성경에 나오는 가장 오래 산 인물인 므두셀라에서 유래한 므두셀라족은 사실상 귀족 계급이지만 표면적으로는 하층민과 동일한 법질서가 적용되므로 법을 대놓고 무시하진 못한다. 드라마에서는 므두셀라를 줄인 말인 메트(Meth)족으로 불리는데 주로 밝게 빛나는 하얀색의 옷을 입는다.

반면 스모그가 가득한 땅 위에서 사는 가난한 사람들은 '그라운더(Grounder)'로 불린다. 저장소 이식을 통한 부활은 인간의 (재고)육체와 클론 육체 모두가 매우 고가이기 때문에 부활의 기회는 한두 번 정도 밖에 주어지지 않는다. 그라운더들은 주로 칙칙하거나 검고 어두운 옷을 입는데 사고로 죽거나 살해당한 후, 저장소가 파괴되지 않았다면 가족이나 지인들이 '저장소'를 보관했다가 돈을 주고 새 육체를 구입해 부활시킬 수는 있다. 운이 좋으면 무료 육체를 받기도 하는데 여자아이가 남자 할아버지의 몸을 받게 되는 등 원래의 육체와 큰 괴리가 있다 해도 어쩔 수 없이 살게 되는 일이 대부분이다.

므두셀라족들은 매력적인 신체를 소유할 수 있으나 그라운더들에게는 부랑자, 창녀, 마약중독자와 같은 객사한 사람들의 몸이 주어진다. 이 때문에 죽은 줄 알았던 아내, 딸의 엄마가 남자가 되어 집으로 돌아오거나 돌아가신 할머니가 피어싱을 한 우락부락한 남자가 되어 가족을 놀라게 하는 등의 웃지 못할 상황이 빈번하게 일어난다.

'얼터드 카본'의 세계에서 육체의 의미는 21세기 초인 지금의 '육체'와 완전히 다른 의미다. '건강한 육체에 건전한 정신이 깃든다'는 말은 24세기에서는 건전한 정신을 위해 건강한 육체를 구입할 수 있다는 의미가 된다. 삶을 건강하게 지속하는 권리조차 빈부 격차로 갈리게 되는 극단의 세계가 펼쳐지는 것이다.

한때 이에 저항하여 무장 반란을 시도한 세력도 있었다. 인류가 영원히 살게 되면 빈부 격차가 심화돼 인류는 영생하는 귀족 계층과 생로병사의 고통을 겪는 평민 계층으로 양분되고 인간성과 도덕성이 뿌리째 흔들릴 것을 내다보고 저장소 시스템을 해킹함으로써 인간을 인간답게 만드는 죽음을 돌려주겠다는 '엔보이(Envoy)'족이 그들이다. 의식저장소 기술이 보편화되면 계급주의와 권력이 압제를 공고화할 것을 우려한 엔보이 지도자 퀠크리스트 팔코너는 자연의 순리를 좇아 영생을 거부하고 진정한 죽음을 선택하라는 자신의 사상을 따르는 사람들을 훈련시켜 영생과 권력을 탐하는 메트족과 일전을 펼쳤다. 하지만 엔보이족은 모두 토벌되어 지금은 박물관에서야 그 존재를 확인할 수 있는 존재로 남았다. 메트족과 엔보이족의 대결은 죽음과 삶에 대한 인식의 체계를 지배하기 위한 전쟁이었고, 승리한 메트족은 그들이 원하는 방식대로 삶과 죽음에 대한 의미를 다시 써 내려갔다.

인류의 영생에 반대하는 또 다른 집단으로는 네오 가톨릭이 있다. 네오 가톨릭 신자들은 "죽은 자에게도 영혼이 있다"며 이승으로 돌아오지 않을 권리를 주장한다. '저장소'를 이용한 부활을 반대하고 단 한 번의 삶만을 강조하기에 '저장소를 이용한 육체 부활 센터' 앞에는 늘 네오 가톨릭 신자들이 반대 집회를 벌인다. 네오 카톨릭 신자들은 '코딩'이라고 불리는 작업을 통해 저장소에 태그를 붙이게 되는데 해당 코딩 작업을 마친 저장소를 다른 육체로 이식시키는 부활은 불법이다. 하지만 급작스런 사망으로 인한 경우에 한해 법정 증언과 가족들과의 작별 인사를 위한 정도의 일시적인 저장소 육체 재투입에 대해서는 허용하기도 한다.

하나의 육체에 연연하지 않는 세계에는 폭력이 난무한다. 가상현실 속에서 고문관들은 그들의 희생양을 수백 번 죽일 수 있다. 어느 가난한 부부는 상대방을 죽이면 더 좋은 몸으로 업그레이드해주겠다는 부자들의 제안에 로마제국의 검투사들처럼 뼈가 으스러지고 살점이 튀는 혈투를 벌인다. 성인클럽에서는 돈 많은 새디스트 고객이 스트립댄서에게 더 최신식 몸으로 바꿔주겠다며 고문과 성적 학대를 서슴지 않는다.

## 2) 마지막 엔보이 타케시 코바치(Takeshi-Kovacs)

거대한 창고에 냉동된 정육처럼 투명 지퍼백에 담겨 질서정연하게 포장되어 있는 인간들. 그중 하나의 백을 열자 양수가 쏟아지며 알몸의 건장한 백인 남자가 깨어난다.
목구멍 깊숙이 삽입돼 있던
탯줄을 스스로 뽑아내고 일
어선 남자는 거울에 비친 자
신의 모습을 보고 놀란다.
일본인이었던 자신의 얼굴

타케시 코바치

은 간 데 없고 낯선 서양 남

자가 있기 때문이다. 이 충격적이면서도 강렬한 오프닝 신은 육체에 대
한 관념이 완전히 바뀌어버린 24세기 지구의 풍경을 압축적으로 보여준
다. 이 남자의 이름은 타케시 코바치(조엘 킨나만), 무기징역에 해당하는
무기한 의식보류형을 받고 250년간 잠들어 있던 중범죄자다.

　코바치를 깨운 이는 억만장자이자 세계 최고의 영향력을 가진 므두셀
라 로렌스 뱅크로프트다. 그가 막대한 비용을 지불하고 코바치를 의식의
감옥에서 가석방시킨 이유는 자살로 종결된 자신의 사망 사건에 의문을
품어서였다. '저장소'에 기억이 저장되는 방식은 뇌처럼 실시간 동기화가
아닌 일정한 주기를 가지고 백업되는 시스템이다. 뱅크로프트는 인공위
성을 이용한 원격 백업 시스템과 클론 육체로 되살아났지만 마지막 백업
부터 살해당하기 직전까지 48시간의 기억은 사라져버린 상태였다. 그는
자신을 살해한 자가 누구인지 궁금해 완전한 사면과 막대한 사례금을 대
가로 코바치에게 자신의 살인범에 대한 수사를 요청한다.

　코바치는 한때 은하계에서 가장 강력한 전투부대인 CTAC(국제연합보
호국이 식민행성의 치안 유지를 위해 창설한 특수부대)의 일원이었다. 그

러나 부와 권력을 독점하고 있을 뿐만 아니라 의식저장소를 이용해 영생까지 추구하는 극소수 권력자(메트족)들과 그들에 의해 지배되는 현실을 타개하자는 엔보이 지도자 '퀠'의 사상에 매료돼 저항 세력 엔보이에 투신하면서 제도권에 반기를 든다. 스트롱홀드 전투의 엔보이대학살 때 홀로 살아남은 코바치는 정체불명의 저장소를 대량으로 훔쳐낸 뒤 자신의 상관이었던 CTAC의 대장 예거에게 붙잡혀 육체는 사살되고 의식 보류 상태에 처해졌다.

엔보이들은 전투 능력뿐 아니라 육감을 발달시키고 신속한 판단과 추리를 할 수 있도록 고난도의 특수한 훈련을 받았는데, 뱅크로프트가 코바치를 부활시킨 것도 자신의 살해 사건의 진상을 밝히는 데에 엔보이의 강인함과 뛰어난 직감이 유효하리라는 조언을 회사 고문으로부터 들었기 때문이었다.

하지만 자신의 고향 개척 행성에서 수십 광년 떨어진 지구에서 새로운 육체를 얻어 의식을 되찾게 된 코바치에게는 '퀠'의 예언대로 유한성을 극복한 인류가 메트족과 그라운더로 나뉘어 살아가는 디스토피아의 세계가 낯설 뿐이었다. 코바치는 메트족과의 전투에서 패하고 사랑하던 여동생과 '퀠'까지 잃어버린 뒤, 250년 후에야 되살아난 자신의 처지에 좌절하여 살인범을 밝혀주면 영원한 자유를 주겠다는 뱅크로프트의 제안을 거절한다.

술과 약물에 빠져 진탕 즐긴 뒤 재수감되어 다시 죽음과 같은 의식 보류 상태에 빠지겠다고 마음먹은 무렵, 코바치는 정체를 알 수 없는 불한

당들의 습격을 받는다. 다행히 묵고 있던 인공지능 호텔의 주인 '포'의 도움으로 습격을 물리친다. 만취한 코바치는 우연히 차이나타운의 뒷골목에서 엔보이의 지도자 퀠크리스트 팰코너의 포스터를 본다. 그녀는 코바치를 훌륭한 엔보이 용사로 만들어준 멘토이자 연인으로, 코바치에게는 삶의 버팀목인 존재다. 코바치가 250년 동안 마음에 품어 왔던 유일한 사람인 퀠의 정신과 가르침은 그에게 살아야 하는 이유를 일깨워주었다. 코바치는 뱅크로프트 사건에 무언가 배후가 있을 것이라 직감하고, 자신의 내면에 남아 있는 '퀠'의 조언에 힘입어 사건을 맡을 것을 결심한다.

탐정이 된 코바치는 뒷골목을 누비며 뱅크로프트 살인 사건의 단서를 찾아나간다. 쉽게 풀릴 거라 예상했던 사건은 수사를 거듭할수록 미궁에 빠져든다. 수사 과정에서 뱅크로프트와 그 가족들의 어두운 정체가 드러나고 정체불명의 암살자들이 계속해서 코바치를 위협한다. 뱅크로프트 살인 사건에는 무한한 수명이 유발한 도덕 윤리의 파괴, 극단적인 빈부격차, 개인의 경제력이 삶의 질은 물론 수명도 좌우하는 미래 사회의 문제가 모두 녹아 있다.

끊임없이 과거의 기억이 환영처럼 밀려오면서 코바치의 혼란은 더욱 커져간다. 삶이 무한대로 연장되고 자신의 육체를 포함해서 주변 환경이 수시로 드라마틱하게 바뀌는 24세기의 세상에서 개인에게 점점 더 중요해지는 건 스스로가 누구인지 잊지 않는 것이다. CTAC 요원에서 엔보이 전사로 그를 다시 태어나게 한 '퀠'과 폭력적인 아버지 밑에서 서로 의지하며 살아왔던 여동생 레일린과의 어린 시절 추억은, 250년 뒤 디스토피아에 덩그러니 홀로 남겨진 고독한 남자에게 끊임없이 삶의 의지를 일깨운다. 밀려오는 경험을 스펀지처럼 빨아들이고 어떤 것도 기대하지 않을 것. 어떤 추정도 하지 말고 어떤 것도 믿지 말 것. 타케시 코바치는 모든 가능성이 열려 있는 불확실한 미래를 향해 뚜벅뚜벅 걸어간다.

〈얼터드 카본〉은 SF의 거장이라 평가받는 리처드 K. 모건의 2002년 소설을 원작으로 하는 작품이다. 다른 SF 소설이 미래를 보통 AI와 인간의 공존 또는 대립으로 그린 것과 달리, 모건의 소설은 인간의 육체 자체가 상품이 된 미래 세계를 펼쳐놓았다. 모건의 소설은 2003년 출간 직후 그해 최고의 SF 소설에 수여되는 필립 K. 딕 상을 수상하며 호평받았다. 출간 16년 만에 2018년 넷플릭스에서 TV 시리즈로 제작됐다. 프로젝트를 진두지휘한 쇼 러너 레이타 칼로그리디스(〈셔터 아일랜드〉 각본, 〈아바타〉 총괄 제작)은 "인공지능이 우리의 삶을 완전히 바꾸어놓을 것이라는 아이디어, 더불어 인간에게도 내부로부터의 변화가 일어난다는 '초인간주의적인' 측면"이었다고 말했다.

## 3) 인간 정신의 업로딩과 확장된 마음

이제 본고에서 포스트휴먼의 조건은 SF 영화들에서 등장하는 인간(유기체)과 기계의 결합 양상, 그리고 인공지능이나 인공생명과 같은 지능형 기계들이 보여주는 다층적 함의 내에서 논의될 것이다. 인간 존재에 인공적인 요소를 더한 결과물로 나타나는 이러한 포스트휴먼들은 생명의 자연적 상태에 균열을 일으키고 생명의 본질에 대한 새로운 사유를 유발한다. 생명은 정신과 신체의 결합으로 구성되고, 적어도 자연 상태로 생명을 유지하는 한 그것이 분리될 수 없음은 자명하다. 그럼에도 우리는 생명의 근원을 사고할 때 정신과 신체를 구분지어 생각하기도 한다.

SF에 등장하는 포스트휴먼의 다양한 판본들은 정신과 신체라는 두 가지 요소에 어떠한 인공성을 부여하느냐에 따라, 그리고 그것이 인간을 근거로 인공적 변형을 가한 것인지 무에서부터 창조된 것인지에 따라 다층적 결합으로 구성된다. 특히 정신에 인공성을 기입하는 일은 가장 어려우면서도 흥미로운 일인데, 아무래도 정신이 존재의 본질이라고 여겨지는데다가 거기에 인공적 변형을 가하기 위해서는 본래 비물질적인 정신을 어떻게든 물질적으로 실체화해야 하기 때문이다.

이러한 가능성을 다루는 데 선결되어야 할 것은 정신과 의식을 담는 물질적인 용기는 뇌인가, 아니면 신체 전체인가와 관련된 질문이다. 이와 관련된 두 가지의 대립적인 논의들이 있다. 한스 모라벡과 레이 커즈와일은 인간의 의식을 컴퓨터에 옮길 수 있다고 주장한다. 이들은 "정신-업로드가 가능해지고, 인간 자아가 현재와 같은 신체로부터 탈피해 일종의 정보로서만 존재하게 되는" 일이 가능하다고 본다. 이러한 생각에는 인간의 정신과 의식의 거처가 뇌라는 생각이 전제되어 있다. 만약 인간의 정신이 뇌 안에 어떠한 신경의 형태로 존재하는 것이라면, 그리고 이러한 뇌의 신경 정보를 전자 정보로 바꿀 수 있다면, 궁극적으로 뇌를 대체하는 장치를 만들어내는 게 가능할 수도 있다.

이와는 반대로 정신의 거처는 인간의 뇌만이 아니라 신체 전체에 있으며, 나아가 신체와 관계 맺는 더 넓은 범주까지 확장될 수 있다는 입장도 있다. 이는 인간 마음을 외부세계로 확장된 그 무언가로 이해하려는 인지심리학의 입장, 이른바 앤디 클락(Andy Clark)의 '확장된 마음'(extended mind) 논제이다. 인간 지능의 독특한 특징은 "비생물학적인 구성물이나 버팀목, 보조물들과 심층적이고 복잡한 관계를 맺을 수 있는" 능력이다. 인간에게는 정보−처리의 병합에 대한 개방성이 있으며, 이는 "실리콘이나 전선으로 살과 혈관을 침투하지 않고서도" 가능하다. 즉 우리의 인지를 돕는 도구들이나 매체들도 확장된 자아에 포함된다. "인간의 자아는 생물학적 두뇌와 비생물학적 회로의 경계를 가로질러서 존재하는 사유/추론/행위의 체계"이며, "생물학적 두뇌 및 육체, 지능적 도구, 기술의 결합물로써만 그 전모가 드러나는 혼종체"의 성격을 띠게 된다. 이런 의미에서 자아는 '부드러운 자아'이며, 자아와 관련된 내러티브를 구성하는 일이 중요해진다. 이렇게 본다면 인간의 의식은 뇌에만 있는 게 아니라 신체 전체에 있고, 나아가 인지를 돕는 도구까지 확장되는 것으로 이해된다.

드라마 〈얼터드 카본〉은 첨단 과학기술이 정신과 신체의 관계를 어떻게 재구성하는지 살펴볼 수 있는 좋은 사례이다. 이 드라마는 모라벡과 커즈와일의 이상이 구현된 미래, 즉 정신−업로딩이 가능해진 미래를 다룬다. 그 핵심 테크놀로지는 인간의 정신을 추출하고 업로딩하여 저장할 수 있는 저장장치인 '스택(stack)'이다. 목걸이로 걸고 다닐 수 있을 만큼 작은 이 저장소는 인간의 목 뒤쪽에 삽입됨으로써 뇌를 대체한다. 특별히 정신을 추출하려는 노력을 할 필요도 없이 인간이 삶을 영위하는 가운데 발생하는 모든 의식과 기억은 하나의 전자 정보가 되어 스택에 자동으로 저장된다. 그리고 스택에 저장된 의식은 다른 신체로 다운로드될 수 있다. 이로써 인간의 정신과 신체는 완전히 분리된다. 신체의 죽음은 온전한 죽음이 아니며, 오로지 스택이 파괴되는 경우에만 죽음을 맞이하는 것이다.

## 4) 인간 정신의 디지털화 가능한가?

〈얼터드 카본〉에서 '스택(저장소)'의 의식은 대개 다른 인간의 신체, 혹은 클론으로 복제된 인공신체에 다운로드된다. 전자의 경우는 주로 저장소 파괴(정신의 말살)라는 사형이 집행된 사형수의 신체를 다른 사람의 정신이 사용하는 경우이며, 후자의 경우는 부유한 계층에서 자신의 젊은 시절의 몸을 클론으로 복제해 둔 후 사용하던 신체가 수명을 다하면 새로운 신체로 옮겨가며 그야말로 영생을 누리는 경우이다.

더 나아가 정보화된 정신은 '스택(저장소)'이라는 물리적 저장장치를 벗어나 원격으로 전송될 수 있다. 이 드라마에 등장하는 부유층들은 자기가 보유한 위성에 스택의 데이터를 정기적으로 백업받는다. 이 때문에 설사 저장소가 파괴된다고 해도 불과 몇 시간의 기억만을 잃을 뿐이다. 이러한 원격 전송은 지구 외의 다른 행성에까지 이를 수 있다. 즉 인간의 정신은 데이터화되어 우주 곳곳을 누빌 수 있다. 더 이상 우주선을 타고 직접 우주를 여행할 필요 없이 원격 전송된 데이터를 다른 몸에 다운받는 것으로 충분하다.

인간은 자신의 본래 신체와 자신이 본래 살던 행성이라는 물리적 굴레와 삶의 유한성이라는 근본적 한계를 넘어선다. 죽음으로부터 자유로워진 풍요롭고 영원한 삶의 가능성, 그야말로 포스트휴먼 유토피아의 기술적 구현이라 할 성취이다. '스택'을 개발한 사람도 그러한 이상을 품고 있었다. 그러나 이상과는 달리 정신 업로딩 기술이 개발된 후 시간이 흐르자 인간 사회는 극단적인 빈부 격차를 맞이하게 된다. '므두셀라'라 불리는 부유층은 영생에 가까운 삶을 누리며 끝없이 부를 축적하여 구름 위에까지 올라오는 거대한 탑(에어리움)을 짓고 산다. 이러한 시스템이 유지되는 한 그들은 영원한 지배자로 남을 수 있다.

〈얼터드 카본〉의 인간들은 '스택(저장소)'이 뇌를 대체하는 순간부터 이미 포스트휴먼이라고 할 수 있다. 하나의 스택이 다른 사람의 신체에 삽입되거나 혹은 클론으로 복제된 신체에 삽입된 경우 자연 상태의 인간과 더욱 멀어졌음은 의심의 여지가 없다. 이 드라마에서는 본래의 스택과 본래의 몸의 결합 상태를 해체하지 않은 채, 신체의 일부만을 기계 장치로 교체하는 이른바 사이보그 형태의 포스트휴먼도 등장한다. 스택에는 한 사람이 살아왔던 모든 기억과 정신의 총체가 저장된다. 그러나 그 의식과 기억이 오로지 뇌를 대체한 스택에만 있는 것일까? 그의 신체와의 관련성을 완전히 끊어놓을 수 있을까? 신체에 남겨지는 기억은 없을까? 이 드라마는 스택이 다른 신체에 삽입된 직후에 겪는 극심한 이물감과 어지럼증을 보여준다.

'에피소드 1' 전반부에 주인공 '코바치'가 새로운 몸에 다운로드된 후 겪는 극심한 혼란 상태가 그 사례이다. 즉 하나의 '스택'이 다른 하나의 신체와 만나서 온전히 체화되기 위해서는 상당 시간이 걸린다. 한편 신체 자체에 각인되어 있는 다른 사람의 기억 혹은 습관의 문제도 있다. 〈얼터드 카본〉에서는 하나의 스택을 두 개로 복제하여 두 개의 신체에 다운로드하는 일이 (법적으로는 금지이지만) 기술적으로 가능하다. 그럴 경우 자신의 존재가 도플갱어처럼 둘로 나뉘는 것이다.

실제로 한 범죄자는 자신의 '스택'을 두 개로 복제하여 두 개의 다른 몸에 삽입한다. 당초에 같은 '스택'에서 출발했음에도 불구하고 둘은 약간의 성격 차이를 보인다. 이러한 현상은 클락의 논의처럼 사람의 인지 과정에는 뇌(여기에서는 스택)만이 아니라 신체 전체가 영향을 미친다는 것을 의미한다. 클락은 다양한 형태의 체현, 접촉, 성 정체성을 탐험하고 풍부한 피드백을 경험함으로써 "다중체현(multiple embodiment)과 사회적인 복합성"을 구상할 수 있을 것이라고 본다. 의식과 신체가 이러한 방식으로 관계를 맺는다고 한다면, 그 관계는 고정되지 않을 것이다. 실제로 〈얼터드 카본〉에서 벌어지는 일이 이러한 다중체현의 과정이라고 할 수 있다. 그렇게 본다면 하나의 포스트휴먼적 존재가 스택을 통해 정신을 보존하고 다양한 신체를 만나면서 영생에 가까운 삶을 누린다고 하더라도, 그들이 영위하는 삶이 연속적이고 단일한 것이라고 말하기는 어려울지도 모른다.

〈얼터드 카본〉은 인간의 정신을 정보화하고 물질화할 수 있음을 보여줌으로써 정신과 신체의 관계를 재고한다. 그렇다고 하더라도 이 드라마에서 포스트휴먼적 존재의 정신의 근간을 이루는 것은 본래 자연적인 인간의 의식이라는 점이다. 그렇기에 〈얼터드 카본〉 세계관 내에서 스택은 곧 인간임을 인정받는 증표이다. 스택이 있는 한 그들에게 영혼이 있는지 없는지 여부는 물음의 대상조차 되지 않는다.

# 참고문헌

## – 논문

「〈공각기동대〉의 현재성과 포스트휴먼 퀴어연구」, 김수연, 비교문화연구 40집, 2015.

「〈블레이드 러너2049〉:인간외연을 확장하는 존재론적 SF」, 박은지, 영상문화 24권, 2018.

「18세기 오토마타의 원리와 한계」, 박평종, 프랑스학연구 93권, 2020.

「2010년대 할리우드 영화 속 인간과 인공지능의 관계적 존재 양상 연구」, 박소연,함충범, 현대영화연구 40권, 2020.

「21세기 SF영화와 포스트휴먼의 조건」, 박영석, 현대영화연구 32권, 2018.

「4차산업혁명시대의 로봇경찰의 역할에 관한 인문학적 고찰」, 신현주, 김문주, 한국범죄정보연구 4권1호, 2021.

「4차산업혁명의 시대,인문학의 미래와 전망」, 양해림, 인문학연구 117호, 2019.

「SF영화 속 인공지능 로봇 캐릭터 및 서사연구」, 유비, 중앙대학교 예술대학원 석사학위논문, 2020.

「SF영화속 AI캐릭터의 이미지와 정체성연구」, 조한기, 인문학연구 36호, 2018.

「SF영화에 나타난 인공지능의 시대별 변화 양상과 특징」, 박경하, 이대화, 문화와 융합 40권6호, 2018.

「SF영화에 재현된 포스트휴먼과 신화적 상상력」, 이명현, 문화와 융합 40권3호, 2018.

「The Ghost in the Shell에 나타난 인간지능과 인공지능」, 홍은숙, 인문연구 85권8호, 2018.

「공상과학영화 〈매트릭스〉의 인문학적인 시사성」, 서요성, 독일어문학 17권2호, 2009.

「공상과학영화속 특수효과의 예술적 창의성 연구」, 이병춘, 영상문화콘텐츠연구 19권, 2020.

「과학기술의 발전과 포스트휴먼」, 신상규, 지식의 지평 15권, 2013.

「기술과학시대의 포스트휴먼 담론들」, 이경란, 기독교사상 712호, 2018.

「기술문화시대 인간의 자기이해」, 김성동, 대동철학 23권, 2003.

「나비의 꿈과 가상현실」, 이인도, 중국학보 84집, 2016.

「로봇윤리와 로봇분류」, 고인석, 철학논총 70집4권, 2012.

「로지브라이도티의 포스트휴먼」, 이경란, 탈경계인문학 12권2호, 2019.

「마르틴 부버의 '나와 너'를 바탕으로 살펴보는 인간과 안드로이드의 관계연구」, 이민, 문학과영상학회, 2020.

「만화 서사의 잠재성: '워치맨'을 중심으로」, 방인식, 문학과영상 15권4호, 2014.

「매트릭스와 공각기동대에 나타난 Sci-Fi영상문화 비교연구」, 김경신, 성균관대학교 비교문화협동과정 석사학위논문, 2009.

「문학과 영화 속 복제인간」, 천현순, 카프카연구 31집, 2014.

「미국SF영화의 신화와 이데올로기」, 손세은, 성균관대학교 언론정보대학원 석사학위논문, 2015.


「미메시스와 재매개에 기반한 오토마톤연구」, 조민경, 건국대대학원 문화콘텐츠학과 석사학위논문, 2020.

「바로크 오토마타, 기계, 그리고 역사」, 이재준, 인문과학연구논총 39권3호, 2018.

「비인간 경제생태계로 이행하는 자본주의 미래사—블레이드러너 세계관에 관하여」, 임태훈, 영상문화콘텐츠연구 18권, 2019.

「사이보그와 몸의 물질성: 가상현실 속 체현의 양가적 개념들」, 이수안, 영미문학페미니즘 23권2호, 2015.

「새로운 인간종의 탄생과 진화론적 상상력」, 오윤호, 대중서사연구 20권3호, 2014.

「슈퍼토이와 A.I.에서 데이빗의 여행」, 양윤정, 미래영어영문학회 학술대회 자료집, 2017.

「안드로이드-리플리컨트 프롤레타리아트의 출현」, 복도훈, 한국예술연구 16권, 2017.

「영화 〈A.I.〉에 나타난 멜랑콜리와 포스트휴먼의 딜레마」, 김성현, 문학과종교 22권4호, 2017.

「영화 매트릭스(Matrix)에서 보이는 보드리야르의 가상세계와 시뮬라시옹」, 이종한, 만화애니메이션연구, 2004.

「영화 속 인공지능의 현상학적 인간성」, 박상현, 커뮤니케이션디자인학연구 55호, 2016.

「영화 '왓치맨(Watchmen)'에 나타난 슈퍼히어로 의상분석」, 김승아, 고현진, 복식 63권 5호, 2013.

「영화 〈아일랜드〉 속에 투영된 복제인간의 정체성과 본인 작품의 관계에 대한 연구」, 소정희, 목원대학교 대학원 미술학과 석사학위논문, 2019.

「영화에 나타난 주체로서의 포스트휴먼 연구」, 정현, 전남대학교 문화전문대학원 석사학위논문, 2018.

「인간의 조건을 위한 영화 블레이드 러너 엔터테인먼트적 기호연구」, 강익모, 송정은, 한국엔터네인먼트산업학회 논문지 11권8호, 2017.

「인공지능과 디지털기술 발달에 따른 트랜스/포스트휴머니즘에 관한 학제적 연구」, 김동윤, 배상준, 방송공학회논문지 24권3호, 2019.

「인공지능과 이어 밀리언 시대의 인간의 조건이란 무엇인가」, 김은혜, 동서비교문학저널 44권, 2018.

「인공지능과 트랜스휴머니즘 논쟁」, 김희선, 문학과영상 17권3호, 2016.

「인문학의 특성과 그 미래」, 신승환, 한국언어문화 64집, 2017.

「중세 이슬람세계에서의 오토마타 기술 계승과 발전」, 김정명, 인문과학연구논총 39권4호, 2018.

「초지능이 실현될 것인가 보스트롬의 정의를 기준으로」, 고인석, 과학철학 22권2호, 2018.

「큐브릭의 〈2001:스페이스 오디세이〉, 니체적 읽기」, 최윤정, 이윤정, 인문연구 85호, 2018.

「테크노바디의 탈신체와와 재신체화에 대한 테크노페미니즘분석」, 이수안, 탈경계인문학 13권2호, 2020.

「트랜스휴머니즘 관점에서 분석한 사이보그캐릭터디자인 연구」, 애홍연, 김홍균, 만화

애니메이션연구, 2019.

「트랜스휴먼, 인간과 기계의 혼성적 실재에 관한 문화학적 고찰」, 김연순, 인문과학연구
    논총 35권, 2013.

「포스트모더니즘 요소를 통한 스팀펑크 애니메이션 분석」, 란진, 동명대학교 대학원 애
    니메이션학과 석사학위논문, 2011.

「포스트모던 세계와 포스트휴먼 그리고 트랜스휴머니즘」, 최민자, 동학학보 44권,
    2017.

「포스트휴머니즘 비평과 SF」, 노대원, 비평문학 68권, 2018.

「포스트휴머니즘 영화에서 탈육체성과 기술—환상의 문제설정」, 김소연, 씨네포럼 33
    권, 2019.

「포스트휴머니즘과 인식적 변화의 필요성 고찰: 〈엑스마키나〉」, 강준수, 동서비교문학
    저널 51권, 2020.

「포스트휴머니즘은 휴머니즘이 될 수 있는가」, 인간연구 37권, 2018.

「포스트휴먼에 대한 영화적 성찰」, 정락길, 인문과학연구 64집, 2020.

「할리우드 SF영화의 이미지텔링에 사용된 알레고리연구」, 김민수, 글로벌문화콘텐츠
    19호, 2015.

「호모데우스와 포스트휴먼 상상력」, 천현순, 브레히트와 현대연극, 2019.


**- 단행본**


『교양인을 위한 미래 인문학』, 윤석만, 을유문화사, 2019.

『누가 슬라보예 지젝을 미워하는가』, 토니 마이어스, 박정수 옮김, 앨피, 2005.

『당신은 왜 인간입니까』, 송은주, 웨일북, 2019.

『사물의 체계』, 장 보드리야르, 배영달 옮김, 지식을 만드는 지식, 2011.

『포스트휴먼이 몰려온다』, 신상규 외 7인, 아카넷, 2020.

『호모 데우스』, 유발 하라리, 김명주 옮김, 김영사, 2017.